a través de la Biblia en un año

a través de la Biblia en un año

Por el Dr. Alan B. Stringfellow

Una introducción a los 66 libros de la Biblia en 52 lecciones

Virgil Hensley Publishing
Tulsa, Oklahoma

PRÓLOGO

A través de la Biblia en un año fue originalmente preparado para ser enseñado en una iglesia local. Había la necesidad de un corto, y a la vez comprensivo, estudio de la Biblia para que la gente pudiera experimentar una viva emoción de tener un entendimiento más amplio de toda la palabra de Dios.

Las notas y bosquejos están diseñados para mostrar la unidad entre el Antiguo y el Nuevo Testamento — relacionar un libro con el otro — y encontrar a Cristo en todas las Escrituras.

Estas lecciones fueron preparadas y escritas pensando en el estudiante — bajo las enseñanzas de un maestro laico — quien a la vez debe de ser enseñado por el Espíritu Santo. Este no es un curso teológico sino un estudio bíblico.

La enseñanza de estas lecciones ha sido uno de los gozos de mi ministerio. El escribir estas lecciones me ha dado muchas horas preciosas en la Palabra de Dios. La gente laica se ha deleitado en la Palabra de Dios. Quizá el paso sea rápido para algunos estudiantes, pero ellos comprenderán mucho más de lo que el pastor o maestro normal pueda pensar. El curso fue enseñado exitosamente a grupos de todas las edades, desde el cuarto grado hasta el adulto más viejo.

Estos bosquejos fueron recopilados de un gran historial de enseñanza y aprendizaje que he cosechado de grandes eruditos de la Biblia y amigos maravillosos. He usado pensamientos, sugerencias, y ayudas de los sermones y de las plumas de gente tal como el Dr. W. A. Criswell, el Dr. J. Vernon McGee, Irving L. Jensen, Henrietta Mears, y el Dr. J. Sidlow Baxter. Las lecciones han sido impresas como fueron presentadas en clase. Mi oración es que Dios use misericordiosamente *A través de la Biblia en un año* para hacer que Su libro sea una realidad en los corazones y vidas de almas hambrientas que necesitan conocer la Palabra de Dios.

Alan B. Stringfellow

DEDICACIÓN

Este trabajo esta dedicado a mi esposa, Bette — la maestra más dotada de la Palabra que yo conozco — una amada compañera en el trabajo del Maestro — una colaboradora devota y amorosa. Ella es el regalo precioso de Dios para mi.

ISBN 1-56322-061-X

A través de la Biblia en un año

Lo que hará este estudio por usted

Usted está por comenzar un viaje emocionante a través de la Biblia. Si usted es como otros que han hecho este viaje, guiados por *A través de la Biblia en un año*, usted lo encontrará como una de las experiencias más emocionantes de su vida cristiana.

Con *A través de la Biblia en un año* usted aprenderá los temas principales de todos los libros, los versículos claves, los mensajes centrales, y lo que Dios está diciendo. Usted también aprenderá cómo cada libro está organizado, cómo vino a existir, y su papel en la historia de la Biblia.

Además, usted aprenderá cómo analizar todos los 66 libros, cuáles son los capítulos más significativos, dónde encontrar el propósito central, y cuáles son los versículos principales para copiar y recordar. Cuando usted termine este estudio, usted se añadirá a la lista de muchos otros que aman la Biblia, y que acreditan a *A través de la Biblia en un año* por traerles una más profunda percepción de las Escrituras y más conocimiento de la Palabra de Dios de lo que ellos pensaron que fuera posible.

Es por eso que *A través de la Biblia en un año* le lleva a usted libro a libro a través de la Palabra de Dios, permitiéndole que vea, paso a paso, la revelación progresiva de Su voluntad como quizá nunca antes. Usted verá la Palabra de Dios evolucionar desde el Pentateuco hasta el Apocalipsis, 66 libros escritos por 40 autores, abarcando aproximadamente 1600 años.

Para conocer la Palabra de Dios, es necesario estudiarla desde el principio hasta el fin; sin embargo, la mayoría de la literatura acerca de la Biblia va de un lugar a otro, causando muchas veces confusión e ideas equivocadas. No se lee una historia de esta manera; y la Biblia es una narración que habla del plan de redención de Dios a través de Jesucristo desde Génesis hasta Apocalipsis.

Así que, usted está a punto de ver la Biblia abierta, como una hermosa y verdadera historia inspirada divinamente, con un principio, un intermedio, y un final que aún ha de venir.

Introducción para estudiantes y maestros

Para recibir el máximo conocimiento e inspiración durante las próximas 52 semanas, preste atención a las siguientes sugerencias. Están diseñadas para ayudarle a que usted sea un discípulo disciplinado de la Palabra de Dios.

"DEBERES" PARA EL ESTUDIANTE

— Asistir a cada clase por 52 semanas.

— Leer la porción asignada al final de cada lección. (Es mejor leer todo el libro asignado; si usted no puede, entonces lea los capítulos claves.)

— Repasar sus notas de la lección de la semana anterior.

— Marcar su Biblia con referencias claves de un pasaje a otro.

— Tomar notas en clase.

— Escudriñar la Escritura y marcar las referencias en clase. Escribir los pasajes en este libro donde se provean líneas.

— Prometer al Señor por lo menos dos o tres horas cada semana para leer el pasaje asignado para la lección y para hacer su tarea.

¿Por qué estos "deberes"? Porque hemos demandado muy poco de nuestros estudiantes de la Biblia en años pasados. Ha llegado el tiempo para que los cristianos que desean hacer un trato con el Señor se consagren al estudio de su Palabra y aprendan los principios básicos que todos debemos saber. Prometa a Dios y a sí mismo que usted vivirá para cumplir estos "deberes."

"DEBERES" PARA EL MAESTRO

Primero usted tiene que prepararse espiritualmente leyendo —

— I Corintios 2:12-14
— Efesios 1:17-18
— Juan 14:26
— Juan 16:12-16

Estos pasajes le asegurarán a usted como maestro que el Espíritu Santo le guiará y le enseñará mientras usted estudia su Palabra y la imparte a sus alumnos.

Si usted asiste a una iglesia, es mejor que el programa sea enseñado por el pastor, ministro de educación, el superintendente de la escuela dominical o un maestro especialmente seleccionado. Esto debe de ser hecho una tarde entre semana antes del día del Señor.

Parte de la disciplina de este curso de estudio es que usted atienda a cada sesión por la tarde cada semana sin excepción.

Usted tiene que leer todo el libro asignado para la próxima lección. La tarea está al final de cada lección estudiada. El autor ha sugerido que usted lea todo el libro o libros que serán enseñados a la siguiente semana; él también enlistó los capítulos claves para los alumnos que no puedan leer el libro completamente.

Usted tiene que tomar notas y buscar referencias en la Escritura. Usted también tiene que estar preparado para contestar preguntas. Añada o quite de las preguntas como usted sienta que sea necesario de acuerdo a la edad de su grupo.

Es más, usted tiene que —

— Permanecer con el tema de cada lección.
— No temer ser muy básico para con los alumnos.
— Permanecer en los temas mayores, no en los menores.
— Mantener la enseñanza de la lección tan simple como sea posible para con todos los distintos grupos.
— No cambiar el bosquejo de la lección. Puede añadir ilustraciones e ideas, pero no cambie los puntos principales del bosquejo.
— Usar su propia personalidad y dejar que el Espíritu Santo lo use a usted mientras enseña.
— Esperar que sus alumnos hagan su parte.

Usted debe de enseñar cuando menos 55 minutos cada lección. Aun si usted tuviera que revisar el horario de su clase para enseñar por 55 minutos, lo podría hacer. Los períodos de las reuniones pueden ser acortados. No es necesario tener un devocional antes de comenzar el estudio bíblico. Un canto y una oración son suficientes para el período de la reunión. Las ausencias de clase y otros asuntos deben de tratarse en las reuniones de la clase. Haga que el período de su estudio bíblico sea una hora de estudio bíblico concentrado.

Que Dios lo bendiga, alumno o maestro, mientras usted comienza su estudio en *A través de la Biblia en un año*. Deje que el Espíritu Santo les enseñe a ambos.

NOTA DE ESTUDIO DEL PUBLICADOR

Es importante notar la premisa del autor en el desarrollo de este curso de estudio; a saber, que *la Biblia es la Palabra de Dios divinamente inspirada*. Nada puede tomar su lugar.

Siendo así, *A través de la Biblia en un año* no debe ser leído en *lugar* de la Biblia, ni como un estudio *acerca* de la Biblia. Más bien, usted debe usarlo como un guía que le lleve *dentro* de la Biblia y lo envuelva en el estudio de la Palabra de Dios, resultando en un mejor entendimiento y aprecio.

Usted también notará que el texto de este manual aparece en bosquejo y no en exposición. Esto permite un rápido alcanze de los pensamientos más sobresalientes del libro estudiado junto con los versículos claves, el mensaje central, y los temas principales.

Porque su manual está en bosquejo, usted obtendrá un máximo beneficio si su estudio es enseñado bajo la dirección de un maestro. El maestro a la vez debe de prepararse atendiendo a las reuniones semanales para maestros que sean dirigidas por el pastor u otro asistente capacitado.

Otra ventaja mayor del bosquejo es que le permite al maestro más amplitud de lo que una exposición directa le permitiría.

En algunos casos, usted puede encontrar que el texto difiere ligeramente con sus propias creencias teológicas. Por favor no permita que estas ocasiones eclipsen la totalidad del valor de este excelente curso. Por el contrario, use estas diferencias como un punto alrededor del cual usted podría refinar su propia teología. Esto le añade aún más valor al programa porque le capacita a usted para ver diferencias denominacionales.

En su estudio y discusión, siempre sea guiado por el Espíritu Santo, y usted se beneficiará inmensamente de este trabajo, a pesar de las diferencias en interpretación.

El publicador opina que *A través de la Biblia en un año* es el trabajo inspirado de un hombre consagrado a Dios.

ACERCA DE FOTOCOPIAR ESTE LIBRO

ACERCA
DEL AUTOR

El Dr. Alan B. Stringfellow (1922-1993), un ministro del evangelio y maestro de la Biblia por más de 30 años, se especializó en la educación cristiana. Preocupado por los problemas que la mayoría de la gente tiene en comprender la Biblia, se propuso escribir un curso de estudio que traería a los estudiantes más conocimiento y aprecio por la Palabra de Dios. Él escribió *A través de la Biblia en un año* para los laicos para que fuera enseñado por los mismos laicos.

El Dr. Alan B. Stringfellow se adiestró en el Southwestern Baptist Theological Seminary en Forth Worth, Texas, después del cual sirvió como pastor asociado en la Travis Avenue Baptist Church en Forth Worth, en la First Baptist Church de West Palm Beach, Florida, en la First Baptist Church de Fresno, y en la First Baptist Church de Van Nuys.

ÍNDICE

Lección 1
La Biblia en su totalidad

INTRODUCCIÓN:

La educación del hombre no está completa si no conoce la Biblia. Ningún creyente puede vivir una vida llena y efectiva sin un conocimiento sólido de la Biblia.

PROPÓSITO:

Nuestro propósito en este curso de estudio es dar cimiento en las Escrituras. No hay necesidad de estudiar estas notas y bosquejos en vez de la Biblia. La Biblia misma será leída, escudriñada, y reescudriñada mientras uno avanza a través del estudio.

Construiremos un esqueleto — la estructura ósea, y usted le añadirá — el segundo y tercer año — el sistema circulatorio y algunos músculos a ese esqueleto.

MÉTODO:

Estudiaremos este año — buscando una comprensión del pensamiento principal— el significado sobresaliente y mensaje de cada libro y nos esforzaremos para verlo en relación con la totalidad de la Palabra de Dios.

No debemos de enfrascarnos y fascinarnos tanto con un sujeto de tal manera que perdamos de vista al objeto — dejar que lo grande, el amplio significado del maravilloso Libro Viejo nos abrace.

Vamos a entrar al estudio reverentemente, tomando en cuenta que la Biblia es inspirada por el Espíritu Santo y que él, el Espíritu Santo, tiene que ser nuestro Maestro. Juan 14:26.

(Donde se proveen líneas, por favor lea y escriba todo el pasaje o la verdad principal del pasaje.)

LA BIBLIA EN SU TOTALIDAD:

1. La Biblia es la revelación escrita de la voluntad de Dios para el hombre. II Timoteo 3:16-17; II Pedro 1:21.

2. El tema central de la Biblia es Jesucristo. I Timoteo 3:16.

3. La Biblia contiene 66 libros, escritos por 40 autores, abarcando aproximadamente 1600 años.

4. La mayoría del Antiguo Testamento fue escrito en hebreo (unos cuantos pasajes cortos en arameo). El Nuevo Testamento fue escrito en griego. Nuestra Biblia es una traducción de estos idiomas.

5. La palabra "testamento" quiere decir "pacto" o acuerdo. El Antiguo Testamento es el pacto que hizo Dios con el hombre acerca de su relación antes de que Cristo viniera. El Nuevo Testamento es el acuerdo que Dios hizo con el hombre acerca de su relación con el Padre después de que Cristo vino.

   En el Antiguo tenemos el pacto de la ley. En el Nuevo, el pacto de gracia a través de Jesucristo. Gálatas 3:19-25, Gálatas 3:13-14.

   _____

   _____

6. **El Antiguo Testamento — Los primeros diecisiete libros**

   (1) Los primeros 5 libros: *Génesis   Números*

           Éxodo   Deuteronomio

           Levítico

   son llamados el **Pentateuco** — todos escritos por Moisés y son cinco. Éstos son llamados "la ley" pero son redentores e históricos por naturaleza. (Pentateuco significa cinco.)

   (2) Los siguientes 12 son:

Josué	*II Samuel*	*II Crónicas*
Jueces	*I Reyes*	*Esdras*
Rut	*II Reyes*	*Nehemías*
I Samuel	*I Crónicas*	*Ester*

   Estos componen el segundo grupo principal de libros en el Antiguo Testamento. Note que son 12 y son históricos por naturaleza. Así que, en la primera sección del Antiguo Testamento hay diecisiete, encajando en una subdivisión natural de:

   Cinco (PENTATEUCO) — LEY — REDENTORES — HISTÓRICOS

   Doce (DESDE JOSUÉ HASTA ESTER) — HISTÓRICOS

7. **El Antiguo Testamento — Los cinco libros de en medio**

   (1) Estos son:

Job	*Eclesiastés*
Salmos	*Cantar de los Cantares*
Proverbios	

   (2) Estos cinco son individuales y personales. Los diecisiete anteriores eran nacionales — estos son personales, tratando con los problemas humanos del corazón. Los primeros diecisiete eran prosa — estos son poesía. Son cinco y son personales por naturaleza.

8. **El Antiguo Testamento — Los últimos diecisiete libros**

   (1) Los diecisiete libros finales — Los libros proféticos

   Estos son:

Isaías	*Joel*	*Habacuc*
Jeremías	*Amós*	*Sofonías*
Lamentaciones	*Abdías*	*Hageo*
Ezequiel	*Jonás*	*Zacarías*
Daniel	*Miqueas*	*Malaquías*
Oseas	Nahum	

   (2) Estos diecisiete también están divididos en dos grupos como los primeros diecisiete:

   Los primeros 5 — son los "Profetas Mayores"

   Los últimos 12 — son los "Profetas Menores"

9. **Resumen — Antiguo Testamento**

   De modo que vemos que los 39 libros del Antiguo Testamento encajan en este grupo ordenado—

   DIECISIETE — subdivididos en 5 y 12

   CINCO

   DIECISIETE — subdivididos en 5 y 12

10. El Nuevo Testamento — Los primeros cinco libros

    (1) Los libros fundamentales son:

           Mateo   *Juan*
           Marcos   *y el libro histórico de los Hechos*
           Lucas

Estos son fundamentales a todo lo que ha precedido y a todo lo que sigue.

11. El Nuevo Testamento — Los siguientes veintiuno — Las epístolas

    (1) Catorce son LAS EPÍSTOLAS DE PABLO. Están divididas como sigue:

NUEVE — Epístolas para la Iglesia —

      Romanos   *Filipenses*
      I Corintios   *Colosenses*
      II Corintios *I Tesalonicenses*
      Gálatas   *II Tesalonicenses*
      Efesios

CINCO — Pastorales o personales—

      I Timoteo   *Hebreos*   (Se debate que Pablo sea el autor
      II Timoteo   de los Hebreos, pero, tomando en cuenta
      Tito   Hebreos 13:23, consideraremos a Pablo
      Filemón   como el autor.)

    (2) Siete son EPÍSTOLAS GENERALES. Los nombres de éstas llevan los mismos nombres que los de sus autores —

      Santiago   *I, II, III Juan*
      I Pedro   *Judas*
      II Pedro

12. El Nuevo Testamento — el último — uno — profecía

El Apocalipsis — la revelación de Jesucristo escrita por Juan

13. Resumen — Nuevo Testamento

De modo que el Nuevo Testamento consiste en 5 libros fundamentales — firme en lo cual se pueden edificar las 21 epístolas de instrucción, terminando en "la gloriosa aparición de Nuestro Señor Jesucristo" en el Apocalipsis.

ANTIGUO TESTAMENTO — 39 LIBROS

17 HISTÓRICOS		5 DE EXPERIENCIA PERSONAL	17 PROFÉTICOS
5 — LEY MOISÉS Pentateuco	12 HISTÓRICOS	POESÍA	5 MAYORES 12 MENORES

NUEVO TESTAMENTO — 27 LIBROS

5 FUNDAMENTALES	21 EPÍSTOLAS		1 PROFECÍA
EVANGELIOS MATEO— MARCOS LUCAS — JUAN — — HECHOS DEL ESPÍRITU SANTO	14 SON DE PABLO— (9 A LA IGLESIA, 5 SON PASTORALES O PERSONALES)	7 SON INSTRUCCIONES GENERALES	LA REVELACIÓN DE JESUCRISTO

¿CUÁNTO RECUERDA USTED?

P. ¿De cuántos libros se acuerda ahora?

P. En sus propias palabras, ¿puede usted comprender las divisiones que he enseñado?
Por ejemplo: Antiguo Testamento (Histórico _____ Personal _____ Profético _____)
Nuevo Testamento (Fundamento _____ Epístolas _____ Profético _____)

P. ¿Qué quiere decir "Testamento"?

P. ¿Qué quiere decir "Pentateuco"?

P. ¿Puede usted citar la escritura que dice cómo la revelación (pensamientos) de Dios
fue escrita por el hombre?

CONCLUSIÓN

La Biblia es divina. El pensamiento y la revelación son divinos pero la expresión de la comunicación es humana. Es la *Palabra de Dios*.

II de Pedro 1:21 _____

_____

I de Pedro 1:24-25 _____

_____

Es una revelación progresiva y uno no puede aprenderla por leer versículos o pasajes al azar. Es una revelación paso a paso de una historia, una mente (Dios), el Creador de todas las cosas, y la historia es Su gran propósito, moviéndose a través de las edades; y esa historia fue y es de redimir a toda la humanidad a través de Jesucristo, el Mesías, el Salvador de todo el que creyere. Juan 3:16.

Cada libro es un libro que viene de Dios. Lea el libro o los capítulos claves asignados para cada semana. Si usted puede leer todo el libro, usted será bendecido. Si el tiempo no le permite leer cada libro completamente — lea los capítulos claves asignados.

REALIDADES ACERCA DE LA BIBLIA

Dios, hombre, pecado, redención, justificación, santificación. En dos palabras — *gracia, gloria*. En una palabra — *Jesús*.

CRISTO MENCIONÓ CITAS DE 22 LIBROS DEL ANTIGUO TESTAMENTO

Mateo — 19 veces   Lucas — 25 veces

Marcos — 15 veces Juan — 11 veces

- Hay 1,189 capítulos en la Biblia.
- Hay 31,373 versículos en la Biblia.
- Hay 775,693 palabras en la versión King James.
- El capítulo más largo es el Salmo 119.
- El capítulo más corto es el Salmo 117.
- El libro más largo en el Antiguo Testamento es Salmos.
- El libro más largo en el Nuevo Testamento es Lucas.

TAREA PARA LA PRÓXIMA SEMANA:

1. Lea Génesis — 7 capítulos cada día o los capítulos claves del 1 al 27 y el 49.
2. Esté presente el próximo día del Señor con su Biblia y su libreta.
3. Repase la lección diaria al menos dos veces.

Lección 2
El libro de Génesis

(Donde se proveen líneas, por favor lea y escriba todo el pasaje o la verdad principal del pasaje.)

1. **"Génesis" significa origen, p**rincipio, nacimiento. "En el principio creó Dios…"

2. **Génesis es la "trama de la simiente"** de toda la Escritura. Penetra hasta la misma estructura del Nuevo Testamento, en el cual es citado aproximadamente sesenta veces en diecisiete libros. Su revelación divina y el hecho de que Moisés es el autor es reafirmado por el testimonio de Jesús. Vea Mateo 5:17-30.

   _____

   _____

   _____

   _____

   Juan 7:21-23 _____

   _____

   _____

   Génesis nos habla del principio de todo *excepto de Dios*:
   El principio del mundo creado — 1:1-25
   El principio del hombre y la mujer — 1:26 y capítulo 2
   El principio del pecado — 3:1-7
   El principio de la promesa de la redención — 3:8-24
   El principio de la vida familiar — 4:1-15
   El principio de la civilización — 4:16 al 9:29
   El principio de las naciones — capítulos 10 y 11
   El principio del pueblo escogido — capítulo 12 al 50 y otros principios como: juicio, altares, muerte, etc.

3. **La estructura de Génesis**

   (1) **LA PRIMERA PARTE** — capítulo 1 al 11
   La primera parte abarca cuatro eventos mayores
      (a) La ceación — capítulos 1 y 2
      (b) La caída del hombre — capítulos 3 y 4
      (c) El diluvio — capítulo 5 al 9
      (d) La crisis de Babel — capítulos 10 y 11

   (2) **LA SEGUNDA PARTE** — capítulo 12 al 50
   La segunda parte abarca cuatro personas excepcionales.
      (a) Abraham, el hombre de fe — capítulo 12 al 23
      (b) Isaac, el hijo amado — capítulo 24 al 26

(c) Jacob, cuyo nombre fue cambiado a Israel — capítulo 27 al 36

(d) José, vida de sufrimiento y gloria — capítulo 37 al 50

(Veamos brevemente a cada uno de estos eventos y personas.)

4. **La creación — capítulos 1 y 2**

(1) Esta no es una teoría humana en la Escritura, sino un testimonio divino — versículo 1. *No* hay definición de Dios; *no* hay descripción de la creación; *no* hay declaración de una fecha. *Es una declaración de verdad divina.* Acepte la primera oración de la escritura y habrá poca dificultad en aceptar toda la Palabra de Dios.

(2) El espacio de tiempo entre el versículo 1 y el versículo 2 es desconocido pero deja lugar para todas las eras geológicas. El versículo 2 debería de leerse "la tierra *vino a ser* sin forma y vacía…" La misma expresión del verbo "ser" también se encuentra en el 2:7 — "y fue el hombre un ser viviente."

(3) Los seis días del capítulo 1 no registran la creación original de lo que pasó en el versículo uno. Los seis días dan cuenta de un *nuevo* principio o una *recreación*. Durante los primeros cuatro días ni un acto creador es registrado. Sólo cuando nos referimos a los animales en el versículo 21 y al hombre en el versículo 27 se usa la palabra hebrea para "creación."

(4) Somos la corona de su creación. Note 1:26-27 y 2:7. El hombre fue creado a la imagen (representación o similitud) y semejanza (carácter o modelo) de Dios . No hay palabras que puedan expresar adecuadamente esto; pero la realidad de que Dios sopló dentro del hombre el "aliento de vida, y fue el hombre un ser viviente" es la mejor expresión encontrada. Entonces somos cuerpo, alma, y espíritu. Vea I Tesalonicenses 5:23.

_____

_____

(5) El séptimo día Dios descansó — el día de reposo— 2:2-3. Vea Hebreos 4:9-10.

_____

5. **La caída del hombre — capítulos 3 y 4**

(1) LA TENTACIÓN — 3:1-6 (Note a Satanás poniendo en duda la Palabra de Dios en el versículo 1, la primera mentira en el versículo 4, la apelación al orgullo en el versículo 5.) Satanás capturó el oído, la vista, y los deseos internos. Vea I de Juan 2:16 y vemos al hombre natural.

_____

_____

(2) EL SUCUMBIR — versículo 6
Vea Romanos 5:12. _____

_____

(3) LOS RESULTADOS — versículos 7-24.
Note que ahora hay conciencia propia — versículo 7; vergüenza y temor — versículo 10; tristeza — versículo 17; maldición — versículo 17; espinas — versículo 18; sudor — versículo 19.

(4) LA GRACIA DE DIOS — 3:9 y 15

Dios buscó a Adán — versículo 9.

La promesa de un Redentor — versículo 15. Este versículo puede ser traducido en términos laicos de la siguiente manera:

"Y habrá odio intenso entre Satanás y Cristo. Finalmente Cristo aplastará la cabeza de Satanás y Satanás solamente herirá el calcañar de Cristo."

ESTA ES LA PRIMERA PROFECÍA DIRECTA DE JESUCRISTO.

Vea II Corintios 5:21. _____

_____

Vea Isaías 53:5. _____

_____

(5) EL FRUTO DEL PECADO — capítulo 4 — la línea de Caín o "los hijos de los hombres" — el primer asesinato, y el nacimiento de Set, una simiente espiritual Anote los versículos 3 al 5 y el versículo 8.

_____

Anote el versículo 25.

_____

6. **El diluvio — capítulo 5 al 9**

(1) El libro de las generaciones de Adán hasta Set — 4:25 hasta 5:3

(2) En el capítulo 6 vemos la mezcla de lo limpio con lo impío. Anote II de Corintios 6:14.

_____

_____

(3) El juicio cae en el capítulo 7 como resultado del capítulo 6:5-7. (Lea esto otra vez.)

Un hombre encontró gracia ante los ojos de Dios — Noé. Vea Génesis 6:8; Mateo 24:37-39.

_____

_____

_____

¿Le recuerda esto de hoy en día?

(4) El pacto de Dios con Noé — 9:8-17

Siete veces usa Dios la palabra "pacto" en este pasaje. Subraye etsa palabra en su Biblia.

7. **La crisis de Babel — capítulos 10 y 11**

   (1)   Las generaciones de los hijos de Noé — capítulo 10

   (2)   La confusión de Babel — capítulo 11

La razón por la acción de Dios fue debido a que la gente desobedeció a Dios negándose a esparcirse para poblar la tierra. Note: "*Hagámonos* un nombre, por si *fuéremos* esparcidos" — versículo 4.

Ahora note los versículos 7 y 8. Dios hizo esto para que ellos fueran esparcidos.

"Babel" quiere decir "confusión." Era la capital del reino de Nimrod —10:9-10.

8. **Abraham — Génesis 12 al 23 (En esta segunda parte de Génesis hay pasajes que tratan los mismos temas.)**

   (1)   Su llamado — 12:1 y Hechos 7:2

   (2)   El pacto abrahámico — 12:2-3; Hechos 7:3

Note las siete promesas de Dios.

(a) Haré de ti una nación grande.

(b) Y te bendeciré.

(c) Y engrandeceré tu nombre.

(d) Y serás bendición.

(e) Bendeciré a los que te bendijeren.

(f) Maldeciré a los que te maldijeren.

(g) Serán benditas en ti todas las familias de la tierra.

   (3)   Este pacto fue confirmado una y otra vez en:

13:14-18	17:6-8	26:1-5
15:1-21	22:15-18	28:13-15

   (4)   Abraham era un hombre de fe. Lea Hebreos 11:8-19.

_____

_____

9. **Isaac — Génesis 24 al 26 (Primero lea el capítulo 17:15-19.)**

   (1)   El hijo amado y obediente — 22:1-8

   (2)   Una esposa para Isaac, Rebeca — capítulo 24

   (3)   Padre de Esaú y Jacob — "dos naciones en su vientre" — 25:23-26

Anote Hebreos 11:17-20.

_____

_____

   (4)   El pacto abrahámico confirmado a Isaac — capítulo 26

10. **Jacob — capítulo 27 al 36 (se convierte en "Israel")**

   (1)   La bendición robada de su padre, Isaac — capítulo 27

   (2)   El pacto abrahámico confirmado a Jacob — 28:13-15

(3) Los doce hijos de Jacob:

Rubén — 29:32   Gad — 30:11

Simeón — 29:33   Aser — 30:13

Leví — 29:34   Isacar — 30:18

Judá — 29:35   Zabulón — 30:20

   (Línea de Cristo — Gen. 49:8-10)   José — 30:24

Dan — 30:6   Benjamín — 35:18

Neftalí — 30:8

Estas son las cabezas de las 12 tribus de Israel — 49:28.

(4) El nombre de Jacob cambió a Israel — 32:28.

Así que, tenemos a Israel y a las 12 tribus.

11. José — capítulo 37 al 50

(1) No hay palabra de censura o reproche contra José.

(2) Él era el hijo preferido — 37:3.

Vendido por 20 piezas de plata y llevado a Egipto — 37:20-36

(3) Humillación y exaltación en Egipto — capítulo 39 al 48

(4) Jacob (Israel) entra en Egipto con toda su familia (46:27) un total de 70. Hechos 7:14 se refiere a 75 "y a toda su parentela," probablemente una referencia a las cinco esposas sobrevivientes de los hijos de Jacob.

En Génesis 46:26 el número es de 66 los "procedentes de sus lomos."

En el versículo 27 el número es de 70 de "la casa de Jacob" incluyendo los 66, José y sus dos hijos, Efraín y Manasés, y el mismo Jacob.

(5) José es el cuadro mas completo (tipo) o sombra de Cristo en la Biblia. Aquí están unos cuantos ejemplos:

(a) Ambos fueron amados por sus padres — Génesis 37:3, Mateo 3:17.

(b) Ambos fueron pastores — Génesis 37:2, Juan 10:11-14.

(c) Ambos fueron severamente tentados — Génesis 39:7, Mateo 4:1.

(d) Ambos fueron llevados a Egipto — Génesis 37:26, Mateo 2:14-15.

(e) Ambos fueron vendidos por el precio de un esclavo — Génesis 37:28, Mateo 26:15.

(f) Ambos fueron exaltados después del sufrimiento — Génesis 41:41, Filipenses 2:9-10.

Aún hay mucho más, pero esto le da a usted una idea de un tipo o de un ejemplo en el Antiguo Testamento de una realidad en el Nuevo Testamento.

(6) La profecía y la bendición de las tribus de Israel — capítulo 49. Vea Hebreos 11:22.

Así que, vemos en el libro de Génesis el propósito supremo de Dios en proveer para nosotros una familia a través de la cual viniera el Redentor prometido. Lea Gálatas 3:14.

_____

_____

¿CUÁNTO RECUERDA USTED?

P. *¿Dónde se encuentra la primera profecía de Cristo en Génesis?*

P. *¿Cuándo comienza el día de reposo?*

P. *En una palabra, ¿cómo describiría usted la caída del hombre?*

P. *¿Dónde encontramos a Israel al final de Génesis?*

P. *¿Puede usted enlistar los cuatro eventos más excepcionales de Génesis?*

1. _____

2. _____

3. _____

4. _____

P. *¿Puede usted nombrar las cuatro personas más destacadas de Génesis?*

1. _____   3. _____

2. _____   4. _____

SU TAREA PARA LA PRÓXIMA SEMANA

1. Lea Éxodo — 6 capítulos cada día o los capítulos claves: 1 al 7, 12 al 14, 19 y 29, y 25 al 33.

2. Repase nuestro estudio de Génesis de sus notas.

3. Marque su Biblia de sus notas tomadas en clase.

4. Esté presente el próximo día del Señor con su Biblia y su libreta.

Lección 3
El libro de Éxodo

(Donde se proveen líneas, por favor lea y escriba todo el pasaje o la verdad principal del pasaje.)

1. **"Éxodo" quiere decir "la salida"** de los israelitas de la tierra de Egipto. Fue escrito (como lo fue Génesis) por Moisés y esto fue confirmado por Cristo en Lucas 24:44.

   _____

   _____

2. **Éxodo es el libro de redención.** Los israelitas habían estado bajo la esclavitud del soberano de Egipto, faraón. Éxodo describe cómo Dios los liberó de la esclavitud. En Génesis vimos la ruina del hombre a través del pecado (caída) del hombre. En Éxodo veremos la redención por la sangre y el poder de Dios.

3. **Éxodo continúa lo que se comenzó en Génesis.** Génesis 46:27 dice el número de la familia de Jacob (70) y aproximadamente 400 años después una multitud inmensa, 600,000 hombres, más mujeres y niños, (12:37) salió de Egipto.

   Génesis 15:13 dice que la descendencia de Abraham moraría 400 años en Egipto. Éxodo 12:40 dice que fueron 430 años y Gálatas 3:16-17 lo confirma. Fueron 430 años desde el llamamiento de Abraham. Recuerde la amplitud del éxodo.

4. **La estructura del Éxodo**

   (1) EL ÉXODO — capítulo 1 al 18

   (2) LA LEY — capítulo 19 al 24

   (3) EL TABERNÁCULO — capítulo 25 al 40

   En estas tres divisiones vemos:

EL ÉXODO (CAPÍTULO 1 AL 18)	LA LEY (CAPÍTULO 19 AL 24)	EL TABERNÁCULO (CAPÍTULO 25 AL 40)
• PODER DE DIOS • TRAÍDO A NUEVA VIDA • LIBERTAD	• SANTIDAD DE DIOS • TRAÍDO BAJO LA LEY • RESPONSABILIDAD	• SABIDURÍA DE DIOS • NOS TRAJO A UN NUEVO AMOR Y COMUNIÓN • PRIVILEGIO

5. **El Éxodo — capítulo 1 al 18**

   (1) UN LIBERTADOR

   (a) Nacimiento de Moisés y 40 años en el palacio — capítulo 2 (Lea Hebreos 11:23-29.)

   (b) Llamamiento de Moisés — 40 años en Madián — capítulo 3

   (c) Anunciamiento de la liberación para Israel — capítulo 4

   (d) Las nueve plagas de Faraón — capítulo 5 al 11

   (Note la se*guridad de* Dios para Israel en el capítulo 6:1-8.)

(2) LIBERACIÓN POR LA SANGRE Y PODER

    (a) Institución de la Pascua — décima plaga (11:5), muerte de los primogénitos (sangre) — capítulo 12. Vea I Corintios 5:7.

_____

_____

    (b) El cruzamiento del Mar Rojo — poder — capítulos 13 y 14. Lea 13:21-22 — y note   el poder y la presencia de Dios.

_____

_____

_____

(3) MARCHANDO AL MONTE SINAÍ

    (a) Canto del redimido — capítulo 15

    (b) Dios proveyó por 40 años — versículos 4, 13, y 35. Capítulo 16. Lea Juan 6:47-51.

_____

_____

_____

    (c) La peña golpeada — capítulo 17

    Anote del versículo 5 al 7 — y luego lea I Corintios 10:4 y mire a Cristo. Lea también Juan 4:13-14.

_____

_____

_____

6. **La ley — capítulo 19 al 24**

    (1) MANDAMIENTOS — *gobernando la vida moral* — capítulo 19 al 20

    Al pie del Sinaí — El pueblo estuvo de acuerdo con el pacto en el Sinaí — 19:8. Anote los Diez Mandamientos — 20:1-17.

_____

_____

    Lea Mateo 22:37-39.

_____

    (2) JUICIOS — *gobernando la vida social* — capítulo 21 al 23

    Dueños y sirvientes — capítulo 21

    Derechos de las propiedades — capítulo 22

    Días de reposo y fiestas — capítulo 23

(3) ORDENANZAS — *gobernando la vida religiosa* — capítulo 24

Todas las ordenanzas enseñadas cuando se dio el tabernáculo

(4) LA RAZÓN POR LA QUE LA LEY FUE DADA

Para proveer una norma de justicia — Deuteronomio 4:2, 8

Fue agregada al pacto abrahámico — fue una insertación y no una eliminación — debido a la transgresión — Gálatas 3:17-18.

_____

_____

Gálatas 3:19-24. Fue un guía.

_____

_____

Para exponer e identificar el pecado — Romanos 5:20

Romanos 3:20 — Romanos 7:7

_____

_____

Para revelar la santidad y el poder de Dios — Deuteronomio 4:32-36

El símbolo de la presencia y la santidad de Dios es la nube y el fuego — Éxodo 19:9; 19:18; 24:17.

_____

_____

_____

(5) ¿CÓMO NOS AFECTA LA LEY? Romanos 8:3-4.

_____

_____

Guardar las "reglas" de la ley no es *obligatorio* para la salvación, sino el resultado espontáneo de la salvación.

7. **El tabernáculo — capítulo 25 al 40**

(1) El *patrón* fue dado a Moisés durante sus 40 días en la montaña — capítulo 25 al 31.

(2) Luego Israel cae en idolatría — el episodio del becerro de oro — causa el *retraso* de la edificación del tabernáculo — capítulo 32 al 34 (un substituto temporal es provisto con el tabernáculo levantado fuera del campamento — 33:7).

(3) Finalmente el tabernáculo es *terminado* y edificado (exactamente un año después del éxodo — 40:2) y la gloria de la presencia de Dios desciende sobre el tabernáculo — capítulo 35 al 40.

(4) Las Escrituras dedican más lugar a la descripción del tabernáculo que de

cualquier otro objeto. Fue diseñado en el plan de Dios para enseñar verdades espirituales. Enseñar todas las verdades espirituales tomaría muchas lecciones, pero lo importante es recordar que Dios enseñó y sigue enseñando "de acuerdo a su patrón" — Hebreos 9:23. Aquí lea Hebreos 9 y vea algunos de los significados para nosotros.

EL TABERNÁCULO REPRESENTA A **CRISTO**. Lea Hebreos 9:8-12.

_____

_____

P.   *¿Quién fue el libertador escogido por Dios para guiar el éxodo?*

P.   *¿Cuáles son los tres temas principales de Éxodo?*

   1. _____

   2. _____

   3. _____

P.   *¿Por qué fue dada la Ley?*

   1. _____

   2. _____

   3. _____

¿CUÁNTO RECUERDA USTED?

P.   *¿Cómo habitó Dios entre su pueblo y cómo lo guió?*

P.   *¿Qué nos enseña el tabernáculo hoy? I Corintios 10:11*

P.   *¿Quién es nuestra Pascua? I Corintios 5:7*

P.   *¿Qué nos enseña el libro de Éxodo?*

SU TAREA PARA LA PRÓXIMA SEMANA

1. Lea Levítico — 4 capítulos cada día.

2. Repase nuestro estudio de Éxodo de sus propias notas.

3. Marque su Biblia (Éxodo) de sus notas y mire todas las referencias.

4. Esté presente el próximo día del Señor, preparado para estudiar Levítico. Traiga su Biblia y su libreta.

Lección 4
El libro de Levítico

(Donde se proveen líneas, por favor lea y escriba todo el pasaje o la verdad principal del pasaje.)

1. **El libro**

   Levítico obtiene su nombre de los levitas — los sacerdotes — y es el plan de Dios para el *camino, adoración, y servicio* detallado del pueblo. En Éxodo, Dios habló a su pueblo desde el monte donde no les era permitido estar. En Levítico, Él habla desde el tabernáculo en el cual Él mora entre su pueblo.

2. **Una transición**

   En Génesis vimos la ruina del hombre — a través de la caída. En Éxodo vemos la redención y liberación por la sangre y el poder de Dios.

   En Levítico veremos la adoración y la comunión a través de la expiación. Levítico es llamado el libro de la expiación. (Vea Levítico 16:30-34.)

   _____

   _____

3. **Su propósito principal**

   Levítico fue escrito para mostrar a Israel cómo vivir en comunión con Dios. Sobre todas las cosas a Israel se le tenía que enseñar la santidad de Dios. Levítico revela esto en tres maneras:

   (1) El *sistema de sacrificio* — Levítico 17:11 — Hebreos 9:22

   (2) *Los preceptos de la ley* — Levítico 18:5

   (3) *Los castigos por violación* — Levítico 26:1-46

   Israel debía ser un pueblo separado, de la misma manera que hoy debemos ser nosotros.

4. **Su valor permanente**

   PRIMERO — Levítico es una revelación del carácter divino y santidad de Dios. Dios no ha cambiado.

   SEGUNDO — Enfatiza el pecado abundante del hombre y su separación de Dios.

   TERCERO — Prefigura el ministerio redentor de Cristo y cómo somos restaurados para tener comunión con Dios.

   CUARTO — Provee un cuerpo de ley civil para una teocracia que es fundamental para la ley civil de hoy, por ejemplo, tierra y posesión legítima, matrimonio y divorcio, y otros problemas que enfrentamos hoy.

5. **Su autor**

   Moisés fue el autor. La evidencia interna de que el Señor Dios dio las leyes a su pueblo a través de Moisés es dicha no menos de 56 veces en Levítico.

   Jesús atribuye el libro y todo el Pentateuco a Moisés en Lucas 24:44. En Mateo 8:2-4,

Cristo también se refiere a Moisés como el autor. (Compare esto con Levítico 14:1-4.)

_____

_____

_____

6. **Su tema**

Al mirar los cinco libros de Moisés, podemos ver que el tema de Levítico es *"comunión."*

GÉNESIS	ÉXODO	LEVÍTICO	NÚMEROS	DEUTERONOMIO
ORIGEN DE LA NACIÓN	*LIBERACIÓN* DE LA NACIÓN	*VIDA* DE LA NACIÓN	*PRUEBA* DE LA NACIÓN	*ADVERTENCIA* A LA NACIÓN
NACE LA TEOCRACIA	LA TEOCRACIA ES ESTABLECIDA		LA TEOCRACIA ES PROBADA Y PREPARADA PARA El NUEVO HOGAR	
	PACTO AMPLIADO EX. 19:5-6	LAS LEYES SON ORDENADAS LV. 18:5		

7. **La estructura de Levítico**

Puede ser dividido en dos amplias divisiones:

(1) *El camino a Dios* — sacrificio — capítulo 1 al 17.

(2) *El caminar con Dios* — separación — capítulo 18 al 27

EL TEMA CENTRAL ES "COMUNIÓN." En la primera división se encuentra el fundamento de la comunión con Dios — mientras que la segunda división muestra la condición de la comunión del hombre. Así que, es la ilustración suprema del Antiguo Testamento de la verdad del Nuevo Testamento que está expresada en I Juan 1:7. La primera sección de Levítico dice: "La sangre nos limpia." La segunda dice: "Pero si andamos en luz." Todo el Libro dice: "Pero si andamos en luz — la sangre nos limpia" y tenemos comunión unos con los otros y nuestra comunión es verdaderamente con el Padre.

8. **El camino a Dios — sacrificio — capítulo 1 al 17**

(1) LAS OFRENDAS — capítulo 1 al 7

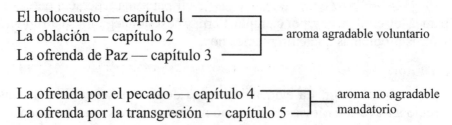

El holocausto — capítulo 1
La oblación — capítulo 2 ⎱ aroma agradable voluntario
La ofrenda de Paz — capítulo 3

La ofrenda por el pecado — capítulo 4 ⎱ aroma no agradable
La ofrenda por la transgresión — capítulo 5 ⎰ mandatorio

Nota : El *holocausto* prefigura a Cristo ofreciéndose "a sí mismo sin mancha a Dios" — Hebreos 9:14 — y describe a Cristo en la cruz.

La ofrenda de oblación muestra la naturaleza humana de Cristo y la vida que fue ofrecida. Hebreos 2:17-18

_____

_____

La ofrenda de paz habla de la comunión restaurada con Dios a través de la ofrenda de Cristo. Él es nuestra paz — Efesios 2:14. Es una ofrenda de gratitud — Levítico 7:11-12.

_____

_____

La ofrenda por el pecado muestra a Cristo como el que carga el pecado — "por nosotros lo hizo pecado" — II Corintios 5:21.

_____

_____

La ofrenda por la transgresión habla de *pecados* (plural) contra otros y el daño que hace el pecado — (Lv. 5:16 — la restitución enseñada en las palabras "haga reparación.") Esta ofrenda muestra la expiación de Cristo por el *daño* del pecado. II Corintios 5:19 — Efesios 2:1 — note "transgresiones" y "pecados."

_____

_____

_____

(Capítulos 6 y 7 tratan con las *leyes de las ofrendas*.)

(2) LOS SACERDOTES — capítulo 8 al 10

(a) La consagración de los sacerdotes — capítulo 8

EL SUMO SACERDOTE (AARÓN)	LOS OTROS SACERDOTES (SUS HIJOS)
Lavado — versículo 6	Lavados — versículo 6
Vestido — versículos 7-8	Vestidos — versículo 13
Coronado — versículo 9	Encargados — versículo 35
Ungido — versículo 12	Ungidos — versículo 30

Nota: Aarón ungido antes del sacrificio de sangre — versículo 12

Sus hijos ungidos después del sacrificio de sangre — versículo 14 al 24
   (Vea Hebreos 2:11.)

Las ofrendas y la sangre de la consagración — versículo 14 al 24

¿Puede usted figurarse el cuadro?

Hebreos 9:11-15 _____

_____

(b) El ministerio de los sacerdotes — capítulo 9

Note los versículos 22 al 24 — Dios bendice a través de los líderes.

(c) La violación de dos sacerdotes — capítulo 10

Nómbrelos — versículo 1.

La ofrenda por el pecado "fuego extraño" — El pecado de presunción. Dios castigó— versículo 2.

(3) EL PUEBLO — capítulo 11 al 16

El pueblo de Dios tiene que ser un pueblo limpio.

Alimentos limpios — capítulo 11

Cuerpos limpios — capítulo 12

Ropa limpia — capítulo 13

Casas limpias — capítulo 14

Contactos limpios — capítulo 15

Una nación limpia a través de la expiación — capítulo 16

Este es el gran capítulo de la expiación cuando el Sumo Sacerdote entró al lugar más santo. Este fue el gran día de *perdón* a través del sacrificio de sangre en el altar.

Los cristianos son sacerdotes — I Pedro 2:5 y 9.

Cristo es nuestro Sumo Sacerdote — Hebreos 2:17 — Hebreos 10:12.

La palabra del Antiguo Testamento "expiación" quiere decir "cubrir." Teológicamente hoy aceptada, la palabra expiación denota el sacrificio redentor de Cristo — pero en Levítico la palabra hebrea usada significa "cubrir." La ofrenda levítica solamente *cubre* el pecado hasta que la verdadera expiación fue hecha en el Calvario. Romanos 3:25.

---

(4) EL ALTAR — capítulo 17

El único lugar de sacrificio es ordenado divinamente cinco veces— versículo 3 al 9.

El significado es claro. Solamente hay un lugar donde Dios encuentra al hombre pecador — la Cruz, la cual se encuentra representada por el altar a la puerta del tabernáuclo.

Romanos 3:23-25 _____

La santidad y el significado del sacrificio de sangre — versículo 11
Lea Hebreos 9:14. _____

_____

_____

Así que, en la primera parte tenemos la realidad — que a través de la sangre del Cordero en el Calvario, y solamente por la sangre, encontramos nuestro *camino a Dios*.

9. **El caminar con Dios — separación — capítulo 18 al 27** (segunda división del libro) (Lea capítulo 18:1-5.)

   (1) UNA NACIÓN SANTA — capítulo 18 al 28

       Gente separada concerniente al sexo (capítulo 18) y toda forma de pecado — capítulos 19 y 20

   (2) SACERDOTES SANTOS — capítulo 21 al 22 — concerniente a los levitas

   (3) FIESTAS SANTAS — capítulo 23

       (Estaciónes determinadas que Dios señaló a Israel para que observaran)

    (a) LA FIESTA DE LA PASCUA — versículo 5 al 14
       ¿De dónde viene la palabra "pascua" según un estudio anterior?

_____

_____

_____

       Celebró la redención de Israel de la muerte y de la esclavitud en Egipto. I Corintios 5:7 tiene significado para nosotros hoy en día.

_____

_____

    (b) LA FIESTA DE LOS PANES SIN LEVADURA — versículo 6 al 8
       Ésta seguía inmediatamente después de la Pascua y es contada frecuentemente como una parte de la Pascua (que dura un día) mientras que esta fiesta dura siete días.
       Esta fiesta habla de comunión con Cristo en la bendición de nuestra redención.
       I Corintios 5:8, I Corintios 11:23-26

_____

_____

       También vea Juan 6:51. _____

_____

(c) FIESTA DE LOS PRIMEROS FRUTOS — versículo 9 al 14

Esta fiesta marcó el principio de la cosecha en el "día después del día de reposo."

Cristo, las "primicias de los que durmieron" resucitó al "día siguiente del día de reposo" que es el primer día de la semana.

I Corintios 15:20-23 _____

_____

_____

También vea Santiago 1:18. _____

_____

_____

(d) FIESTA DE PENTECOSTÉS — versículo 15 al 22

Note que esta fiesta sucedió *50 días* (la palabra "pentecostés" viene de la palabra griega que quiere decir cincuenta) después de la fiesta de las primicias.

Después de su resurrección, Cristo estuvo en la tierra por 40 días (Hechos 1:3) antes de que él ascendiera. Los discípulos esperaron en el aposento alto hasta que llegara el día de pentecostés — 10 días — y en el aniversario de esa fiesta, el Espíritu Santo vino sobre de ellos y así fue que nació la Iglesia.

Vea Hechos 2:1. _____

_____

I Corintios 10:16-17 _____

_____

I Corintios 12:13 y 20 _____

_____

(e) LA FIESTA DE LAS TROMPETAS — versículo 23 al 25

Este era el año nuevo para Israel. Era un día de reposo especial en el séptimo mes, un llamado a una reunión santa.

Se refiere al futuro para Israel — Isaías 18:3-7; 27:12-13; 58:1-14.

_____

_____

(f) EL DÍA DE LA EXPIACIÓN— versículo 26 al 32

Fue el día más grandioso para Israel porque en este día sus pecados fueron confesados. Esta fiesta es seguida inmediatamente después de la bendición de las Trompetas. Esto fue visto en Levítico 16.

Vea Hebreos 9:11-14. _____

_____

(g) LA FIESTA DE LOS TABERNÁCULOS — versículo 33 al 44

Esta era la completación de la cosecha y era la convocación final religiosa del año. Es la fiesta de "booths" [tabernáculos] en la versión King James. Les recordó de su éxodo de Egipto — versículos 42 y 43 y les recordó de su dependencia del Señor Dios. Lea Zacarías 14:16-20.

_____

_____

(4) UNA TIERRA SANTA — capítulo 25 al 27

Treinta veces encontramos una referencia de "la tierra" en esta sección.

(a) La clave para el séptimo año de reposo es la palabra "descanso" — 25:4.

Descanso para la tierra — versículo 4

Descanso del trabajo — versículos 5 y 6

Vea Hebreos 4:9. _____

_____

_____

(b) La clave para el año de Jubileo — (año 50) es la palabra "libertad" — 25:10.

El año de Jubileo trajo libertad a la propiedad, a la tierra, y al sirviente — capítulo 25.

(c) La ley de la tierra — capítulo 26

Condiciones de bendición — versículo 1 al 13

_____

_____

Advertencias de Dios — versículo 14 al 31

Esparcimiento de Israel debido a la desobediencia (pronosticado) — versículo 32 al 39

Vea Gálatas 6:7. _____

_____

(d) La tierra de todos los recursos pertenece a Dios — capítulo 27.

Aquí vemos la consagración voluntaria y los diezmos. Esto no es obligatorio, como casi todo el libro de Levítico, pero es una expresión de amor hacia Dios.

¿CUÁNTO RECUERDA USTED?

P. *¿Cuál es el tema o la verdad central de Levítico?*

P. *¿Puede usted explicar qué quiere decir "expiación" en Levítico? ¿Qué significa para nosotros?*

P. *¿Qué quiere decir "pentecostés"?*

P. *¿Puede usted nombrar cinco de las ofrendas de Levítico 22?*

SU TAREA PARA LA PRÓXIMA SEMANA.

1. Lea el libro de Números (seis capítulos cada día) o los capítulos claves: 1 al 5, 9, 11, 13, 17, 20, 21, 27 y 35.

2. Repase nuestro estudio de Levítico de sus notas en clase.

3. Marque su Biblia de sus notas.

4. Esté presente el próximo día del Señor con su Biblia y su libreta.

Recuerde — este curso es "A través de la Biblia en un año." Usted será tentado a detenerse y estudiar un sujeto y perder de vista el objeto — el objeto que es — dejar que el grande y amplio significado de cada libro lo abrace a usted — que usted recuerde el mensaje total de cada libro.

Lección 5
El libro de Números

(Donde se proveen líneas, por favor lea y escriba todo el pasaje o la verdad principal del pasaje.)

1. **Su nombre**

   Números obtiene su nombre del nombre griego "arithmai" que en latín es "numeri" — en español "números." Se llama así porque los hijos de Israel fueron censados dos veces — primero al comienzo y otra vez casi al final.

   El nombre hebreo antiguo era "en el desierto" — versículo 1. Ambos nombres dicen la historia — "Números — en el desierto."

2. **Su naturaleza**

   Números empieza donde Éxodo terminó. Tan solo un mes de diferencia entre los dos libros y con las instrucciones de Levítico durante ese tiempo.

   Compare Éxodo 40:17 con Números 1:1.

   El censo es hecho — el pueblo organizado — comienza la marcha hacia Canaán — Dios guía — Canaán está a la vista — Israel no cree y se rebela — el juicio cae — vagando por 40 años — la generación antigua muere — la nueva generación es contada — para ir adentro de la tierra de Canaán.

3. **Su importancia**

   En el Nuevo Testamento se da referencia al libro una y otra vez.

   Lea en detalle I Corintios 10:1-12 y haga notas de lo que lee:

   _____

   _____

   También lea Hebreos 3:7-19. _____

   _____

   _____

4. **Su estructura**

   Es un libro de movimiento por el pueblo. Trata con dos *generaciones* diferentes. Así que la estructura es:

   LA ANTIGUA GENERACIÓN — capítulo 1 al 14

   LA TRANSICIÓN DE LOS AÑOS ERRANTES — capítulo 15 al 20

   LA NUEVA GENERACIÓN — capítulo 21 al 36

   RECUERDE EN NÚMEROS

   Dos generaciones — capítulo 1 al 14 y 21 al 36

   Dos censos — capítulo 1 al 4 y 26 al 27

   Dos jornadas — capítulo 10 al 14 y 21 al 27

   Dos instrucciones — capítulo 5 al 9 y 28 al 36

5. **Su mensaje central — Números 9:15-23**

GUIANZA — Dirección del Señor Dios

Vea Juan 14:6 y Juan 8:12.

LIBERACIÓN — Vea Números 10:29 y Números 21:6-9.

6. **La antigua generación — capítulo 1 al 14 (del Sinaí a Cades)**

(1) EL CENSO — capítulo 1 al 4

Capítulo 1 — Conteo de los hombres adultos

Capítulo 2 — Distribución de la tribus

Capítulo 3 — Conteo de los hombres levitas (sacerdotes)

Capítulo 4 — Distribución del trabajo de los levitas

El conteo (censo) fue con propósitos militares. Cada una de las doce tribus fue numerada y asignada a una posición alrededor del tabernáculo.

El capítulo 3 da el censo de la tribu de Leví — excenta del censo general. Ellos eran sacerdotes, apartados para servir a Dios y cuidar del tabernáculo. Capítulo 3:38 dice la posición de Moisés, Aarón, y sus hijos.

(2) LA INSTRUCCIÓN — capítulo 5 al 10:10

(Los primeros cuatro capítulos tratan con la formación externa del campamento.) Estos cinco capítulos tratan con la condición interna del campamento.

Capítulo 5 — Trata con la pureza, honestidad, y verdad. (Note el versículo 3.)

_____

_____

Capítulo 6 — El voto de los nazarenos — significa totalmente separado para el Señor.

_____

_____

Capítulo 7 — La ofrenda voluntaria de los líderes de cada tribu. El Señor registró la ofrenda. Vea Marcos 12:41-44.

_____

_____

Capítulo 8 — Describe la consagración de los levitas.

_____

_____

Capítulo 9 — Muestra al pueblo guardando la Pascua y nos habla *de la nube durante el día y del fuego durante la noche.* Esto indicó la guianza del Señor. No se olvide que la Pascua fue un recordatorio de la liberación pasada. La Santa Cena es un recordatorio para nosotros de la liberación del pecado a través de Cristo. Vea I Corintios 11:26.

_____

_____

Capítulo 10:1-10 — El Señor ordena a Moisés que haga dos trompetas para llamar a la asamblea. La nube les dio guianza para la vista mientras que las trompetas les dieron guianza para el oído. Vea I Tesalonicenses 4:13-18.

---

(3) LA JORNADA — capítulo 10:11 al capítulo 14

Capítulo 10:11 — Ellos habían estado en el Sinaí alistándose para la marcha a Canaán. Ahora la nube se levanta, las trompetas suenan, y todo el campamento avanza.

Del capítulo 11 al 14 se encuentra al pueblo avanzando hacia la tierra prometida — y después de tres días ellos comienzan a murmurar y a quejarse. Aun Aarón y María se pusieron celosos de su hermano Moisés. En Cades-barnea ellos demostraron su pecado de incredulidad. Enviaron doce espías para que reconocieran la tierra y 10 regresaron con un reporte negativo. Solamente *dos*, Josué y Caleb, dijeron "subamos y poseamos la tierra." Pero la multitud no les creía. El juicio vino sobre ellos y pasaron 40 años vagando. Vea 14:29-33.

7. **Vagando en el desierto — capítulo 15 al 20**

Esta sección es la transición de la antigua a la nueva generación con la excepción de Josué y Caleb. *El Señor le dijo al pueblo que moriría* (14:29) y que sus hijos entrarían a la tierra.

Por todos esos años vagaron y finalmente volvieron al mismo lugar donde habían estado, Cades-barnea.

Dios continuó comunicándose con ellos a través de Moisés durante este tiempo (15:1, 17, 35). Dios les dio comida, agua, ropa, y zapatos (Dt. 8:2-6).

En los capítulos 16 al 18 viene un ataque sobre el sacerdocio aarónico y más de 15,000 mueren en un terremoto, fuego, y plaga. Y luego Dios hace que la vara de Aarón reverdeciera mostrando la aprobación de su llamado. El reverdecimiento de la vara habla de Cristo, nuestro Sumo Sacerdote, y de su resurrección. Vea Hebreos 4:14; 5:4-10.

Capítulo 20 — Vemos la muerte de María y el pecado de Moisés al golpear la roca *dos veces* cuando Dios le había dicho que solo hablara a la roca. Porque Moisés no creyó a Dios — no entraría a la tierra (versículo 12).

Aarón muere. (Vea el versículo 24.)

8. **La nueva generación — capítulo 21 al 36**

(De Cades-barnea a Moab)

La demora se termina. La antigua generación se fue y una nueva generación se ha levantado.

(1) LA NUEVA JORNADA — capítulo 21 al 25

La jornada se hizo más larga porque Edom no permitió que caminaran a través de su tierra. (Vea 20:14-22 y 21:4.)

(a) Note la lección de desesperación y murmuración nuevamente; y Dios manda las serpientes. Dios provee una manera para que se salvaran en el capítulo 21:8-9.

Vea Juan 3:14-15. _____

_____

Vea I Corintios 10:9-10. _____

_____

(b) Capítulos 22-25 — La confrontación con Balaam

Vea II Pedro 2:15. _____

_____

Judas 11 _____

_____

Apocalipsis 2:14 _____

_____

(2) EL NUEVO CENSO — capítulo 26 al 27

Al principio de los 40 años había aproximadamente 600,000 hombres y al final de los 40 años había como 600,000. Note 26:64.

En el capítulo 27:12-14 se le dice a Moisés de su muerte inminente y luego...Josué es asignado en su lugar.

(3) LA NUEVA INSTRUCCIÓN — capítulo 28 al 36

Capítulos 28 y 29 — ofrendas para ser dadas al Señor

Capítulo 30 — los votos de los hombres y mujeres

Capítulo 31 — "Haz la venganza de los hijos de Israel contra los madianitas ..." Ni uno de los hebreos murió — versículo 49.

Capítulo 32 al 36 — Petición de Rubén, Gad, y Manasés para establecerse en el Este del Jordán. Su lugar estaba dentro de Canaán, no solamente afuera. Los resultados son encontrados en I Crónicas 5:18-26.

Ellos escogieron de lo que podían *ver* (32:1) en vez de aceptar las instrucciones del Señor.

Las ciudades de refugio — capítulo 35

Su número — versículo 6 al 8

Su propósito — versículo 9 al 12

Su distribución — capítulo 13 al 14

Sus regulaciones — versículo 15 al 34

Finalmente el libro termina tratando con la seguridad de su herencia que nos enseña de nuestra seguridad eterna en Cristo.

¿CUÁNTO RECUERDA USTED?

P. *¿Cuál es el carácter principal en Números?*

P. *¿Quién tenía el puesto de Sumo Sacerdote?*

P. *¿Cuántas generaciones son encontradas en el libro?*

P. *¿Por qué anduvieron errantes en el desierto por 40 años?*

P. *¿Cuál es la verdad central de Números?*

P. *¿Puede usted nombrar las tres principales secciones en nuestro bosquejo de Números?*

SU TAREA PARA LA PRÓXIMA SEMANA

1. Lea el libro de Deuteronomio — 6 capítulos diarios. Trate de leer todo el libro.

2. Repase el estudio de Números de sus propias notas tomadas en clase.

3. Marque su Biblia de estas notas.

4. Esté presente el próximo día del Señor con su Biblia, lápiz o pluma, y su libreta.

Lección 6
El libro de Deuteronomio

(Donde se proveen líneas, por favor lea y escriba todo el pasaje o la verdad principal del pasaje.)

1. **El libro final de Moisés**

   Este es el último libro del Pentateuco — los cinco libros de Moisés.

   En Génesis tenemos los "principios" — la *ruina* del hombre, la caída.

   En Éxodo, la ley y una manera de salir — *redención* por la sangre y el poder de Dios

   En Levítico, la adoración del pueblo — co*munión* a través de la expiación

   En Números, vagabundos — *dirección* por la voluntad de Dios

   En Deuteronomio, la preparación final para entrar a Canaán — *destino* a través de la fidelidad de Dios

2. **Su nombre**

   Deuteronomio obtiene su nombre del griego "deuteros' que quiere decir "segundo" y "nomos" que quiere decir "ley." Así que en este libro tenemos la ley dada por segunda vez — o mejor aún, una nueva exposición de ésta a la nueva generación de Israel que creció en el desierto. *No es* una nueva ley dada, pero una explicación, dada en detalle, de lo que ya había sido dado.

3. **Es un libro de transición**

   PRIMERO, una transición a una nueva generación

   SEGUNDO, una transición a una nueva posesión

   TERCERO, una transición a una nueva experiencia

   CUARTO, una transición a una nueva revelación
     de Dios — la revelación de *Su amor*

   Alistándose para la tierra nueva, de tiendas de campaña a casas y leche y miel de Canaán.

   De Génesis a Números nunca se habla del amor de Dios; pero aquí en Deuteronomio tenemos las hermosas palabras de Su amor.

   Vea Deuteronomio 4:37 _____

   _____

   Deuteronomio 7:7-8 _____

   _____

   Deuteronomio 10:15 _____

   _____

   Deuteronomio 23:5 _____

   _____

4. **La estructura del libro**

   Mirando en retrospectiva — capítulo 1 al 11

          y

   Mirando adelante — capítulo 12 al 34

5. **El mensaje central**

   Obedecer, obedecer — Obediencia a Dios

   4:1, 2, 5, 9, 15, 23, 40

   5:1, 6:1-3, 11:26-27

6. **Las cosas básicas de Deuteronomio**

   Deuteronomio será mejor recordado si señalamos claramente las verdades que encierra — sobre las cuales todas las otras enseñanzas son edificadas:

   (1) EL HECHO BÁSICO

   Deuteronomio 6:4-5 _____

   Jesús afirma el hecho básico en Mateo 22:35-39.

   Este fue el primer artículo de la relación de Israel con Dios. También fue el hecho básico en el cual se basa el cristianismo. "Este es el primer y grande mandamiento."

   (2) LA VERDAD BÁSICA

   Deuteronomio 6:23 _____

   _____

   (a) Él "nos sacó " — Vemos el poder de Dios.
   (b) "para traernos" — Vemos la gracia de Dios.
   (c) "que juró a nuestros padres" — Vemos la fidelidad de Dios.

   Esta verdad básica toma un nuevo sentido cuando se aplica a los creyentes cristianos hoy en día. Él nos ha sacado de una condenación de pecado porque "ahora, pues, ninguna condenación hay para los que están en Cristo Jesús…"(Romanos 8:1). Él nos ha librado de la esclavitud del pecado.

   Vea Romanos 8:2. _____

   _____

   Él nos ha traído a una Canaán espiritual que es nuestra en Cristo.

   Gálatas 2:20 _____

   _____

   Efesios 1:3-4 _____

   _____

   Efesios 2:19 _____

   _____

   Él es fiel para guardar Su promesa — Tesalonicenses 5:23-24.

   _____

   _____

(3) EL REQUISITO BÁSICO

Deuteronomio 10:12-13 _____

_____

En ua palabra, el requisito es la *obediencia*. El Señor Jesús requiere lo mismo de los creyentes hoy en día. Juan 14:21-23

_____

(4) LA PROMESA BÁSICA

Deuteronomio 4:27-31 (Note que la promesa básica e incondicional de Dios es la que Él hizo a Abraham. Vea el versículo 31.)

_____

_____

Deuteronomio 29:12-13 _____

_____

El pacto del Sinaí, o el pacto mosaico, fue quebrantado pero Dios ha guardado Su promesa fundamental.

(5) LAS DIFERENCIAS BÁSICAS

El Antiguo y el Nuevo Testamento difieren fundamentalmente. Un lugar especial es enfatizado en el Antiguo. Deuteronomio 12:10-14.

_____

_____

Jesús cambió el antiguo énfasis de un *lugar* a una persona. Juan 4:20-36.

_____

_____

Hechos 8:27-31 y 35-37 — El eunuco había estado en el lugar correcto, para el propósito correcto, y leyó el libro correcto. Felipe le predicó de Jesús y él se fue gozoso. De un lugar en el Antiguo a una persona en el Nuevo.

(6) LA BENDICIÓN FUNDAMENTAL

Deuteronomio fue un libro fundamental para nuestro Señor. El mencionó citas de éste frecuentemente:

Mateo 4:4, 7, 10 _____

_____

Compare estos tres versículos con Deuteronomio 8:3. _____

_____

Deuteronomio 6:16 _____

_____

y Deuteronomio 10:20 _____

_____

7. **Moisés, el hombre**

Deuteronomio 34:10 _____

_____

Su vi.da se divide en tres períodos de 40 años cada uno.

Los primeros 40 años — Éxodo 2:11 (en Egipto) _____

_____

Compárelo con Hechos 7:22-23. _____

_____

Los siguientes 40 años. Éxodo 2:15 (en Madián)_____

_____

Compare con Hechos 7:29-30. _____

_____

Los últimos 40 años. Éxodo 7:7 y Deuteronomio 31:2 (líder de los hijos de Israel hasta su muerte)

_____

Moisés tenía 120 años cuando murió. Deuteronomio 34:7. El es el único hombre que Dios enterró — 34:6.

Él fue levantado y glorificado y apareció en el Monte de la Transfiguración — Lucas 9:30-31.

Lea Hebreos 11:23-29.

Cristo en el libro — Deuteronomio 18:15-18

¿CUÁNTO RECUERDA USTED?

P.   *¿Qué quiere decir "Deuteronomio"?*

P.   *¿Cuál es hecho básico del libro?*

P.   *¿Cuál es la verdad básica del libro?*

P.   *En una palabra, ¿cuál es el requisito básico del libro?*

P.   *Hay tres períodos en la vida de Moisés. ¿De cuánto tiempo fue cada período?*

P.   *¿Qué pasó cuando él murió, y después?*

SU TAREA PARA LA PRÓXIMA SEMANA

1. Lea el libro de Josué — 4 capítulos diarios.
2. Repase el estudio de Deuteronomio de sus propias notas hechas en clase.
3. Marque su Biblia de sus notas.
4. Esté presente el próximo día del Señor con su Biblia, lápiz o pluma, y su libreta.

Lección 7
El libro de Josué

(Donde se proveen líneas, por favor lea y escriba todo el pasaje o la verdad principal del pasaje.)

1. **El libro**

   Los cinco libros de Moisés (desde Génesis hasta Deuteronomio) dirigen a los hijos de Israel *hasta* Canaán. — Josué dirige a los hijos de Israel *dentro* de Canaán. El resto de los libros históricos (desde Josué hasta Ester) cubre la historia de Israel dentro de la tierra.

2. **El autor**

   El autor es Josué. Si él no lo escribió por sí mismo— le dio las palabras y substancia a un escriba para que lo escribiera.

3. **La estructura**

   Entrando a la tierra — capítulo 1 al 5

   Conquistando la tierra — capítulo 6 al 12

   Ocupando la tierra — capítulo 13 al 24

4. **El mensaje central**

   La victoria de fe — Josué 1:5 y 9; 3:17

   La lección en Josué proclama claramente la verdad del Nuevo Testamento — "esta es la victoria que ha vencido al mundo, nuestra fe" — I Juan 5:4.

   (Nota — hay muchos tipos y símbolos en Josué y en el Pentateuco, pero el tiempo no permite abarcar todo esto. Josué quiere decir "Jehová es salvación." Nuestra salvación vino después de Moisés. Vea Juan 1:17.)

   (Nota — hay un paralelo notable entre Josué y Efesios. En Josué vemos a Israel entrando y poseyendo la herencia terrenal prometida dada a Abraham. En Efesios vemos a la iglesia entrando y poseyendo la herencia celestial dada a nosotros en Cristo.)

5. **Entrando a la tierra — capítulo 1 al 5**

   (1) JOSUÉ, COMISIONADO PARA EL LIDERAZGO — capítulo 1

   Su autoridad estaba basada en la Palabra de Dios. Lea del versículo 5 al 9. Observe lo que el verdadero "éxito" es en el versículo 8. Nombre los pasos al éxito en el versículo 8:

   _____

   _____

   (2) JERICÓ ESPIADO — capítulo 2

   Josué envía dos espías a Jericó porque era una ciudad clave. Esto no degradó ni disminuyó la fe de Josué. La verdadera fe no desprecia el uso de medios porque hay una gran diferencia entre creer y suponer.

   Anote los actos y las recompensas de Rahab — versículos 11, 12, y 18.

   _____

   _____

(3) EL JORDÁN CRUZADO — capítulo 3

Este fue un momento crítico para Israel. Estaban en el mismo sitio donde habían estado sus padres — 40 años atrás. Ahora ellos tenían que avanzar — dirigidos por los sacerdotes y los levitas. Dios obraría milagros si ellos continuarían. Note los versículos 3, 5, 13, y 17. Estos versículos nos enseñan que una cosa es salir del "Egipto" de pecado y otra cosa es confiar y obedecer toda la Palabra de Dios.

(4) MONUMENTOS LEVANTADOS — capítulo 4

No debían olvidar lo que Dios había hecho. Tenía que haber un *monumento* en el río Jordán — versículo 9, y un monumento en Gilgal — versículos 3 y 19. Cada monumento estaba hecho de doce piedras. Estos monumentos les recordaron del poder y de la fidelidad de Dios cuando detuvo las aguas y les trajo a la tierra. Hablando de nuestra salvación, ¿puede usted mencionar un monumento?

_____

_____

(5) EL SELLO DEL PACTO — capítulo 5

La circuncisión fue el sello del pacto entre Dios e Israel. Los hijos, nacidos durante los cuarenta años errantes, tenían que llevar la marca de Israel — la cual habló de separación moral y espiritual. Lea Deuteronomio 10:16.

_____

_____

Deuteronomio 30:6 _____

_____

Colosenses 2:11-13 _____

_____

6. **Conquistando la tierra** — capítulo 6 al 12

(1) LA CAÍDA DE JERICÓ — capítulo 6

El Señor haría la conquista si Israel hacía *exactamente* lo que Dios mandaba. Ellos hicieron y Dios hizo. Rahab fue salvada — versículo 13 al 17.

(2) EL PECADO DE ACÁN — capítulo 7

Un solo pecado afectó a todo el campamento — versículos 11, 20, y 21.

(3) LA CONQUISTA DE LA TIERRA — capítulo 8 al 12

Después de que el pecado fue confesado y tratado, Dios le dio a Josué y a Israel la victoria sobre Hai — y a través de todos los campamentos del Centro, del Sur, y del Norte. El capítulo 12 nos da un resumen de todos los reyes y ciudades que cayeron en las manos de Israel.

Anote especialmente 11:23. _____

_____

7. **Ocupando la Tierra** — capítulo 13 al 24

    (1)   LA DIVISIÓN de la tierra entre las tribus y levitas no fue una tarea sencilla. Dios les explicó en detalle. Capítulo 13.

    (2)   LA DIVISIÓN de la tierra fue echando suertes delante del Señor" — 18:6-7. El Señor iba a establecer las tribus donde Él quería. Note también 14:2. Note que Gad, Rubén, y la mitad de la tribu de Manasés se habían establecido al Este del Jordán… (Génesis 48:19-22) — las otras nueve tribus y media en el lado Oeste.

    (3)   MARQUE BIEN el *principio* que gobernó a Israel en el apoderamiento de la tierra. Note el capítulo 11:23 y compárelo con el capítulo 13:1. No hay contradicción aquí sino que se complementan uno con el otro. El golpe final había ocurrido y solamente quedaba que continuaran hasta el último detalle. Esto mismo es verdad en nuestras vidas. — El golpe contra Satanás ha sido dado con la aceptación de Cristo. Todo lo que Él tiene es nuestro si nosotros poseemos todas "las bendiciones en Cristo;" pero tenemos que ir y poseerlas nosotros mismos.

El pasaje clave en esta sección es el capítulo 21:43-45. Note lo que "Dios les dio" :

_____

_____

_____

OBSERVE LAS TRES COSAS QUE DIOS LE DIO A ISRAEL:

    1.   El Señor le dio a Israel *toda la tierra*.

    2.   El Señor les dio *reposo*.

    3.   El Señor les entregó a todos sus *enemigos* en sus manos.

Note en el capítulo 14:2-3 el número de las tribus en Canaán.

_____

    (4)   LAS CIUDADES DE REFUGIO — capítulo 20

Aquí tenemos las seis ciudades de refugio — tres al Oeste del Jordán y tres al Este. Éstas eran una provisión misericordiosa para proteger a aquellos que habían cometido "pecados de ignorancia," errores y equivocaciones no intencionadas. Cristo mismo es nuestra "ciudad de refugio."

    (5)   DESPEDIDA DE JOSUÉ — capítulos 23 y 24

Lea el capítulo 23:14.

Lea el capítulo 24:14-16.

¿Qué aprende usted de estos versículos? _____

_____

Josué murió a los 110 años de edad — 24:29.

¿CUÁNTO RECUERDA USTED?

   P. *¿Cuál es la verdad central de Josué?*

   P. *¿Puede usted recordar las tres divisiones principales del libro?*

   P. *¿Quién fue la mujer que escondió a los espías en Jericó?*

   P. *¿Cómo cruzaron el río Jordán cuando se dirigían hacia Canaán?*

   P. *¿Cuál fue el monumento que Dios les dijo que hicieran cuando entraran a la tierra?*

SU TAREA PARA LA PRÓXIMA SEMANA

1. Lea el libro de Jueces y Rut — cuatro capítulos diarios.
2. Repase el libro de Josué de sus notas.
3. Marque su Biblia de sus notas.
4. Esté presente el próximo día del Señor, listo para estudiar Jueces y Rut de su propia Biblia. Traiga su libreta.

Lección 8
El libro de Jueces y El libro de Rut

(Donde se proveen líneas, por favor lea y escriba todo el pasaje o la verdad principal del pasaje.)

1. **El libro de Jueces**

   El libro de Jueces toma su nombre de su contenido — el pueblo levantó jueces para liberar a Israel en un tiempo de declinación y división después de la muerte de Josué.

2. **Su naturaleza**

   La naturaleza del libro pone el énfasis en el significado espiritual de los eventos registrados y no en la continuidad cronológica.

   El autor del libro no es nombrado, sin embargo, la tradición judaica lo atribuye a Samuel. La cosa principal para nosotros es — que es parte del canon de las Escrituras y es dado "por la inspiración de Dios."

3. **Su mensaje central**

   Fracaso a tavés del compromiso. ¿Por qué este trágico derrumbe? El versículo que resalta claramente es Jueces 17:6.

   _____

   _____

   Lea II Corintios 6:17-18. _____

   Contestando la pregunta "¿Por qué esta decadencia?" formaremos la guía para nuestro estudio.

4. **Su estructura**

   FRACASO A TRAVÉS DEL COMPROMISO
   Prólogo — capítulos 1 y 2

   NARRACIÓN PRINCIPAL — CAPÍTULO 3 AL 16

EL PECADO O APOSTASÍA	SERVIDUMBRE	LIBERTADOR
Jueces 3:5-8	Al rey de Mesopotamia — 8 años	Otoniel — 3:9-11
Jueces 3:12-14	Al rey de Moab — 18 años	Aod — 3:15-30 y Samgar — versículo 31
Jueces 4:1-3	Al rey de Canaán — 20 años	Débora — 4:4 a 5:31 y Barac
Jueces 6:1-10	A los madianitas — 7 años	Gedeón — 6:11 a 8:35
Jueces 10:6-18	A los filisteos — 18 años	Jefte — 11:1 a 12:7
Jueces 13:1	A los filisteos — 40 años	Sansón — 13:2 a 16:31

   Epílogo Ilustrativo — capítulo 17 al 21

   (Nota: La antigua Biblia de Scofield nombra *siete* apostasías. Solamente hay *seis* que son introducidas "Hicieron, pues, los hijos de Israel lo malo ante los ojos de Jehová…" La que menciona Scofield, que no es introducida como apostasía, está en el capítulo 8:33.)

El prólogo (capítulos 1 y 2) es la explicación de cómo vino este período.

El epílogo (capítulos 17 y 21) es una ilustración de la condiciones mismas.

El cuerpo del libro (capítulo 3 al 16) habla de *trece* jueces. De éstos, *seis* sobresalen preeminentemente — porque la historia completa está basada en seis apostasías y servidumbres, (o castigos), sucesivas de Israel y los seis jueces o libertadores. Se dice que las seis servidumbres o castigos fueron traídos por Jehová mismo, esto es, "y la ira de Jehová se encendió contra Israel, y los vendió en manos de Cusan-risataim rey de Mesopotamia" — 3:8.

5. **El énfasis principal de la narración — capítulo 3 al 16**

La parte principal del libro se ve fácilmente si hacemos columnas paralelas de los seis episodios, en orden, bajo un énfasis cuádruple que es visto a través de toda la narración.

LOS SEIS EPISODIOS

	1ro. 3:7-11	2do. 3:12-30	3ro. 4:1-5:31	4to. 6:1-8:35	5to. 10:6-12:7	6to. 13:1-16:31
PECADO	versículo-7 "Hicieron, pues, los hijos de Israel lo malo ante los ojos de Jehová... etc."	versículo-12 "Volvieron los hijos de Israel a hacer lo malo ante los ojos de Jehová..."	4:1	6:1	10:6	13:1
SUFRI-MIENTO	versículo-8 "Y la ira de Jehová se encendió contra Israel ... etc."	versículo-12 al 14 "Y Jehová fortaleció a Eglón..."	4:2	6:1	10:7	13:1
SÚPLICA	versículo -9 "Entonces clamaron los hijos de Israel a Jehová..."	versículo-15 "Y clamaron los hijos de Israel a Jehová ..."	4:3	6:6-7	10:10 y 15	No hay súplica registrada. Vea 10:15 "Que nos libres en este día..."
SALVA-CIÓN	versículo-9 "Y Jehová levantó un libertador ..." OTONIEL	versículo-15 "Y Jehová levantó un libertador ..." AOD	4:4-6 DÉBORA Y BARAC	6:12-14 GEDEÓN	11:29 y 33 JEFTE	13:3 y 5 y 15:20 SANSÓN

El énfasis anterior está diseñado para hacer efecto en la mente del estudiante. Escriba una parte de cada versículo en los espacios en blanco como se muestra en los dos primeros episodios.

6. **El epílogo — capítulo 17 al 21**

Esta sección ilustra la confusión y las profundidades en las cuales Israel se había perdido. Jueces 17:6 da la razón de todo esto:

_____

_____

Primero, usted verá la confusión en la vida religiosa de la nación. Jueces 17 y 18.

Segundo, la confusión en la vida moral de la nación — Jueces 19

Tercero, la confusión en la vida política — Jueces 21

7. **En el libro completo de Jueces vemos:**
   - la corrupción del hombre —
   - el fracaso constante del hombre —
   - pero — también vemos la misericordia constante de Dios.

También vemos el deleite de Dios en usar las cosas débiles.

Nota: la fuerza de Gedeón y de los 300 hombres (7:6-8)

— la quijada de asno usada por Sansón (15:15)

— Débora, una mujer (4:4 y 5:1-2)

Vea I de Corintios 1:26-29. _____

¿CUÁNTO RECUERDA USTED?

P.   ¿De dónde obtiene Jueces su nombre?

P.   ¿Cuál es el mensaje central del libro?

P.   ¿Qué caracter sobresale en su mente?

P.   ¿Cuántas apostasías o pecados son mencionados en nuestro estudio?

EL LIBRO DE RUT

1. **El libro**

   De acuerdo al versículo 1, pertenece claramente al período cubierto por el libro de Jueces y es nombrado en honor a su heroína: Rut.

2. **Su carácter**

   Es uno de los dos únicos libros en las Escrituras que lleva el nombre de una mujer — Rut y Ester. El libro de Rut es una historia de amor. Rut fue la bisabuela de David. Este hecho hace único al libro, y coloca a Rut en el linaje de Cristo. Rut es una de las cuatro mujeres nombradas en la línea mesiánica. Las otras tres — Tamar, Rahab, y Betsabé—traen a nuestra mente conducta indigna; pero Rut es virtuosa.

3. **Su mensaje central**

   El pariente redentor — (Cristo es nuestro pariente redentor) amor piadoso.

4. **Su estructura**

   DECISIÓN — la elección del amor — capítulo 1

   SERVICIO — la respuesta del amor — capítulo 2

   DESCANSO — la seguridad del amor — capítulo 3

   RECOMPENSA — la recompensa del amor — capítulo 4

5. **Las verdades que usted debe de saber**

   (La historia de Rut habla por sí misma, por lo tanto debemos resaltar algunas de las verdades del libro que usted debe recordar y aplicar.)

(1) Rut era una moabita — descendiente de Lot — capítulo 1:4.

(2) Rut amaba a Noemí, su suegra — capítulo 1:16.

(3) Booz es un cuadro de Cristo — nuestro pariente redentor. La palabra "pariente" en el hebreo es "goel." La ley del "goel," o cercano de parentesco, es encontrada en Levítico 25, Números 35, y Deuteronomio 19 y 25. Había tres requisitos para el "pariente."

(a) Él tiene que estar dispuesto a redimir — Levítico 25:25, Gálatas 4:4-5.

_____

_____

(b) Él tiene que ser pariente — tener el *derecho* de redimir — Levítico 25:48-49; Rut 3:12-13; *Hebreos 2:11.*

_____

_____

(c) Él tiene que tener el poder — los *recursos* para redimir. Rut 4:4-6; Juan 10:11-18.

_____

_____

Cristo, como nuestro pariente redentor, tiene el *derecho* como nuestro verdadero pariente. Él tiene el *poder* como el Hijo de Dios. Él está dispuesto misericordiosamente a "pagar el precio", y lo ha hecho.

Cristo es nuestro "redentor" — Él pagó el precio. Nosotros somos los redimidos — somos libres porque él ha pagado el precio en la cruz.

(4) En el último versículo del libro descubrimos el significado de la lección. "Obed (el hijo de Rut) engendró a Isaí, e Isaí engendró a David." El Señor Jesús proviene del linaje de David.

¿CUÁNTO RECUERDA USTED?

P. *¿Cuál es el tema de Rut?*

P. *¿A qué período pertenece el libro de Rut?*

P. *¿Qué nos enseña Rut acerca de la redención?*

P. *¿Qué quiere decir "redención"?*

SU TAREA PARA LA PRÓXIMA SEMANA

1. Lea el libro de I de Samuel — menos que 5 capítulos diarios.

2. Repase el estudio de Jueces y de Rut de sus notas hechas en clase.

3. Marque todos los pasajes en su Biblia de sus propias notas.

4. Esté presente el próximo día del Señor con su Biblia y su libreta.

Lección 9
El libro de I de Samuel

(Donde se proveen líneas, por favor lea y escriba todo el pasaje o la verdad principal del pasaje.)

1. **El libro**

   El libro de I de Samuel conduce hacia lo que algunos llaman los "tres dobles libros del Antiguo Testamento" — I y II de Samuel, I y II de Reyes, y I y II de Crónicas. Estos tres libros dobles forman el registro del levantamiento y la caída de la monarquía de Israel.

2. **Los manuscritos**

   En los manuscritos hebreos, I y II de Samuel forman *un* libro así como I y II de Reyes y I y II de Crónicas. El libro de I de Samuel marca un período definido — desde el nacimiento de Samuel, el *último* de los jueces, hasta la muerte de Saúl, el *primero* de los reyes, y cubre un período aproximadamente de 115 años.

3. **El autor**

   El autor del libro, por supuesto, es el Espíritu Santo — pero una parte del libro fue escrita por Samuel mismo, I de Samuel 10:25. Otras sugerencias de coautores se encuentran en I de Crónicas 29:29.

4. **La estructura**

   SAMUEL: el último de los jueces — capítulo 1 al 8

   SAÚL: el primero de los reyes — capítulo 8 al 15

   DAVID: el sucesor ungido — capítulo 16 al 31

   (Las tres personalidades tienen elementos en común, pero es obvio que Samuel es el carácter prominente en los primeros ocho capítulos. En los siguientes siete capítulos, Saúl es el centro de atención, y en los capítulos restantes, David es la atracción principal. Nuestro estudio principal de David vendrá en la lección de la próxima semana en II de Samuel.)

5. **El mensaje central**

   El pueblo demanda un rey — escogiendo menos de lo que Dios tenía para ellos. (Lea capítulo 8.)

6. **Algunos puntos distintivos de I de Samuel**

   Este libro contiene muchas cosas singulares que le ayudarán a recordar este libro:

   (1) Palabras citadas a menudo —

   "Icabod" — 4:21

   "Ebenezer" — 7:12

   "Viva el rey" — 10:24

   "Y la palabra de Jehová *escaseaba*" — 3:1

   (2) La palabra "oración" es usada 30 veces en este libro.

   (3) La primera vez que encontramos la frase "Jehová de los ejércitos" es en este libro y es usada once veces en I y II de Samuel. (Note I de Samuel 1:3.)

7. **Samuel — capítulo 1 al 8**

  (1) El ministerio de Samuel marca el principio del oficio profético. Anteriormente había aquéllos sobre los cuales se había derramado el manto profético, como Moisés — Deuteronomio 18:18. Pero la Escritura indica que el orden profético fue fundado por Samuel.

        Vea I de Samuel 3:20; 10:5; 19:18-24. _____

        _____

        Ahora vea Hechos 3:24. _____

        _____

        Hebreos 11:32 _____

        _____

  (2) Los años silenciosos de Samuel — 4:1-7:3. En estos tres capítulos, Samuel no es mencionado. Fue un período aproximadamente de 20 años — 7:2. La figura aquí es el arca del Señor.

  (3) Samuel como el juez — 7:3 — 8:22. Él continuó sirviendo después del capítulo 8:22, pero después, comenzando en el capítulo 9, la cabeza de la nación fue un rey.

        Anote el capítulo 7:15. _____

        _____

  (4) El pueblo demanda un rey a Samuel — 8:5. Note 8:7 — el verdadero significado de su demanda es dado "porque no te han desechado a ti, sino a mi," dijo el Señor.

8. **Saúl, el primero de los reyes — capítulo 8 al 15**

  (1) Israel quiso un rey — como las otras naciones y Dios les concedió su petición — 8:19-22. Aquí hay una gran lección para nosotros — podemos tener lo bueno o lo mejor de Dios — su voluntad directa o su voluntad permisible.

  (2) Saúl fue escogido para ser rey (9:2); y fue ungido por Samuel, 10:1. Vea estos versículos.

        _____

        _____

        _____

  (3) La decadencia de Saúl está en los capítulos 13 al 26. Vea 13:12-13. Un acto de impaciencia.

        _____

        _____

        Vea 15:19-23 — un acto de rebelión.

        Vea 16:14 — "el espíritu de Jehová se apartó de Saúl."

        Vea 18:7-11 — Saúl trató de matar a David por celos. Anote el versículo 9.

        _____

Vea 26:21 — Saúl dice, "He aquí yo he hecho neciamente."

Vea 28:7-20 — la última "gota que derrama el vaso" de Saúl es la"brujería" y en el capítulo 31, suicidio. Anote el versículo 28:7.

_____

_____

9. **David, el sucesor ungido — capítulo 16 al 31**

(1) David fue escogido por el Señor, a través de Samuel, para ser el sucesor de Saúl — 16:1-11.

(2) David es ungido para ser rey — 16:12-13.

_____

_____

Nota: David no fue coronado hasta la muerte de Saúl. Aunque el iba a ser el rey, David tomó su lugar como un siervo, lo cual debe recordarnos de Filipenses 2:7.

_____

_____

(3) David se encuentra con Goliat 17:31-54. Vea Efesios 6:13-17.

_____

_____

(4) Jonatán, *el hijo de Saúl*, amó a David — capítulo 18.
Saúl odió a David (a través del resto de I de Samuel). Lea las palabras de David en el Salmo 59.

_____

_____

Salmo 59:1 y 16

_____

Este fue un tiempo de prueba y preparación para David. Él había sido amenazado por Saúl y encontró refugio entre los filisteos. Aquí escribe el Salmo 56. (Léalo.)

¿CUÁNTO RECUERDA USTED?

P. *Nombre los tres "dobles libros" del Antiguo Testamento.*

P. *Nombre las tres personalidades principales de este libro.*

P. *¿Puede usted decir cuál es el mensaje central de este libro?*

P. *¿Qué otra personalidad es conocida por su amor a David?*

P. *¿Fue David coronado en I de Samuel?*

SU TAREA PARA LA PRÓXIMA SEMANA

1. Lea el libro de II de Samuel — cuatro capítulos diarios.
2. Repase el estudio de I de Samuel de sus notas en clase.
3. Marque todas las refernecias en su Biblia de sus notas.
4. Esté presente el próximo día del Señor con su Biblia y libreta.
5. Si usted no puede leer todo el libro, lea los CAPÍTULOS CLAVES. Éstos son: 2, 5, 7, 8, 11, 12, 18, y 23; menos que dos capítulos diarios.

Lección 10
El libro de II de Samuel

(Donde se proveen líneas, por favor lea y escriba todo el pasaje o la verdad principal del pasaje.)

1. **El libro**

   El libro de II de Samuel es el "libro del reinado de David." Comienza con el reinado de David en Judá inmediatamente después de la muerte de Saúl. El libro termina poco antes de la muerte de David cuando él "era viejo y avanzado en días" (I de Reyes 1:1 y 2:10-11).

   _____

   _____

2. **Su período**

   David reinó 40 años y este libro cubre dicho tiempo.

   Vea II de Samuel 5:4-5. _____

   _____

   Vea I de Reyes 2:10-11. _____

   _____

3. **El autor**

   La autoría de II de Samuel es incierta, aunque se piensa, por lo que se indica, que fue el trabajo de Natán y Gad. (I de Crónicas 29:29-30)

   _____

   _____

   _____

4. **La estructura**

   Los triunfos de David — capítulo 1 al 12

   Los problemas de David — capítulo 13 al 24

   (Note: El libro se divide a sí mismo en la mitad de la narración y a la mitad de los 40 años del reinado de David. Siendo así, hay 12 capítulos en cada parte.)

5. **El mensaje central**

   Los triunfos se vuelven problemas debido al pecado.

6. **Los triunfos de David — capítulo 1 al 12**

   (Note: No iremos a través de este libro capítulo por capítulo, pero resaltaremos los hechos y las verdades principales. Muchas de éstas serán cubiertas y agregadas en Reyes y Crónicas.)

   (1) DAVID EN HEBRÓN — capítulo 1 al 4 (el período de la Guerra Civil)

   David reinó en Hebrón 7 años y 6 meses, pero solamente sobre Judá ya que las

otras tribus no lo aceptaban como el sucesor de Saúl. Israel (todas las tribus excepto Judá) habían decidido tener su propio rey. (Vea capítulo 2:8-11.)
Anote capítulo 3:1. _____

_____

(2) DAVID, REY DE TODO ISRAEL, en Jerusalén — capítulo 5 al 11 (el período de la conquista).

David es declarado rey de todo Israel y cambia el sitio de gobierno a Jerusalén. Note el reconocimiento de todas las tribus del derecho de David a ser rey — 5:1-5:

"Henos aquí, hueso tuyo y carne tuya somos"
"Eras tú quien sacabas a Israel a la guerra, y lo volvías a traer"
"Jehová te ha dicho: tú serás príncipe sobre Israel"

En ese tiempo Jerusalén era llamada Jebus — I de Crónicas 11:4 debido a los jebuseos. Ahora lea II de Samuel 5:6-10.

(3) EL PACTO DAVÍDICO — capítulo 7:8-16

Este es uno de los grandes y supremos pasajes de la Biblia. Que el Mesías debía de venir del linaje de David fue después confirmado por los profetas en pasajes como:
Isaías 11:1 _____

_____

Jeremías 23:5 _____

_____

Ezequiel 37:25 _____

_____

De acuerdo con las profecías, el ángel Gabriel anunció a María acerca de Jesús: Lucas 1:32-33. _____

_____

Hay varias cosas importantes que tenemos que recordar del pacto davídico — (capítulo 7):

PRIMERO, versículo 13 — la confirmación divina del trono de Israel.

SEGUNDO, la perpetuación del reglamento davídico — versículo 11 al 16 y aquí hay tres cosas que son aseguradas a David:

• "casa" o posteridad — versículos 11 y 13
• "trono" o autoridad real — versículo 13
• "reino" o esfera de mando — versículo 13 y después en el versículo 16 las tres cosas le son aseguradas *eternamente*.

El Salmo 89 es una confirmación y exposición de este pacto davídico. Lea específicamente los versículos 3, 4, y 20 al 37. _____

_____

_____

TERCERO, es incondicional porque será cumplido en el Mesías. Hechos 2:29-31

_____

_____

y Hechos 15:14-17 _____

_____

CUARTO, es una profecía verdadera acerca de Cristo.
La primera profecía fue hecha a Adán: Génesis 3:15.

_____

La segunda a Abraham en Génesis 22:18

_____

La tercera a Jacob en Génesis 49:10

_____

La cuarta es ahora hecha a David en este capítulo.
Note el desarrollo en estas palabras de profecía:
    1a. A Adán, la promesa es para una _raza_ en general
    2a. A Abraham, para una _nación_ en la raza, Israel
    3a. A Jacob, para una _tribu_ en esa nación, Judá
    4a. A David, para una _familia_ en esa tribu, la de David

(4)   EL REINADO DE DAVID AL MÁXIMO — capítulo 8 al 10. Él es victorioso en cada área.

(5)   EL GRAN PECADO DE DAVID — capítulo 11
Su primer pecado — versículo 3 y 4

_____

Su primer pecado lo llevó a un pecado peor — versículo 15 al 17.

_____

(6)   LA CONFESIÓN DE DAVID — capítulo 12:13-18 y versículo 23

_____

_____

_____

Entonces Salmón es nacido a David — versículo 24

_____

7. **Los problemas de David — capítulo 13 al 24**
El resto del libro no es de triunfo sino de problemas. La última victoria registrada está al final del capítulo 12 cuando él conquista la ciudad real de Amón. El resto de los

capítulos registran todos los problemas de David en su familia y en la nación.

Note especialmente que los capítulos 15 al 18 se enfocan en Absalón, el hijo de David, y su rebelión. Esta es una parte del fruto amargo del pecado de David de acuerdo al capítulo 12:11-12. La única manera de que Absalón podía asegurar el trono era derrotando a su padre en batalla. Él lo intentó, pero Joab, el capitán de David, no demostró misericordia y mató a Absalón — 18:14. Cuando lo oyó David, dijo las conocidas palabras encontradas en la última parte del capítulo 18:33.

David fue restaurado en el trono de Jerusalén seguido por más experiencias de retribución provenientes de la mano de Dios. El libro termina con la compra de la era en el monte Moria que vino a ser el sitio del templo. Fue aquí, cientos de años antes, donde Abraham ofreció a Isaac.

¿CUÁNTO RECUERDA USTED?

P. *¿Cuál es el otro nombre que se le da a este libro?*

P. *¿Cuántos años reinó David?*

P. *¿Cuál es el mensaje central?*

P. *¿Cuánto tiempo reinó David en Hebrón, y en Judá?*

P. *El pacto davídico, ¿es una profecía? Si es así, ¿cuándo se cumplió?*

SU TAREA PARA LA PRÓXIMA SEMANA

1. Lea lo más que pueda de I y II de Reyes; siete capítulos diarios. Si no puede leer todos los capítulos, entonces lea los capítulos claves—1, 3, 4, 8, 9, 11, 12, 17, y 19 en I de Reyes— y 2, 5, 11, 18, 20, y 22, en II de Reyes — dos capítulos diarios.

2. Repase el estudio de II de Samuel de sus notas.

3. Marque en su Biblia las referencias citadas.

4. Esté presente el próximo día del Señor con su Biblia y su libreta.

LECCIÓN 11
Los libros de I y II de Reyes

(Donde se proveen líneas, por favor lea y escriba todo el pasaje o la verdad principal del pasaje.)

1. **El libro**

   Este es el segundo de la serie de los tres *libros dobles*. Originalmente eran un solo libro y lo estudiaremos como tal porque cuenta una historia continua. I de Reyes registra la *división* del reino unido de Saúl, David y Salomón en *dos reinos* — de aquí en adelante conocidos como I*srael* y *Judá*. II de Reyes registra la caída, o deberíamos de decir, la *cautividad* de ambos, Judá e Israel.

   Hay algo que explicar aquí. El nombre de Israel, abarcando diez de las tribus, se convierte en el reino del Norte teniendo a Samaria como capital. El reino de Judá, abarcando dos tribus, Judá y Benjamín, se convierte en el reino del Sur teniendo a Jerusalén como capital. Es necesario que usted entienda esto para poder comprender el resto del Antiguo Testamento:

   REINO DEL NORTE — Israel — 10 tribus — Samaria

   REINO DEL SUR — Judá — 2 tribus — Jerusalén

2. **El autor**

   El autor de Reyes es desconocido. La tradición dice que Jeremías lo escribió, pero esto no es concluyente.

3. **El mensaje central de I de Reyes**

   El mensaje principal es la *división debido a la desobediencia*. Esto es claramente visto en I de Reyes 11:11 lo cual marca el cambio trágico y se convierte en la "llave" de toda la historia. Lea 11:11 y escriba la última parte de este versículo.

   _____

   _____

4. **La estructura del libro de I de Reyes**

   LOS GRANDIOSOS CUARENTA AÑOS DEL REINADO DE SALOMÓN — capítulo 1:11 (a la mitad del libro tenemos un reino unido)

   LOS PRIMEROS OCHO AÑOS DE LOS DOS REINOS — capítulo 12 al 22 (a la mitad del libro seguimos a los dos reinos y sus líderes)

5. **Los cuarenta años del reinado de Salomón — capítulo 1 al 11**

   (1) Salomón fue el último rey que gobernó sobre un reino hebreo *unido*. Él era solamente un niño (de acuerdo a 3:7) cuando se convirtió en rey.

   (2) Note la oración de Salomón pidiendo sabiduría y entendimiento. Lea 3:5-13. La promesa de Dios—versículo 5 _____

   _____

   _____

Compare esto con Mateo 7:7. _____

_____

La petición de Salomón — versículo 9 _____

_____

Compárelo con Santiago 1:5. _____

_____

La respuesta del Señor — versículos 12 y 13 _____

_____

(Esta oración también está registrada en II Crónicas 1:7-13.)

(3)   La sabiduría de Salomón — 4:29-34 (Lea y anote aquí el versículo 32.)

_____

_____

(4)   Salomón comienza a edificar el *primer* templo en el capítulo 6 y la oración de dedicación es dada en el capítulo 8. Ahora lea II de Crónicas 7:1-3. ¿Quién llenó el templo?

_____

_____

(5)   La advertencia y la promesa de Dios para Salomón — 9:3-9. Anote las condiciones que Dios dio en el versículo 6.

_____

(6)   Su transgresión contra Dios — capítulo 11. Aproximadamente 450 años antes, Dios había escrito los requisitos para todos los futuros reyes de Israel. Lea Deuteronomio. 17:14-17. Salomón había desobedecido a Dios en todas estas áreas.
El tenía mucho oro y plata — I de Reyes 10:14-27.
El tenía miles de caballos — 4:26
El tenía cientos de esposas y concubinas — 11:3.

(7)   El resultado de la transgresión de Salomón:
El Señor dice que el reino será dividido después de la muerte de Salomón — 11:9-13 y 31.

(8)   La muerte de Salomón y el resto de sus obras — 11:41-43. Vea Gálatas 6:7.

_____

_____

6. **Los primeros ochenta años de los dos reinos — capítulo 12 al 22**

(1)   Inmediatamente después de la muerte de Salomón, la división del reino toma lugar y diez tribus son dirigidas por Jeroboam — dos por Roboam (el hijo de Salomón). Vea 12:16-21.

(No entraremos en detalles acerca de todos los reyes de ambos lados, pero sí resaltaremos los principales pensamientos de esta parte de la Palabra de Dios.)

(2) El pecado de Israel (el Norte) 12:25-33. Jeroboam edificó centros falsos de adoración desde Dan hasta Betel para impedir que el pueblo fuera a Jerusalén para adorar— "e hizo sacerdotes de entre el pueblo, que no eran de los hijos de Leví."

Y nuevamente vemos el juicio de Dios — 14:14-16.

(3) Hay dos linajes de reyes, y durante este período de 80 años de I de Reyes, Judá tuvo cuatro reyes e Israel ocho. Cada uno de los ocho reyes fue *malvado*. Dos reyes de Judá (estos dos reinaron 66 años, Asa y Josafat) fueron reyes *buenos*.

7. **Entra el profeta Elías — capítulo 17 al 22**

(1) Los últimos 6 capítulos de I de Reyes dan el ministerio de Elías, el profeta, en el reino del *Norte* de Israel — (las diez tribus). El Nuevo Testamento habla de él más que de ningún otro profeta. Fue Elías quien se apareció junto con Moisés en la transfiguración de nuestro Señor — Mateo 17:1-5.

Es en este punto de los reinos divididos que el trabajo de los profetas de Dios es enfatizado. Elías aparece súbitamente como un profeta en la crisis y desaparece súbitamente en un carro de fuego

(II Reyes 2:11). Entre este tiempo hay una sucesión de milagros.

(2) Él fue un profeta de hechos. Él no escribió nada. Él pronunció para Dios: 3 años de sequía — 17:1

En el capítulo 18:17, él fue una molestia muy grande para el rey Acab.

Muchos otros milagros de Elías son registrados aquí (ejemplo: 17:21).

(3) Elías nos enseña que Dios siempre tiene un hombre adecuado para el momento preciso. Después de huir de la amenaza de su vida (19:2), se le dice que regrese y que encuentre y unja a dos reyes, y que encuentre a Eliseo y que lo comience a entrenar para ocupar su lugar — 19:15-16. Elías pronunció ruina sobre el rey Acab — 21:19 y se cumplió — 22:38.

(4) Elías comprobó lo que Dios puede hacer a través de un hombre cuando la verdad de Dios ha sido corrompida por una persona o por una nación. Nosotros, como Elías, debemos de ser siervos separados para el Señor — II Timoteo 2:19.

EL LIBRO DE II DE REYES

1. **Este es el libro de los cautiverios**

En el capítulo 17, las 10 tribus del reino del Norte (Israel) entran en la cautividad de Asiria de la cual nunca han regresado. En el capítulo 25, el reino del Sur (Judá) cae en la cautividad de Babilonia (y el templo es quemado) del cual solo un remanente regresó.

2. **El mensaje central**

El pecado intencionado trae un fin terrible. Gálatas 6:7 _____

_____

3. **La estructura del libro**

Eventos de Israel, el reino del Norte — capítulo 1 al 10

Esta parte contiene el ministerio de Eliseo.

Alternando eventos en ambos reinos — capítulo 11 al 17

Esta parte tiene que ver con la cautividad de Israel en Asiria. Jonás, Amós, y Oseas profetizaron en este tiempo para Israel (reino del Norte).

Eventos de Judá, el reino del Sur — capítulo 18 al 25.

Esta parte termina con la cautividad de Judá en Babilonia; para este tiempo Abdías, Joel, Isaías, Miqueas, Nahum, Habacuc, Sofonías, y Jeremías habían profetizado en Judá.

Ahora — note los nombres importantes de los profetas que encontraremos en nuestro Antiguo Testamento. Estúdielos y apréndalos como profetas de Israel y de Judá. Los profetas de Dios después de la cautividad (postexilio) fueron Ezequiel, Daniel, Hageo, Zacarías, y Malaquías. Ahora usted puede imaginar a estos profetas en su mente.

4. **El número de reyes**

   Hubo 19 reyes en total que reinaron sobre Israel, el reino de las diez tribus, y el reino duró 250 años.

   Judá tuvo 20 reyes y perduró aproximadamente 390 años.

   Los 19 reyes de Israel vinieron de siete familias diferentes mientras que los 20 reyes de Judá *vinieron de una sola misma familia — la de David.*

5. **La fidelidad de Dios**

   Uno de los propósitos que preside a la historia de la Escritura es mostrar la fidelidad de Dios al pacto davídico (II de Samuel 7:8-17) en la preservación del linaje de David — II de Reyes 8:19 y II de Crónicas 21:7.

6. **Jesús y el trono de David**

   El Señor Jesucristo restablecerá el trono de David en Su reino en Su segunda venida. Lucas 1:30-33 _____

   _____

   Vea Salmo 89:30-37. _____

   _____

   Vea Hechos 2:29-31. _____

   _____

De la "estructura del libro" lea el libro de II de Reyes y vea las distintas etapas de los reyes y sus profetas. Usted verá lo *divino* y lo *humano*.

Primero, el fracaso humano como es visto en los reyes y en el pueblo.

Segundo, lo divino, como es visto en los profetas y en su mensaje.

"Sin visión el pueblo perece," vemos lo humano. Pero en el lado divino habrá un triunfo final cuando el gran Hijo de David, nuestro Señor, se siente en el trono y reine sobre todos.

¿CUÁNTO RECUERDA USTED?

P. *El reino de Saúl, David, y Salomón fue dividido en dos reinos. Nómbrelos.*

P. *¿Cuál era el reino del Norte? ¿Y el del Sur? ¿Cuántas tribus tenía cada uno?*

P. *¿Qué período cubre la primera mitad de I de Reyes?*

P. *¿Qué pasó cuando murió Salomón?*

P.   ¿Quién fue el profeta de Dios en I de Reyes?

P.   ¿Cómo es conocido el libro de II de Reyes?

P.   ¿De qué familia nacieron todos los reyes de Judá? ¿Por qué?

P.   ¿Quién ocupará el trono de David en el futuro? ¿Puede usted nombrar un pasaje que hable de esto?

SU TAREA PARA LA PRÓXIMA SEMANA

1.   Lea I y II de Crónicas, 10 capítulos diarios, o los capítulos claves — I de Crónicas 10, 11, 15, 16, 17, 28; II de Crónicas 6, 7, 28, 29, 32, 36 — menos de dos capítulos diarios.

2.   Repase nuestro estudio de Reyes de sus notas.

3.   Marque su Biblia de sus notas tomadas en clase.

4.   Esté presente el próximo día del Señor con su Biblia y su libreta.

Lección 12
El libro de I y II de Crónicas

(Donde se proveen líneas, por favor lea y escriba todo el pasaje o la verdad principal del pasaje.)

1. **Los libros**

    Habiendo ido a través de los libros de Samuel y Reyes no necesitaremos más que un repaso de Crónicas. Estos libros son una "crónica" (un registro de eventos puestos en orden) que nos lleva desde Adán hasta Nehemías, dándonos las genealogías principales de la nación de Israel — y también los eventos principales del reino davídico hasta el tiempo de la cautividad en Babilonia.

2. **El mensaje central de ambas Crónicas**

    EL TEMPLO (CASA) DEL SEÑOR

    Por ejemplo, estos libros tratan con aspectos del templo no mencionados en Samuel o Reyes. De I de Crónicas 11 hasta el final se nos da el reinado de David y su preparación para la edificación del templo.

    II de Crónicas 2 al 9 nos da el registro del reinado de Salomón y la edificación del templo.

    Los libros tratan únicamente con Judá y Jerusalén (a menudo llamada Sion, Romanos 11:26) porque ese es el reino y la ciudad donde el templo fue edificado.

    El templo era:

    (1) un símbolo de la unidad de la nación.

    (2) un recuerdo del gran llamado de la nación.

    (3) una señal de que Jehová todavía estaba con su pueblo escogido.

3. **Relación entre Samuel y Reyes**

    Samuel y Reyes son más biográficos — Crónicas es más estadístico.

    Samuel y Reyes son más personales — Crónicas es más oficial.

    Samuel y Reyes dan la historia de Israel y de Judá después de la división del reino — Crónicas sólo da la historia de Judá después de la división.

    Samuel y Reyes enfatizan el trono — Crónicas enfatiza el templo.

    Crónicas regresa y repasa la historia de un pueblo al que se le da una lección importante (importante para ellos y para nosotros), a saber, que *la respuesta de la nación a Dios es el factor decisivo de su historia.*

4. **Relación entre Esdras y Nehemías**

    "Estos libros, Crónicas, Esdras, y Nehemías, originalmente fueron una sola gran historia" (Ellicott). Quizá esto es confirmado por la terminación de Crónicas con una oración incompleta que concluye en Esdras 1:3. Estos libros forman un grupo:

    CRÓNICAS — Retrospección

    ESDRAS — Restauración

    NEHEMÍAS — Reconstrucción

5. **La estructura de los libros**

I DE CRÓNICAS

Reinado
de David
— El pueblo del Señor — capítulo 1 al 9
— El ungido del Señor — capítulo 10 al 12
— El arca del Señor — capítulo 13 al 16
— El pacto del Señor — capítulo 17 al 21
— El templo del Señor — capítulo 22 al 29

II DE CRÓNICAS

LOS CUARENTA AÑOS DEL REINADO DE SALOMÓN—CAPÍTULO 1 AL 9

Salomón ora por sabiduría — capítulo 1

Salomón edifica el templo — capítulo 2 al 7

Salomón en toda su gloria — capítulos 8 y 9

HISTORIA DE JUDÁ Y SU CAUTIVIDAD — CAPÍTULO 10 AL 36

La división del reino — capítulo 10

Los veinte reyes de Judá — capítulo 11 al 36

Deportación a Babilonia — capítulo 36:15-21

    (Edicto de Ciro — 36:22-23)

6. **Un vistazo a la estructura anterior**

(1) EL PUEBLO DEL SEÑOR — capítulo 1 al 9

De cierto, esta es una genealogía, pero aún hay más que ver. Vamos a ver el árbol familiar de cierto *pueblo* — el pueblo de Jehová. La estirpe de Adán extiende tres grandes ramas: los hijos de Jafet, Cam, y Sem. En el gran propósito de Dios, el hijo mayor es pasado por alto y Sem, el menor, es escogido — también Abraham, el más joven de los hijos de Taré es escogido; también Isaac sobre Ismael; así como Jacob sobre Esaú. Todo esto se encuentra en el capítulo 1. En el capítulo 2, la línea redentora va de Jacob hacia Judá, de Isaí hacia David. En el capítulo 3, la línea davídica continúa declinando hasta el último rey de Judá. El escritor entonces repasa la genealogía de las tribus de Israel y sus porciones en Canaán — capítulo 4 al 8.

(2) EL UNGIDO DEL SEÑOR — capítulos 10 y 11

Aquí comienza el reinado de David, el *ungido* del Señor y cómo hizo de Jerusalén la capital del reino cuando fue hecho rey. Él fue el rey por elección *divina* mientras que Saúl fue el rey por elección *humana*. Lea 10:4.

_____

_____

(3) EL ARCA DEL SEÑOR — capítulo 13 al 16

El primer acto sobresaliente registrado del rey David — traer el arca de Dios a Jerusalén. Esto significaría la presencia de Dios. En el capítulo 15, el arca es traída a Jerusalén y Dios bendice a David — el capítulo 16:7-36 es un salmo de gratitud, él enseña al pueblo la misericordia de Dios en la sagrada arca de Jehová.

(4)   EL PACTO DEL SEÑOR — capítulo 17 al 21

Le agradó a Dios escoger de entre la raza una nación — Israel — después de esa nación una tribu, Judá — después de esa tribu una familia — la casa de David, y hacer con ésta un hermoso pacto — capítulo 17:7-15.

Del capítulo 18 al 20 se da la ejecución divina de ese pacto. Más tarde, cuando David cae en la estrategia de Satanás (capítulo 21), Dios predomina y eso guió a la preparación del lugar donde el futuro templo iba a levantarse. Compare 21:28 con II Crónicas 3:1.

(5)   EL TEMPLO DEL SEÑOR — capítulo 22 al 29

A David no le fue permitido edificar el templo, pero hizo los preparativos diligentemente:

— Materiales — capítulo 22
— Levitas — capítulo 23
— Sacerdotes — capítulo 24
— Cantores, porteros etc. — capítulo 25 al 27
— Da el cargo a Salomón y a la nación — capítulos 28 y 29

Ya que el mensaje central de los libros de Crónicas es "la casa del Señor" podemos ver la importancia de ese tema en I de Crónicas 17:10, "que Jehová te edificará casa."

AHORA LLEGAMOS A II DE CRÓNICAS. Tiene una entrada gloriosa y un final terrible.

(6)   LOS CUARENTA AÑOS DEL REINADO DE SALOMÓN — capítulo 1 al 9

En estos capítulos vemos el significado nacional y moral del reino de Salomón. A Salomón le fueron prometidos "sabiduría, riqueza, y poder," y los recibió. Le fue prometido "largura de días" *si* anduviera en los caminos de Dios— I de Reyes 3:13-14 (lea esto.) Lo perdió por no cumplir la condición y murió a los 59 años. Mire el bosquejo en I de Reyes 1:11. Ya hemos cubierto la construcción del templo, así que no necesitamos hablar de ello. Debemos de señalar II Crónicas 7:14 como promesa de Dios a Salomón (y a nosotros). Lea y subraye este versículo.

(7)   LA HISTORIA DE JUDÁ HASTA LA CAUTIVIDAD — capítulo 10 al 36

En los capítulos anteriores de I y II de Crónicas se ha levantado un TRONO fundado en un pacto divino — y un templo, fundado por guianza divina. El trono y el templo fueron para conservarse y glorificarse uno al otro — pero se desarrolla una condición de gran apostasía en la cual el trono se convierte en el peor enemigo del templo. Uno de los dos tiene que irse, y tenía que ser el trono. (Hubo 20 reyes sobre Israel desde Roboam hasta Sedequías.) De este modo, la cautividad (exilio) y la suspensión del trono de David. Después se permite que el templo sea quemado. II Crónicas 36:19 y II de Reyes 25:9. Lea la profecía de Jeremías acerca de esto — Jeremías 25:9-12.

_____

_____

En los dos libros de Crónicas tenemos el punto de vista histórico de la monarquía davídica. En ella vemos *el llamamiento elevado, las grandes bendiciones, la obra mala, el final malo*. Cuando el rey y el pueblo honraron a Dios hubo paz, prosperidad — pero cuando fueron infieles a Dios hubo adversidad.

La verdad que hay que aprender, una vez más, de estos libros es: Gálatas 6:7

El Dr. J. H. Moulton dijo: "No puede haber trabajo más grande en el estudio de las Escrituras históricas que comparar las dos divisiones de la Biblia — Crónicas con Samuel y Reyes — en su trato de los mismos incidentes."

¿CUÁNTO RECUERDA USTED?

P.   *¿Qué es una crónica?*

P.   *¿Cuál es el mensaje central de Crónicas?*

P.   *¿Por qué las genealogías de los primeros nueve capítulos?*

P.   *¿Quién fue el rey ungido de I de Crónicas? ¿Quién fue el rey ungido de II de Crónicas?*

P.   *¿Edificó David el templo? (Lea I de Crónicas 28:2-6.) ¿Por qué?*

SU TAREA PARA LA PRÓXIMA SEMANA

1. Lea Esdras y Nehemías (4 capítulos diarios). Si usted no puede leer todos los capítulos, entonces lea los capítulos claves: Esdras 1, (2:64-65), 4, 5, 6, 7; Nehemías 1, 2, (7:66-67), 8, 10, 13.

2. Repase nuestro estudio de las Crónicas de sus notas.

3. Marque su Biblia de las notas tomadas en clase.

4. Esté presente el próximo día del Señor con su Biblia y su libreta.

Lección 13
Los libros de Esdras y Nehemías

(Donde se proveen líneas, por favor lea y escriba todo el pasaje o la verdad principal del pasaje.)

1. **Los libros**

   Esdras y Nehemías tratan con el regreso del "remanente" que vuelve a Jerusalén. El libro de Ester (el próximo en nuestro estudio) trata con aquellos que permanecieron en la tierra de su cautividad. En conjunto con el estudio de estos libros, debemos de leer los libros proféticos de Hageo, Zacarías, y Malaquías ya que estos fueron los tres profetas que Dios levantó entre su pueblo en el período después de la cautividad (período del postexilio).

2. **El mensaje central**

   Esto puede ser mejor expresado en las palabras de Jeremías en Lamentaciones 3:31-32.

   _____

   _____

   Dios juzga cuando sea necesario pero Él es muy misericordioso.

3. **La estructura del libro de Esdras**

   (1) El regreso bajo Zorobabel — capítulo 1 al 6

   (2) El regreso bajo Esdras — capítulo 7 al 10

   (Vea el diagrama del libro en la próxima página.)

4. **El regreso del remanente**

   (1) Este es uno de los temas más importantes en la historia judía, particularmente, el regreso de los elegidos a su propia tierra después de la cautividad de Babilonia.

   Esto fue pronosticado por el profeta Isaías 200 años ante que Ciro naciera. Lea Isaías 44:28 hasta 45:1-4 y 45:13. También lea Jeremías 25:11-12 y 29:10-11. Ahora note los tres primeros versículos de Esdras.

   (2) El segundo capítulo da la medida del remanente. Primero fueron divididos en grupos:

   — el pueblo 2:1-35

   — los sacerdotes 2:36-39

   — los levitas 2:40-54

   — otros 2:55-63

   El total es dado en los versículos 64 y 65. Aproximadamente unos 50,000. Tal número tomado del total nacional era pequeño — siendo así "un remanente." Muchos de esos que habían crecido en Babilonia no querían dejar el único estilo de vida que conocían. *Esto fue bajo Zorobabel* — 536 a.C.

   (3) Un próximo regreso fue *bajo la dirección de Esdras* como 80 años más tarde en el 456 a.C. El total en esta expedición fue aproximadamente de 2000 (solo los varones son numerados) incluyendo los sirvientes del templo (8:20).

(4)   Entre estas dos expediciones, el libro narrativo de Ester toma lugar.

(5)   Paralelismo entre las dos partes principales de Esdras

El RETORNO BAJO ZOROBABEL Capítulo 1 al 6	El RETORNO BAJO ESDRAS Capítulo 7 al 10
• El decreto de Ciro — 1:1-4 • El líder Zorobabel — 1:8; 2:2 • Nombre y números del remanente — 2:3-65 • Utensilios sagrados y regalos — 1:6-11 y 2:68-70 • La venida a Jerusalén — 3:1 • El ministerio de los profetas: Hageo y Zacarías — 5:1-6:14 • Retorno principal — el templo es reconstruído — 6:15-22	•El decreto de Artajerjes — 7:1, 11-26 • El líder Esdras — 7:1-10 • Nombres y númerosde la compañía — 8:1-20 • Utensilios sagrados y regalos 7:15-22 y 8:24-35 • La venida a Jerusalén — 8:32 • El ministerio de intercesión de Esdras — 9:1-15 • El resultado principal — separación del pueblo— 10:1-44

6. **Los dos líderes**

"Zorobabel" quiere decir "descendiente de Babilonia," lo cual indica que él nació en Babilonia. Su ida a Jerusalén era sin duda la *primera* para él, porque no hay nada que sugiera que él hubiera visto la tierra prometida antes. Su linaje completo es dado en Mateo 1:12-17. Mateo lleva su linaje hasta Cristo.

Esdras era una gran figura en la historia judía. La tradición judía (el Talmud) ha hecho de él uno de los líderes grandes de sus días. A él se le atribuye la fundación de la "gran sinagoga," un grupo de judíos eruditos que reconocieron el canon de la Escritura y lo establecieron como "la Palabra de Dios." Él fue un descendiente de un sumo sacerdote de Israel, Aarón, y esto está en el capítulo 7:1-5. También él fue un escriba — 7:6 que significa que él fue un instructor experto de la Escritura.

7. **¿Y qué acerca de las diez tribus?**

¿Retornaron solamente las tribus de Judá y de Benjamín a Jerusalén? Esdras nos da algunos versículos interesantes para estudiar:

- En Esdras 1:3-5 "de *todo* su pueblo." Indudablemente los príncipes de Judá y Benjamín dirigieron el camino pero con "tod*os* aquellos cuyo espíritu despertó Dios para subir."

- En 2:70 no solamente Jerusalén fue recobrada pero también "*todo* Israel en sus ciudades."

- En 6:17, "Doce machos cabríos (fueron ofrecidos) conforme al número de las tribus de Judá."

- En 8:29 — "los jefes de las casas p*aternas de Israel.*"

- Se debe recordar que Asiria (que tomó en cautividad el reino de las 10 tribus) había sido absorbida por el imperio babilónico que a su vez había venido a ser parte del dominio de Ciro.

8. **La aplicación espiritual principal del libro para nosotros**

(1)   El regreso a la tierra, capítulos 1 y 2 — *regresando a una relación correcta con Cristo.*

(2) El altar ergido nuevamente — 3:1-6 — *nuestra dedicación renovada.*

(3) Comienza el templo nuevo — 3:8-13 — *tenemos que renovar nuestro servicio diariamente y testificar.*

(4) Los "adversarios" obstruyen — capítulo 4 — *nuestra fe bajo prueba.*

(5) Los profetas exhortan — 5:1-6 — 6:14 — *saber lo que Dios dice, y decirlo.*

(6) El templo terminado — 6:15-22 — *la fe siempre triunfa.*

(7) Esdras preparó su corazón para inquirir, cumplir, enseñar — 7:10 — *nosotros también debemos hacer lo mismo.*

(8) Esdras dependió de Dios 8:21 — "para solicitar de él camino correcto" — *nosotros también debemos hacer lo mismo.*

(9) No hay compromiso — 9:5 — "extendí mis manos a Jehová mi Dios" — *orar en vez de ceder.*

(10) Confesión y separación — 10:11 — *exactamente lo que tenemos que hacer.*

EL LIBRO DE NEHEMÍAS

1. Esta gema de Escritura nos da un hombre, Nehemías, quien era un líder espiritual con aguda convicción y completa dependencia de Dios. Él es un buen ejemplo para que todos nosotros estudiemos.

2. Ciertamente Nehemías es el autor de este libro. Algunos eruditos dicen que él escribió o compiló todo el libro. Fue escrito alrededor del 432 a.C., capítulo 13:6, "en el año treinta y dos de Artajerjes," que fue trece años después del capítulo 2:1.

3. **Tema y estructura del libro**

   El objeto principal de Nehemías era reedificar los muros de la ciudad de Jerusalén. En este libro la primera parte trata con su construcción (capítulo 1 al 6). En la segunda parte vemos la reconstrucción del pueblo (7 al 13). Este es el libro de reconstrucción. Mire ahora la estructura:

   LA RECONSTRUCCIÓN DEL MURO — CAPÍTULO 1 AL 6
   - Nehemías, el copero — 1:1 al 2:10
   - Nehemías, el constructor de muros — capítulos 2:11 al 6:19

   LA REINSTRUCCIÓN DEL PUEBLO — CAPÍTULO 7 AL 13
   - Nehemías, el gobernador — seguridad y población — capítulo 7
   - Movimiento de regreso a la Palabra de Dios — capítulo 8 al 10
   - Un nuevo censo y dedicación del muro — capítulos 11 y 12
   - El celo de Nehemías continúa — capítulo 13

4. **El mensaje central**

   No hay oportunidad sin oposición. No hay "puerta abierta" ante nosotros sin haber muchos "adversarios" que quieran obstruir nuestra entrada. La Escritura lo dice en I de Corintios 16:9:

   _____

   _____

   _____

5. **La reconstrucción del muro** — capítulo 1 al 6

   (1) NEHEMÍAS, EL COPERO — 1:1 al 2:10

   Aparentemente Nehemías era de la tribu de Judá — 2:3. Él creció en el exilio y vino a ser prominente en la corte persa. Él era el copero real (1:11), una posición de gran honor y de grande influencia.

   Su hermano le dijo de la condición en Jerusalén y Judea. Los muros estaban en ruinas y sus puertas estaban como las habían dejado los babilonios 140 años antes. Los muros y las puertas eran la única manera de proteger una ciudad.

   Nehemías se dio a sí mismo al ayuno y a la oración (1:4-11) y él fue convencido de llevar a cabo la tarea. Por cuatro meses (1:1 compárelo con 2:1) él llevó esta tristeza y carga y su apariencia cambio a tal punto que el rey le preguntó si había algún problema (2:2). Él respondió (2:5) y el rey le concedió su petición y él es comisionado a hacer lo que Dios le dirigió a hacer.

   (2) NEHEMÍAS, EL CONSTRUCTOR DE MUROS — 2:11 a 6:19

   Nehemías llega a Jerusalén y hace una inspección secreta de las ruinas y después anima al pueblo a edificar — 2:11-20.

   Su plan era seccionar el muro (capítulo 3) a diferentes grupos, todos trabajando al mismo tiempo. Fue tal el éxito que, a pesar de la oposición, el muro fue reedificado en tan solo siete semanas (6:15) después de que las puertas fueron terminadas (7:1). Todo fue terminado seis meses después de la orden del rey de Persia. Aquí vemos la combinación de una organización práctica y liderazgo espiritual. En 4:9 vemos esto, "entonces *oramos* a nuestro Dios, y por causa de ellos pusimos *guarda* contra ellos de día y de noche."

   Debemos de combinar lo práctico con lo espiritual.

   Los obstáculos y retrasos fueron muchos y Nehemías tuvo que vencerlos. Hubo tres formas de oposición de *afuera*:

   ESCARNIO — 4:1-6

   AGRAVIO — 4:7-23 (note especialmente los versículos 7 y 17)

   ARTIMAÑA — 6:1-19 (pretexto versículo 14; alarde versículo 5 al 9 y falsedad versículo 10 al 14)

   Note ahora, los estorbos *internos*:

   RUINAS — 4-10

   TEMOR — 4:11-14 (Note el versículo 14.)

   AVARICIA — 5:1-13

6. **La reinstrucción del pueblo** — **capítulo 7 al 13**

   (1) LA SEGURIDAD Y EL PROBLEMA DE LA POBLACIÓN — capítulo 7

   Nehemías fue gobernador (7:65 — "tirshatha" quiere decir gobernador) y el asignó a su hermano y al jefe de la fortaleza para que se encargaran de toda la seguridad.

   Había mucha gente viviendo afuera de la ciudad, así que él tomó un censo y echando suertes, cada décimo hombre se movió dentro de la ciudad — capítulo 11.

   (2) MOVIMIENTO DE REGRESO A LA PALABRA DE DIOS — capítulo 8 al 10

   El pueblo mismo pidió que las Escrituras fueran expuestas a ellos (8:1). Esdras explica otra vez la ley y la fiesta de los tabernáculos es reavivada (un recordatorio de la redención fuera de Israel). Se observa un día de humillación y la confesión es hecha por sus pecados y fracasos (capítulo 9). Luego ellos entran en un pacto impuesto por ellos mismos de acuerdo a la voluntad de Dios en la Escritura (capítulo 10).

(3) UN NUEVO CENSO Y LA DEDICACIÓN DEL MURO — capítulo 11 al 12

El censo fue tomado (como se indicó anteriormente) y "bendijo el pueblo a todos los varones que voluntariamente se ofrecieron para morar en Jerusalén" (versículo 2).

La dedicación de los muros (12:27-47) fue con gran pompa y ceremonia. Había cantores, la lectura hecha por los levitas y gratitud de todos ellos.

(4) EL CELO DE NEHEMÍAS CONTINÚA — capítulo 13

Hay momentos de humor en este capítulo por este hombre que a veces hizo lo inusual en su celo por Dios. No podemos más que sonreir mientras lo vemos tirando los muebles de Tobías fuera del templo — (versículo 8), o arrancando el cabello de aquellos que se habían casado con mujeres fuera de Israel (versículo 25), o "ahuyentando" al joven judío que era el yerno de Sanbalat (versículo 28). Él se mantenía orando (versículos 14, 22, y 29).

Señor haznos Nehemías en nuestros días.

¿CUÁNTO RECUERDA USTED?

P. *¿Qué profetas coinciden con Esdras y Nehemías?*

P. *¿Quién dirigió el regreso a Jerusalén?*

P. *¿Quién dio el permiso para el primer regreso? ¿Por qué?*

P. *¿Cuál era el objetivo de Nehemías al ir a Jerusalén?*

P. *¿Puede usted recordar el mensaje central de Nehemías?*

P. *¿Puede usted aplicar la misma verdad a su vida?*

P. *¿Qué viene a su mente acerca de Nehemías y la edificación de los muros?*

P. *¿Le recuerda a usted Nehemías 8:5 algo que practicamos?*

SU TAREA PARA LA PRÓXIMA SEMANA

1. Lea el libro de Ester. Menos de dos capítulos diarios.
2. Repase nuestro estudio de Esdras y Nehemías de sus notas.
3. En el margen de su Biblia, marque las "gemas" que usted ha aprendido.
4. Esté en clase el próximo día del Señor con su Biblia y su libreta.

Lección 14
El libro de Ester

(Donde se proveen líneas, por favor lea y escriba todo el pasaje o la verdad principal del pasaje.)

1. **El libro**

   Hemos estudiado el hecho de que Esdras y Nehemías trataron con el "remanente" que regresó a Jerusalén y a Judá. Ahora vemos que el libro de Ester tiene que ver con aquellos que se quedaron en la tierra de la cautividad. La historia toma lugar en el palacio de "Shushan," (Ester 1:2 y Nehemías 1:1) que es Susa, la antigua capital de Persia. El número que se quedó en la tierra era mucho más grande que el número que regresó a Jerusalén.

2. **El mensaje central de Ester**

   El libro de Ester enseña la *providencia de Dios*. Providencia significa — pro — "antes" — *video* — "yo veo." Dios vio de antemano lo que el pueblo iba a hacer y aunque estaba fuera de la voluntad de Dios por no regresar a su tierra, no estaba lejos de Su cuidado. Providencia entonces, es Dios proveyendo, dirigiendo, guiando al pueblo que a veces no quiere ser guiado.

3. **El autor**

   El autor de Ester es desconocido. El nombre de Dios no es mencionado en este libro pero Matthew Henry dice: "Si el nombre de Dios no esta aquí, Su dedo sí." Ester nunca es citada en el Nuevo Testamento. ¿Puede Deuteronomio 31:18 dar la razón por la que Dios no es directamente mencionado? (Véalo.)

   _____

   _____

   _____

4. **La estructura del libro**

   EL LIBRO DEL CUIDADO PROVIDENCIAL

   (1) LA CRISIS ANTISEMÍTICA —capítulo 1 al 5

   - La esposa — Vasti — capítulo 1
   - Ester viene a ser reina — capítulo 2
   - Amán trama matar a los Judíos — capítulo 3
   - "¿Y quién sabe si para esta hora…?" — capítulo 4
   - La nobleza de Ester — capítulo 5

   (2) DOMINIO PROVIDENCIAL EN LA CRISIS — capítulo 6 al 10.

   - Un judío es exaltado — capítulo 6.
   - Una mujer consigue lo que quiere — capítulo 7.
   - Los judíos son vengados — capítulo 8.
   - La fiesta del Purim es instituída — capítulo 9.
   - Mardoqueo viene a ser el primer ministro — capítulo 10.

5. **Las personalidades del libro**

La estructura da un vistazo al contenido por capítulos. Estudiaremos el libro principalmente mirando al pueblo en la historia.

(1) REY ASUERO

Él fue una figura histórica. Nosotros lo conocemos en la historia secular como Jerjes, que es la forma griega de su nombre persa. Él reinó sobre el reino persa del 485 a.C. al 465 a.C. De acuerdo al primer versículo en Ester, él reinó sobre una provincia desde la India hasta Etiopía con 127 provincias bajo su mando.

(2) VASTI

El nombre quiere decir "mujer hermosa." En el capítulo 1 ella es reina. El rey ordena que ella venga a mostrar su hermosura a unos huéspedes embriagados. Ella no quiso (versículo 12) y, en embriaguez y estupor, el rey y sus "líderes" escribieron un decreto concerniente a las mujeres honrando a sus esposos. Vasti fue menospreciada por su acto intrépido.

(3) ESTER

Mientras Rut fue una gentil que se casó con un judío — Ester fue una judía que se casó con un gentil. Rut vino a ser ancestra del libertador (Cristo) y Ester salvó al pueblo de Israel para que el libertador viniera como estaba prometido.

Ester, la prima de Mardoqueo, era una huérfana y fue adoptada por Mardoqueo — 2:7. Ella era una muchacha hermosa y estaba participando en un "concurso de belleza" en Susan, el palacio. Ella fue hecha reina 2:17 pero Mardoqueo la instruyó de que no dijera a nadie que ella era judía.

(4) MARDOQUEO

Mardoqueo estaba en el servicio real del palacio, 2:5; 19-21 (a la puerta del rey); 3:2 (él estaba entre los sirvientes del rey); 6:10 (el rey lo conocía como "Mardoqueo el judío").

Mardoqueo se niega a arrodillarse ante Amán. Mardoqueo era un judío y conocía la ley de Dios — Vea Deuteronomio 5:7-10. _____

_____

_____

Por esta razón, Amán comenzó una campaña antisemítica para matar a los judíos. El rey

Asuero dio el permiso y mandó cartas a todas las provincias — 3:13.

Mardoqueo pidió ayuda a Ester. Ella tenía que suplicar al rey y ella tomó un gran riesgo. Ella no había sido llamada al aposento real por treinta días (relación fría) 4:11. Mardoqueo mandó otro mensaje de gran importancia (a nosotros) en 4:14 — *"¿y quién sabe si para esta hora has llegado al reino?"* Ester reponde que ella iría a ver al rey aun *"si perezco, que perezca"* — 4:16.

Debido a la ayuda que pidió Mardoqueo, Ester obtuvo la libertad para los judíos. Mardoqueo vino a ser el primer ministro y fue exaltado al honor más elevado.

Nosotros aprendemos de Mardoqueo la manera que Dios trata con naciones y gente para preservar a Su pueblo. Hay mucho sentido simbólico en Ester.

(5) AMÁN

Amán era un "agagueo" que era de Amalec (I de Samuel 15:8). Él tenía influencia ante el rey y era un hombre de orgullo. Él odió a los judíos porque Mardoqueo no se arrodilló ante él, así que él pide permiso al rey para matar a todos los judíos (3:8). También vea 3:10; 8:1; 9:10; 9:24.

El significado completo del libro de Ester es encontrado aquí. El pueblo de Dios iba a ser destruído pero Dios usó una persona, Ester, en el tiempo correcto. Vea otra vez 4:14.

La matanza hubiera sido similar a la que hizo Hitler en los años cuarenta.

Amán preparó una horca para Mardoqueo (5:14). Mardoqueo había salvado al rey de ser herido y el rey lo oyó — (6:1-2). El rey decide honrar a Mardoqueo — así que la horca para Mardoqueo viene a ser la trampa de muerte para Amán.

La historia entera es una historia de la providencia de Dios en la preservación de Su pueblo.

El libro de Ester termina con el establecimiento de la "fiesta de Purim" y Mardoqueo viene a ser el segundo debajo del rey. La fiesta celebra la liberación de los judíos. Fue un día de acción de gracias, porque aunque ellos habían abandonado a Dios, Él los había preservado. El nombre "Purim" viene de Amán echando suertes (Pur) contra ellos. Ester — 9:24-26.

Ahora, en referencia a la historia en Ester, mire los siguientes pasajes y vea si usted comprende más completamente el modo de obrar de Dios.

Proverbios 21:1 _____

_____

(Compárelo con Ester 5:2.)

Filipenses 4:19 _____

_____

(Compárelo con Ester 5:3.)

Isaías 54:7 _____

_____

(Compárelo con Ester 7:9-10.)

Proverbios 16:33 _____

_____

(Compárelo con Ester 9:24-26.)

Recuerde — la historia del Antiguo Testamento *termina* después del informe de Esdras, Nehemías, y los eventos de Ester. El resto del canon de las Escrituras del Antiguo Testamento es en lo principal, *profecía* acerca de Israel antes, durante, y después de la cautividad. Todos los profetas dan luz al mensaje de Dios y la guianza de Sus hijos, Israel. Cuando usted comprende este hecho, el Antiguo Testamento viene a ser más fácil de comprender.

Hay mucha enseñanza simbólica que puede ser aplicada en este libro. El tiempo no permite esto durante este curso de estudio. Si a usted quisiera estudiar esto por sí mismo, será grandemente recompensado. (Para el nuevo estudiante, damos dos o tres ejemplos.)

AMÁN — Prefigura "el hombre de pecado" —

— en su nombre (7:6)

— en su poder (3:1-3)

— en su orgullo (5:11)

— en su odio (3:10; 8:1; 9:10-24)

— en su sentencia (7:9-10)

ESTER — prefigura la iglesia

— en su belleza

— en su exaltación

— en su intercesión

MARDOQUEO — Prefigura el remanente judío a través de la tribulación.

¿CUÁNTO RECUERDA USTED?

P. *¿Cuál es el mensaje de Ester?*

P. *¿Con cuál grupo de israelitas trata el libro de Ester?*

P. *¿Es mencionado Dios en el libro? ¿Por qué?*

P. *¿Quiénes son los principales caracteres del libro? Mencione cuatro.*

P. *¿Qué lección ha aprendido usted de su estudio de Ester?*

SU TAREA PARA LA PRÓXIMA SEMANA

1. Lea el libro de Job o los capítulos claves: 1 al 6, 8, 11, 12, 13, 14, 16, 19, 23, 38 al 42. (Menos de tres capítulos diarios.)

2. Repase nuestro estudio de Ester de sus notas.

3. Marque las referencias en su Biblia de sus notas.

4. Esté presente el próximo día del Señor con su Biblia y su libreta.

Lección 15
El libro de Job

(Donde se proveen líneas, por favor lea y escriba todo el pasaje o la verdad principal del pasaje.)

1. **El libro**

   Los diecisiete libros que hemos cubierto son todos históricos. Los cinco que tomamos ahora son libros poéticos — Job, Salmos, Proverbios, Eclesiastés, y Cantar de los Cantares. Estos cinco son de experiencia personal. Los diecisiete libros pasados son acerca de una *nación* — estos cinco son acerca de *individuos*. Los diecisiete tratan con la raza hebrea — estos cinco tratan con el corazón humano. (Hay mucho que aprender acerca de la poesía hebrea pero el tiempo no nos permite tratar con esto ahora. Solo recuerde que estos cinco son poéticos.)

2. **Una explicación**

   Una ligera explicación del libro de Job es necesaria para comprenderlo. Los capítulos 1 y 2 no son poéticos, sino un *prólogo* histórico al poema. El poema comienza en el capítulo 3 y termina en el capítulo 42:6. Los últimos once versículos no son poéticos sino un *epílogo* histórico al poema. El simple hecho que da significado a todo el libro es que Job no conocía el consejo divino de Dios. Entre el prólogo, que muestra como la prueba de Job y sus aflicciones se originaron en el consejo del cielo, y el epílogo, que muestra como las pruebas sirvieron como enriquecimiento y bendición, tenemos un grupo de ancianos dando consejo en el "por *qué*" le sucedieron estas cosas a Job. Ellos no sabían nada de cómo Dios razona y estaban teorizando sin saber. Tenemos que ver que cuando las aflicciones vienen, Dios tiene una razón. Si Job hubiera conocido la razón de sus aflicciones, no hubiera habido fe involucrada de su parte. Las Escrituras son sabias tanto en sus reservaciones como en sus revelaciones. Job no debía de conocer las razones — y en esto reside el mensaje del libro.

3. **El mensaje central**

   El mensaje central es la "bendición a través del sufrimiento" o, ¿por qué el piadoso sufre? La solución es encontrada en la explicación del prólogo y en la bendición de Dios sobre Job en el epílogo.

   El libro es una gran ilustración de Romanos 8:28.

   _____

   _____

   _____

   y de Hebreos 12:11

   _____

   _____

   _____

4. **La estructura del libro**

PRÓLOGO capítulos 1 y 2	DIÁLOGO capítulos 3 y 42:6	EPÍLOGO capítulo 42:7-17
	Job — comienzo de la lamentación **capítulo 3** **PRIMERA TRÍADA**	
Job — devoción en la prosperidad 1:1-5	Elifaz contra Job — capítulo 4 al 7 Bildad contra Job — capítulo 8 al 10 Zofar contra Job — capítulo 11 al 14	Job — su integridad probada — 42:7
Satanás — su mentira y malignidad 1:6-19	**SEGUNDA TRÍADA**	Amigos — su reprendida — 42:8
Job — su devoción en la adversidad 1:20-22	Elifaz contra Job — capítulo 15 al 17 Bildad contra Job — capítulo 18 al 19 Zofar contra Job — capítulo 20 al 21	Job — su prueba termina — 42:10
Satanás — su malignidad ulterior — 2:1-8 Job — su devoción en extremidad — 2:9-13	**TERCERA TRÍADA** Elifaz contra Job — capítulo 22 al 24 Bildad contra Job — capítulo 25 al 31 Eliú habla— capítulo 32 al 37 Dios: la intervención final: capítulo 38 al 41	Familia — restaurada 42:11 Job — su prosperidad — 42:12-17

5. **Job se atiene a los hechos**

Algunos han sugerido que este libro es ficción. Las Escrituras dicen que es real. Ezequiel 14:14 _____

_____

Note también en el mismo capítulo, versículos 16, 18, y 20. Ya que Noé y Daniel eran gente real, ¿usaría Dios como un ejemplo a dos hombres que eran reales y un tercero que era ficción?

Luego Santiago se refiere a Job en Santiago 5:11 "Habéis oído de la paciencia de Job..."

6. **El prólogo** — capítulos 1 y 2

Usted puede ver la conversación en estos capítulos entre Dios y Satanás. Esta es una revelación divina de lo que pasó igual como lo encontramos en cualquier otra parte de la Escritura. En Apocalipsis 12:10 Satanás tiene acceso a Dios como "el acusador de los hermanos." Luego en Zacarías 3:1-2 Satanás está delante de la presencia del Señor para acusar a Josué. La prueba más sorprendente está en Lucas 22:31.

_____

_____

Hay algunas cosas que usted debe de recordar acerca de Satanás:

— Satanás es responsable delante de Dios.

— Satanás no es omnipresente ni omnisciente. Solo Dios tiene ese poder de saberlo todo y estar siempre presente.

— Satanás no puede hacer nada sin el permiso de Dios — Job 38:11.

— En cada permiso hay limitación — Job 1:12; 2:6.

7. **El diálogo**

La parte principal del libro está en una forma dramática en tres períodos sucesivos o tríadas. Hay seis oradores — Job, Elifaz, Bildad, Zofar, Eliú, y Dios.

El tema central en la discusión es: "¿por qué sufre Job?" Los tres primeros amigos tratan de interpretar el caso de Job bajo análisis. Llegan a un estancamiento y la voz de Eliú entra, pero la obscuridad permanece. Finalmente Dios habla y trae a un clímax lo que el hombre no pudo y no puede resolver.

(1) ELIFAZ — El primero que viene de lejos a "consolar" a Job. Él da tres discursos (vea la estructura) y él es el más viejo y más sabio. Él basa su argumento en la *experiencia*. Note los capítulos 4:8 y 5:17-27. Note también el capítulo 22:5-9 que Job tiene que estar sufriendo debido al pecado. (Vea 22:13.)

(2) BILDAD — Este "amigo" es más severo que Elifaz. Él basa su argumento en la *tradición* — capítulo 8:8; 18:5-20. Su teoría esta enfocada en el capítulo 8:20 — "Dios no aborrece al perfecto, ni apoya la mano de los malignos." En el capítulo 8:6 él deduce que Job es un hipócrita.

(3) ZOFAR — Solo habla dos veces en el debate. En el la tercera tríada es reemplazado por Eliú. Él basa su teoría y argumento en la *presunción*. Él solo asume y pronuncia como un dogmático — y él fue dogmático — note los capítulos 11:6 y 20:4. Su limitada opinión dogmática está en 20:5, "que la alegría de los malos es breve."

Su teoría esta fundada en el capítulo 11:6, "conocerías entonces que Dios te ha castigado menos de lo que tu iniquidad merece."

(4) RESPUESTA DE JOB

Job refuta la teoría de los tres en la primera tríada, que Dios siempre prospera al recto y castiga al pecador. Job es recto sin embargo él está afligido. (6:22-28; 12:3; 13:2-5, 15, 16)

En la segunda tríada, los tres insisten que el impío, y solamente el impío, siempre sufre. La respuesta de Job es de que el justo también sufre. (19:25-26; 21:7)

En la tercera tríada la misma teoría es dicha otra vez y Job declara su inocencia de ser impío. Él declara que el impío a veces prospera en este mundo. (24:6)

Job fue quebrantado — Job 16:12-14

Job fue conmovido — Job 23:10

Job fue ablandado — Job 19:21 y 23:16

(5) ELIÚ — El enfoque es diferente y él trata de convencer a Job de que tiene que ser humilde, dócil, y más paciente. Él dice que Job está pecando porque está sufriendo y no viceversa — Capítulo 33:8-11 y 35:15-16. ¡Pero Job necesitaba más que una voz humana y llegó!

(6) ¡Dios — la voz de un torbellino!

En los capítulos 38 al 41 Dios habla.

El Señor Dios habla a Job acerca del poder de Dios comparado con la pequeñez del hombre:

— en relación a la tierra — capítulo 38:1-18

— en relación a los cielos — capítulo 38:19-38

— en relación a los seres vivientes — del capítulo 38:39 al 39

— en relación a casos especiales — del capítulo 40 al 42:6

Claramente, el propósito de Dios es traer a Job al final de sí mismo.

Lea 40:1-5. _____

_____

Ahora lea 42:5-6. _____

_____

8. **El epílogo** — 42:7-17

Dios habló ira sobre los tres "amigos" porque ellos habían hecho mucho daño al alma de Job tanto como Satanás.

Dios transforma, vindica, y restaura a Job.

- *Transformación* — "a él lo aceptaré" — versículo 8.
- *Vindicación* — "mi siervo" — versículo 8
- *Restauración* — "y aumentó al doble todas las cosas que habían sido de Job" versículo 10.

Dejar que cada justo sufra. Guarde "silencio ante Jehová y espera en él" Salmo 37:7.

Algunos de los pasajes más citados en Job son:

1:21	16:21
5:17	19:23-27
13:15	23:10
14:14	42:1-6

¿Qué dice 19:25?

¿CUÁNTO RECUERDA USTED?

P. *¿Cuáles son las tres divisiones principales del libro?*

P. *¿Es Satanás limitado por Dios?*

P. *¿Fue la conversación entre Dios y Satanás real o ficticia?*

P. *Nombre los tres "amigos" de Job que le dieron consejo.*

P. *¿Cuál es el mensaje de Job para usted?*

SU TAREA PARA LA PRÓXIMA SEMANA

1. Lea cuatro Salmos mesiánicos cada día — Estos son 2, 8, 16, 20, 21, 22, 23, 24, 31, 35, 40, 41, 45, 50, 55, 61, 68, 69, 72, 89, 96, 97, 98, 102, 109, 110, 118, y 132.
2. Repase el libro de Job de su bosquejo y su estudio en clase.
3. Marque su Biblia de sus notas.
4. Esté presente el próximo día del Señor con su Biblia y su libreta.

Lección 16
El libro de Salmos

(Donde se proveen líneas, por favor lea y escriba todo el pasaje o la verdad principal del pasaje.)

1. **El libro**

   Este libro es como todos los otros en las Escrituras — "toda la Escritura es útil para enseñar…¡°" — II Timoteo 3:16, y el producto final es sin defecto — "la Escritura no puede ser quebrantada" — Juan 10:35. Los Salmos tienen su base original en el escenario de la experiencia humana. Recuerde que los cinco libros poéticos son de experiencia personal.

   Cuando la colección de Salmos fue reunida como una sola — el título hebreo para la colección fue Tehillim, que significa "cantos de alabanza." Los traductores griegos le dieron el título de "Psalmoi," que significa "cantos acompañados de instrumentos de cuerdas," y este fue el título usado en los días de Jesús (vea Hechos 1:20). Jesús hizo auténticos los Salmos en ese versículo familiar — Lucas 24:44.

   Esta colección de Salmos fue la oración inspirada y el libro de alabanza de la nación de Israel en la adoración en el templo. Hoy los judíos usan los Salmos en la sinagoga. Los cristianos del Nuevo Testamento los cantaron (Colosenses 3:16 y Santiago 5:13); y todas las denominaciones del cristianismo los usan hoy. Son aceptados porque hablan de todo lo que nosotros sentimos durante esta vida.

2. **Los autores**

   Este libro es comúnmente llamado "el libro de David" porque él escribió un gran número de ellos. La siguiente es una clasificación de los Salmos que son designados por su sobrescrito.

   DAVID — 73 — (3 al 9; 11 al 32; 34 al 41; 51 al 65; 68 al 70; 86; 101; 103; 108 al 110; 122; 124; 131; 133; 138 al 145)
   ASAF (el que dirigía el coro de David en Jerusalén) 12 — (50; 73 al 83)
   HIJOS DE CORÉ — 10 (42; 44 al 49; 84-85; 87)
   SALOMÓN — 2 (72; 127)
   ETÁN — 1 — (89)
   HEMÁN — 1 — (88)
   MOISÉS — 1 — (90)
   ANÓNIMOS — 50 — hay razón para pensar que David escribió algunos de éstos; por ejemplo, el Salmo 2 se le atribuye a David en Hechos 4:25.

3. **El mensaje central**

   El mensaje central en resumen es :
   "Alabad al Señor"
   — o si usted prefiere — "alabar a través de la oración"

4. **La estructura**

   Los 150 Salmos fueron divididos en cinco divisiones desde el tiempo de Esdras. El "Midrashim" que quiere decir "interpretación" era el "comentario" de ese día, explicando las Escrituras. El Midrash, o comentario judío, sobre el primer Salmo dice que Moisés dio a los israelitas los cinco libros de la ley y como un duplicado de esto, David dio los Salmos que consisten de cinco libros. Es el *libro* quíntuple *de la congregación para Jehová*, así como el Pentateuco es el *libro* quíntuple *de Jehová para la congregación.*

Ahora, en la estructura del libro mostraremos los hechos que usted debe de recordar.

	LIBRO 1 41 SALMOS Comienza en el capítulo 1	LIBRO 2 31 SALMOS Comienza en el capítulo 42	LIBRO 3 17 SALMOS Comienza en el capítulo 73	LIBRO 4 17 SALMOS Comienza en en capítulo 90	LIBRO 5 44 SALMOS Comienza en el capítulo 107
DOXOLOGÍA EN	41:13	72:18-19	89:52	106:48	150:6
TEMA DE ALABANZA	ADORACIÓN ALABANZA	ALABANZA MARA- VILLOSA	ALABANZA SIN CESAR	ALABANZA SUMISA	ALABANZA PERFECTA
SIMILITUD AL PENTATEUCO	GÉNESIS ISRAEL HOMBRE	ÉXODO ISRAEL LIBERACIÓN	LEVÍTICO SANTUARIO EL DESIERTO	NÚMEROS MOISÉS Y TIERRA	DEUTERO- NOMIO LEY Y
AUTORES	PRINCIPAL- MENTE LOS DE DAVID	PRINCIPAL- MENTE LOS DE DAVID Y CORÉ	PRINCIPAL- MENTE LOS DE ASAF	PRINCIPAL- MENTE ANÓNIMOS	PRINCIPAL- MENTE LOS DE DAVID

Note que la doxología aparece al final de cada libro. Su propia Biblia probablemente tendrá las cinco divisiones indicadas al principio de cada sección.

5. Clasificación de los Salmos

Muchos temas son cubiertos en lo Salmos. Estos son los mayores tipos:

(1) INSTRUCCIÓN O DIDÁCTICOS — Salmo 1, 5, 7, 15, 50, 73, 94, 101

(2) HISTORIA — (en referencia a Israel) — Salmo 78, 105, 106, 136

(3) ALABANZA — Salmo 106, 111, 112, 113, 115, 116, 117, 135, y del 146 al 150

(4) CONFESIÓN — Salmo 6, 32, 38, 51, 102, 130, 143

(5) SÚPLICA — Salmo 86

(6) ACCIÓN DE GRACIAS — Salmo 16 y 18

(7) MESIÁNICO — Profecías acerca de Cristo, y este es el mayor enfoque de esta lección de modo que trataremos con ella como una sección mayor de nuestro estudio —

6. Salmo mesiánico

Los Salmos están llenos de Cristo — en Sus dos venidas — su primer venida en humillación, y su segunda venida en gloria.

(1) Estos Salmos no solamente se refieren a Cristo, pero de hecho Él habla y nosotros conseguimos un maravilloso vistazo dentro del corazón de la vida de Jesús. En estos Salmos encontramos algunas de las oraciones del nuestro Señor, p*rescritas,* que son un testimonio básico de la divina inspiración de las Escrituras.

(2) Por ejemplo, tome el Salmo 22 . Este es un maravilloso registro prescrito de la muerte de nuestro Señor en la cruz y a través del escritor humano, el Cristo preencarnado de hecho habla como si ya estuviera en la cruz.

Lea Mateo 27:35-36. _____

_____

Este pasaje nos da parte de los acontecimientos en torno a la cruz pero el Salmo 22 nos dice lo que Jesús pensó y dijo mientras colgaba de la cruz. Esto, entonces, es profecía en detalle de lo que en efecto sucedió, aun las palabras que fueron habladas. Compare el Salmo 22:1 con Mateo 27:46.

_____

_____

Cuando usted lee el Salmo 22 y lo compara con Mateo 27 usted pensaría que fueron escritos al mismo tiempo, pero recuerde que cientos de años separaron a los escritores y que la muerte por crucifixión era una cosa desconocida, siendo introducida más tarde por los romanos — otra prueba de que la inspiración de las Escrituras es un hecho.

(3) Los Salmos mesiánicos son un valioso estudio del testimonio a Cristo.

El testimonio a Su *persona*, el Hijo de Dios — Salmo 2:6-7

_____

_____

Ellos testificaron de Cristo como el Hijo del hombre — Salmo 8:4-6

_____

_____

Como el Hijo de David — Salmo 89:3-4 y versículo 27

_____

_____

Los Salmos testifican de Su *oficio*, como *profeta* — Salmo 22:22; como *sacerdote* — 110:4; como *rey* — Salmo 2.

(4) Los principales Salmos mesiánicos son:

Salmo 2, 8, 16, 20, 21, 22, 23, 24, 31, 35, 40, 41, 45, 50, 55, 61, 68, 69, 72, 89, 96, 97, 98, 102, 109, 110, 118, y 132.

En estos Salmos tenemos el nacimiento de Cristo, traición, agonía, muerte, resurrección, ascensión, viniendo otra vez en gloria y Su reinado — todos ilustrados con inspiración intensa.

(5) Hay grupos de Salmos que van juntos. Por ejemplo, el grupo que usted puede recordar sería Salmos 22, 23, 24. Estos deben de ser recordados como sigue:

SALMO 22	SALMO 23	SALMO 24
Salvador sufriendo	Salvador viviente	Rey exaltado
El buen pastor	El gran pastor	El príncipe de los pastores
Juan 10:11	Hebreos 13:20	I de Pedro 5:4
Pasado	Presente	Futuro
Cruz	Cayado	Corona

7. **Salmos imprecatorios (maldición):**

Hay algunos Salmos que expresan enojo contra los enemigos y los malvados. Éstos son vistos con bastante perplejidad. Esto puede ser resuelto cuando usted se da cuenta que un hebreo fiel, al Señor Dios, consideraba los enemigos de Dios como propios y él oraba a Dios que honrara Su propia justicia imponiendo castigo sobre de aquéllos que negaban la soberanía de Dios.

Algunos de los Salmos "de maldición" son: Salmo 35, 52, 58, 69, 83, 109, 137, 140. Estos Salmos son perpetuados en :139:21-23

_____

_____

8. **La Palabra de Dios**

Toda la enseñanza en el Salmo 119 es acerca de la Palabra de Dios. Este es el capítulo más largo de la Biblia y revela el corazón de Dios. Cada versículo habla de la Palabra de Dios, ley, precepto, o estatuto de Dios. En este capítulo hay 22 secciones de 8 versículos cada una — una sección para cada una de las 22 letras del alfabeto hebreo, en orden.

Memorice 119:11. _____

_____

También 119:105 _____

_____

9. **Conclusión**

No se olvide, los Salmos son la expresión de la experiencia humana escrita a través de la inspiración divina. Ellos suplirán necesidades en cada vida si son leídos para enriquecimiento y para meditación. ¡Qué almacén de preciosas verdades!

¿CUÁNTO RECUERDA USTED?

P. *¿Cuál es el significado del título "Salmos"?*

P. *¿Cuántos Salmos fueron escritos por David?*

P. *¿Cómo se relaciona los Salmos con el Pentateuco?*

P. *¿Puede usted nombrar cuando menos una cosa del Salmo 22, 23, y 24?*

P. *¿Qué es un Salmo "imprecatorio"?*

P. *¿Cuál Salmo es totalmente acerca de la Palabra de Dios?*

SU TAREA PARA LA PRÓXIMA SEMANA

1. Lea los libros de Proverbios, Eclesiastés, y Cantar de los Cantares; o los capítulos claves — Proverbios 1, 2, 3, 6, 8, 9, 14, 20, 25, 31; Eclesiastés 1, 5, 11, 12; Cantar de los Cantares 1, 2.

2. Revise sus notas de los Salmos.

3. Marque sus Biblia de sus notas tomadas en clase.

4. Esté presente el próximo día del Señor con su Biblia y su libreta.

Lección 17
Los libros de Proverbios, Eclesiastés, y Cantar de los Cantares

(Donde se proveen líneas, por favor lea y escriba todo el pasaje o la verdad principal del pasaje.)

1. **Proverbios**

   Ahora cambiamos de las lecturas devocionales de los Salmos a la practica sabiduría de los Proverbios. Este libro debe de ser para nuestra vida práctica como los Salmos son para nuestra vida devocional. Este es un libro de sabiduría divina aplicada a condiciones terrenales.

   Un proverbio (en nuestro español) significa un dicho corto en vez de muchas palabras. *Los proverbios son dichos cortos sacados de experiencias largas.* Un proverbio no discute — asume.

2. **El autor**

   Salomón es el escritor de los próximos tres libros: Proverbios, Eclesiastés, y Cantar de los Cantares. Salomón probablemente reunió dichos sabios con los suyos — pero Salomón es generalmente acreditado como el autor ya que él escribió 3,000 proverbios.

   I de Reyes 4:32 _____

   _____

   Solo tenemos 917 proverbios en este libro.

3. **El mensaje central**

   El mensaje del libro es "la sabiduría de Dios," Cristo es nuestra sabiduría.

   I de Corintios 1:30 _____

   _____

4. **La estructura del libro**

   (1) SABIDURÍA Y LOCURA — capítulo 1 al 9
   (2) PROVERBIOS DE SALOMÓN — escrito y compilado por él — capítulo 10 al 24
   (3) PROVERBIOS DE SALOMÓN — compilado por Ezequías — capítulo 25 al 29
   (4) PALABRAS DE AGUR — capítulo 30
   (5) PALABRAS DE UNA MADRE — capítulo 31

5. **La forma de los Proverbios**

   El libro de Proverbios dice cosas, como usted ya lo ha notado, en corta repetición o declaraciones de apoyo. Esto es llamado "paralelismo." Tres clases de paralelismo son indicadas:

   (1) PARALELISMO SINÓNIMO. Aquí la segunda cláusula reafirma lo que es dado en la primera cláusula. Por ejemplo: Proverbios 19:29

   _____

   _____

(2) PARALELISMO DE CONTRASTE. Una verdad dicha en la primera cláusula, es hecha más fuerte en la segunda cláusula al contrastar con una verdad opuesta. Por ejemplo: Proverbios 13:9

_____

_____

(3) PARALELISMO SINTÉTICO (O QUE COMPLETA). La segunda cláusula desarrolla el pensamiento de la primera. Por ejemplo: Proverbios 20:2

_____

_____

6. **El valor espiritual**

Los Proverbios son inspirados y puestos en la Escritura por el Espíritu Santo de Dios. El valor espiritual viene de la lectura de estos Proverbios comparados a los llamados proverbios por el hombre moderno. El hombre dice cosas tales como — "Dime con quien andas y te diré quien eres" — "No todo lo que brilla es oro" — "Ayúdate que yo te ayudaré," etc.

La Palabra de Dios dice: "Reconócelo en todos tus caminos, y él enderezará tus veredas" — Proverbios 3:6; Proverbios 9:10 — "El temor de Jehová es el principio de la sabiduría, etc."

Anote siete cosas que abomina Jehová: 6:16-19

(1) _____ (2) _____

(3) _____ (4) _____

(5) _____ (6) _____

(7) _____

Note también Proverbios 8:22-26 y vea al eterno Hijo de Dios.

_____

_____

_____

EL LIBRO DE ECLESIASTÉS

1. El libro de Eclesiastés es el registro de Dios del argumento del hombre acerca de la vida —su experiencia y reflexión acerca de la vida mientras se está fuera de la comunión con Dios. "Eclesiastés" viene de la forma latina de la palabra griega que significa "predicador."

2. **El autor**

El autor de Eclesiastés fue Salomón. Él se llama a sí mismo "el predicador" pero su descripción es dada en el capítulo 1:1 y versículos 12 y 16; capítulo 2:9; capítulo 12:9.

3. **El mensaje central**

Este libro enseña, más que nada, la vaciedad de todo apartado de Dios. La "palabra clave" es *"vanidad"* (37 veces) y no solo quiere decir orgullo necio, sino la vaciedad de todo sin Dios.

Este libro nos debe de decir: "no améis al mundo, ni las cosas que están en el mundo. Si alguno ama al mundo, el amor del Padre no está en él. Porque todo lo que hay en el mundo, los deseos de la carne, los deseos de los ojos, y la vanagloria de la vida, no provienen del Padre, sino del mundo" — I de Juan 2:15-16.

Eclesiastés también nos enseña Mateo 6:19-21. _____

_____

_____

4. **La estructura del libro**

   (1)   EL TEMA — "Todo es vanidad" (vacío) — 1:1-3

   (2)   BUSCANDO SATISFACCIÓN EN LA VIDA — 1:4 — 12:12

         — a través de la naturaleza y de la ciencia — 1:4-11

         — a través de la sabiduría y la filosofía — 1:12-18

         — a través del placer — 2:1-11

         — a través del materialismo — 2:12-26

         — a través del fatalismo y el egocentrismo — 3:1-4:16

         — a través de la religión — 5:1-8

         — a través de la riqueza — 5:9-6:12

         — a través de la moralidad — 7:1-12:12

   (3)   UNA AMONESTACIÓN ESPIRITUAL — 12:13-14

5. **Las diez vanidades de Eclesiastés**

   (1)   Capítulo 2:15-16 — *Vanidad de la sabiduría humana* — sabio y necio mueren igual.

   (2)   Capítulo 2:19-21 — *Vanidad de la labor humana* — labrador y sabio mueren igual.

   (3)   Capítulo 2:26 — *Vanidad del propósito humano* — el hombre propone y Dios dispone.

   (4)   Capítulo 4:4 — *Vanidad de la envidia* — éxito trae envidia, no gozo.

   (5)   Capítulo 4:7 — *Vanidad de la avaricia* — consigue más y sigue vacío.

   (6)   Capítulo 4:16 — *Vanidad del la fama* — un día popular y después, olvidado.

   (7)   Capítulo 5:10 — *Vanidad de la riqueza* — el dinero no satisface.

   (8)   Capítulo 6:9 — *Vanidad de la codicia* — codiciar engendra más codicia.

   (9)   Capítulo 7:6 — *Vanidad de la frivolidad* — tiempo desperdiciado trae un fin triste.

   (10)   Capítulo 8:10 y 14 — *Vanidad del reconocimiento* — lo malo es a veces honrado por el hombre.

6. **Conclusión**

La lección que debemos aprender de este libro es — que una vida vivida para uno mismo, para este mundo, y sin Dios, es vanidad, y que nada "debajo del sol" puede satisfacer el corazón humano excepto el Señor Jesús, el hijo de Dios. Lea el Salmo 90:12.

EL LIBRO DE CANTAR DE LOS CANTARES

1. **El libro**

   El canto de Salomón es un poema de amor. Los judíos lo llaman el lugar santísimo de la Escritura. Jerónimo nos dice que lo judíos no permitirían que sus jóvenes lo leyeran sino hasta los treinta años de edad. Es una parte de la Escritura inspirada y por lo tanto, tiene una profunda lección para nosotros.

2. **El autor**

   Salomón es el autor como dice el capítulo 1:1. Salomón fue el autor de 1005 cantos (I de Reyes 4:32), pero solo tenemos uno, el Cantar de los Cantares.

3. **El mensaje central**

   El capítulo 2:16 expresa el mensaje central — y tal es la unión entre Cristo y su pueblo redimido que puede ser mejor expresada para nosotros en la forma de una unión de matrimonio.

4. **La estructura del libro**

   (1) Amor inicial — 1:2—2:7
   (2) Amor vacilante — 2:8—3:5
   (3) Amor creciente — 3:6—5:1
   (4) Amor transformador — 5:2—7:13
   (5) Amor maduro — 8:1—14

   (La brevedad del tiempo no nos permitirá la enseñanza de la estructura del libro — pero, marque estos "amores" en su Biblia.)

5. **Enseñando la Escritura con la Escritura**

   La clave para el Cantar de los Cantares de Salomón se encuentra en el Salmo 45. Es titulado "canción de amores" y es un "himno real matrimonial" y se refiere a Salomón. Mientras que la referencia primaria es a Salomón, la última referencia es a Cristo como es enseñado en Hebreos 1:7-8.

   Este Salmo 45 concuerda con el Cantar de los Cantares. En éste vemos (1) en los versículos 2-9 un discurso al novio real, y (2) en los versículos 10-17 un discurso a la novia real.

6. **Lo que enseña**

   Este libro, con el Salmo 45, nos enseña lo que Pablo enseña en II Corintios 11:1-2.

   _____

   _____

   también en Efesios 5:25-27

   _____

   _____

   Cantar de los Cantares habla entonces de *nuestra* (la iglesia) relación con nuestro novio celestial, nuestro Señor Jesús.

   (Este libro es escrito en una forma parabólica — una de las maneras únicas de enseñanza del Maestro.)

¿CUÁNTO RECUERDA USTED?

P. *¿Qué es un proverbio?*

P. *¿Cuántos proverbios escribió Salomón?*

P. *¿Qué quiere decir Eclesiastés?*

P. *¿Quién escribió los tres libros de esta lección?*

P. *¿Cuál es la palabra clave de Eclesiastés?*

P. *¿Qué nos enseña Cantar de los Cantares como creyentes hoy?*

SU TAREA PARA LA PRÓXIMA SEMANA

1. Lea el libro de Isaías o los capítulos claves: 1, 2, 4, 6, 7, 9, 11, 14, 35, 38, 39, 40, 41, 44, 45, 53, 55, 59, 61, 63, 66; tres capítulos diarios.

2. Repase sus notas de los tres libros enseñados en esta lección.

3. Marque su Biblia de las notas que usted ha hecho.

4. Esté presente el próximo día del Señor para el comienzo de los libros proféticos, Isaías.

Lección 18
El libro de Isaías

(Donde se proveen líneas, por favor lea y escriba todo el pasaje o la verdad principal del pasaje.)

1. **La sección final del Antiguo Testamento**

   Ahora hemos alcanzado el grupo final de los escritos del Antiguo Testamento. Hemos terminado veintidós libros y ahora los últimos diecisiete, los libros de los profetas, están ante nosotros.

   Repasando por un momento, para refrescar su memoria, mostraremos una parte de la primera lección:

   > La primera sección del Antiguo Testamento tiene diecisiete libros, cayendo en una subdivisión de:
   >
   > CINCO LIBROS — **PENTATEUCO** — LEY REDENTORA, HISTÓRICOS
   >
   > DOCE LIBROS — **DE JOSUÉ A ESTER** — HISTÓRICOS
   >
   > *Los cinco libros de en medio:*
   >
   > Estos son **JOB, SALMOS, PROVERBIOS, ECLESIASTÉS, CANTAR DE LOS CANTARES**. Estos cinco son personales y tratan con los problemas humanos del corazón. Estos son poesía.

   Los últimos diecisiete libros son profecía y caen en una subdivisión de doce y de cinco (como los primeros diecisiete libros).

   > CINCO — PROFETAS MAYORES
   >
   > DOCE — PROFETAS MENORES

2. **¿Qué significa "profeta"?** (Lea I de Samuel 9:9.)

   La palabra "pro" en "profeta" no quiere decir "de antemano" como en la palabra "proveer" sino significa "en lugar de." El resto de la palabra "profeta" es del griego "phemi," que significa "hablar." Así que un profeta es *"uno que habla en lugar de otro."*

   Vemos un ejemplo de esto con Moisés y Aarón en Éxodo 7:1 cuando Dios dijo a Moisés: "yo te he constituido dios para Faraón, y tu hermano Aarón será tu *profeta.*" Aarón debía de hablar en lugar de Moisés y por él.

   La profecía no es mera predicción. La idea común hoy en día es que la profecía es una manera de predecir el futuro. Profecía, en el sentido sin predicción, es declarar una verdad por la inspiración de Dios. Profecía, en el sentido de predicción, es una declaración del futuro que solo puede ser por la inspiración directa de Dios. (Vea Isaías 2:1, "Lo que *vio* Isaías.")

3. **Requisitos de un profeta**

   El ejemplo supremo es del Mesías-Profeta como está descrito por el Señor Dios en Deuteronomio 18:15 y 18. _____

   _____

   _____

   También Hechos 3:22-23 _____

   _____

La prueba de un profeta es encontrada en Deuteronomio 18:22.

El profeta tenía que tratar con la vida moral y religiosa de su propio pueblo. Un profeta siempre era hebreo.

4. **El mensaje central de Isaías**

"Un trono" (6:1) — "Un cordero" — (53:7)

"Un cordero — en medio del trono" — Apocalipsis 7:17 y Apocalipsis 4:2

5. **La estructura del libro**

(1) EL JUICIO DE DIOS — GOBIERNO DE DIOS — capítulo 1 al 39

    a. Juicio sobre Judá y Jerusalén — capítulo 1 al 12

    b. Juicio sobre las naciones — capítulo 13 al 27

    c. Avisos y promesas — capítulo 28 al 35

    d. Histórico — capítulos 36 al 39 — (Vea II Reyes 18-20.)

(2) EL CONSUELO DE DIOS — LA GRACIA DE DIOS — capítulo 40 al 66

    a. Jehová y los ídolos — capítulo 40 al 48

    b. El Mesías que viene — capítulo 49 al 57

    c. Restauración final y gloria prometida — capítulo 58 al 66

6. **Perspectiva profética de Isaías**

A Isaías se le dio una revelación divina con respecto a puntos proféticos:

(1) BAJO LA SECCIÓN DEL JUICIO (1-39)

    a. Isaías vio cosas que iban a suceder en su tiempo.

    b. Él vio que venía la cautividad en Babilonia (39:6)

(2) BAJO LA SECCIÓN DE CONSUELO (40-66)

    a. Él vio la venida de Cristo — ambas, primera (capítulo 7) y segunda (capítulo 11), venidas (capítulo 61).

    b. Él vio y proclamó finalmente — el milenio y los cielos nuevos y la tierra nueva (capítulo 66).

7. **Cómo recordar los 66 capítulos**

(1) Isaías tiene 66 capítulos — La Biblia tiene 66 libros.

(2) ISAÍAS TIENE DOS DIVISIONES PRINCIPALES — la primera de 39 capítulos…la segunda de 27 capítulos.

También la Biblia tiene dos partes principales — el Antiguo Testamento de 39 Libros y el Nuevo Testamento de 27 Libros.

(3) La nota prevaleciente en la *primera división de Isaías* es *el juicio*.

La nota prevaleciente en el *Antiguo Testamento* es *la ley*.

La nota prevaleciente en la *segunda división* de Isaías es *el consuelo*.

La nota prevaleciente en el *Nuevo Testamento* es *la gracia*.

8. **Llamado de Isaías al oficio profético**

En el sexto capítulo tenemos una vívida descripción del llamado de Dios en la vida de Isaías:

    Nota: Él tuvo una visión de Dios — 6:1-4 (Vea Juan 12:41.)

      — Que produjo convicción y confesión — versículo 5

      — Él fue perdonado y limpiado — versículo 6 al 7

      — Él oyó el llamado de Dios — versículo 8

      — Él se ofreció para el servicio — versículo 8

      — Él fue comisionado para servir — versículo 9 al 13

Estos son los pasos que Dios podría aplicar a su vida.

9. **Isaías vio el nacimiento de Cristo**

Vea Isaías 7:14 y Mateo 1:23. _____

_____

Vea Isaías 9:6-7 y Lucas 2:11. _____

_____

Isaías vio la muerte de Cristo en la cruz — Isaías 53 (veremos este capítulo después.).
Isaías vio Su segunda venida y a Jesús reinando sobre Su reino. Isaías 11:1, 6, 8, e
Isaías 59:20-21.
Vea Romanos 11:26-27. _____

_____

10. **Isaías, el profeta evangelista (Isaías 53)**

De los muchos pasajes mesiánicos en Isaías, solo tenemos tiempo para dar un vistazo
rápido al capítulo más importante — el capítulo 53. El capítulo que fue escrito
aproximadamente 700 a.C., prueba el milagro de la inspiración de la Palabra de Dios.
El capítulo pertenece solamente a una figura en la historia humana — ¡*el hombre del
Calvario*!
LOS 12 PUNTOS SIGUIENTES CONFIRMAN ESTO:

(1)   Él vino en humildad — "como raíz de tierra seca" — versículo 2. Vea Romanos
      15:12 e Isaías 11:1.

      _____

      _____

(2)   Él fue "despreciado y desechado entre los hombres" — versículo 3. Vea Mateo
      27:30-31.

      _____

      _____

(3)   Él sufrió por nosotros — "Mas él herido fue por nuestras rebeliones" versículo
      5. Vea I de Pedro 2:24.

      _____

      _____

(4)   Dios puso sobre de Él, el vicario (substituto — sufrir por otro) sufriendo por
      nosotros — "mas Jehová cargó en él el pecado de todos nosotros" versículo 6.
      Vea Mateo 8:17.

      _____

      _____

(5)   "Angustiado él, y afligido, no abrió su boca" — versículo 7. Vea Hechos 8:32-33.

      _____

      _____

      _____

(6) Él murió como un reo — "por cárcel y por juicio fue quitado" — versículo 8. Vea Hechos 4:27-28. _____

_____

(7) Él fue inocente. "aunque nunca hizo maldad" — versículo 9. Vea I de Pedro 2:22.

_____

_____

(8) "Justificará mi siervo justo a muchos" — versículo 11. Vea Romanos 5:15.

_____

_____

(9) "Por cuanto derramó su vida hasta la muerte" — versículo 12. Vea Romanos 3:25.

_____

_____

(10) "Y fue contado con los pecadores" — versículo 12. Vea Mateo 27:38.

_____

_____

(11) "Habiendo él llevado el pecado de muchos." — versículo 12. Vea I de Pedro 2:24.

_____

_____

(12) "Y orado por los transgresores" — versículo 12. Vea Lucas 23:34.

_____

_____

11. **Isaías y el Nuevo Testamento**

El libro de Isaías es citado más de 66 veces en el Nuevo Testamento. Lea algunos de los pasajes en el Nuevo Testamento — (en el griego su nombre es *ESAIAS*), y marque los pasajes en su Biblia.

CITADO POR	PASAJES
Mateo	Mateo 4:14-16; 8:17
Juan el Bautista	Juan 1:23
Jesús	Lucas 4:16-21
Apóstol Juan	Juan 12:38-41
Etíope	Hechos 8:28
Pablo	Hechos 28: 25-27; Ro. 9:27, 29
	Romanos 10:16, 20, y 15:12

Isaías ha sido llamado el quinto evangelista y su libro ha sido llamado el quinto evangelio.

¿CUÁNTO RECUERDA USTED?

P. *¿Qué quiere decir la palabra "profeta"?*

P. *¿Cuál es el mensaje central de Isaías?*

P   *Nombre las dos grandes secciones de Isaías*

P. *¿Cuál es el paralelismo del libro con la Biblia?*

SU TAREA PARA LA PRÓXIMA SEMANA

1. Lea los libros de Jeremías y Lamentaciones o los capítulos claves: Jeremías 1, 7, 11, 14, 15, 21, 23, 24, 25, 30, 31, 33, 39, 52. Lamentaciones — los 5 capítulos — como 3 capítulos diarios.

2. Repase sus notas del estudio de Isaías.

3. Marque su Biblia de sus notas en Isaías.

4. Esté presente el próximo día del Señor para otro estudio profético.

Lección 19
Los libros de Jeremías y Lamentaciones

(Donde se proveen líneas, por favor lea y escriba todo el pasaje o la verdad principal del pasaje.)

1. **Jeremías**

   El libro de Jeremías no sigue un orden temático o cronológico. Al leer el libro uno debería ignorar al tiempo, excepto cuando se señale definitivamente, y concentrarse en los temas que Jeremías trata con en cada capítulo.

2. **El hombre**

   Jeremías vivió en un tiempo muy parecido al de nosotros. Isaías había dicho a Judá en su profecía que el juicio iba a venir al menos que se volvieran a Dios. El mensaje de Jeremías era notificar al pueblo de Judá que su juicio había llegado y que nada los podía salvar del castigo.

   Jeremías es conocido como el "profeta llorón" y "el profeta del corazón roto" — (9:1; 13:17).

   La base histórica del tiempo de Jeremías es encontrada en II de Reyes 22 al 25.

3. **Quien fue**

   Jeremías es parcialmente autobiográfico ya que él nos dio mucho de su historia personal:

   (1) Nacido como sacerdote — (1:1)

   (2) Escogido para ser un profeta antes de que naciera — (1:5)

   (3) Llamado al oficio profético — (1:6)

   (4) Se le prohibió casarse debido a los tiempos terribles — (16:1-4)

   (5) Rechazado por su gente (11:18-21); odiado y golpeado (20:1-3); encarcelado (37:11-16)

   (6) Quiso renunciar pero no pudo (20:9)

4. **El mensaje central**

   "Irás tú — te he puesto en este día sobre naciones y sobre reinos, para arrancar y para destruir, para arruinar y para derribar — para edificar y para plantar" — 1:7 y 10, o 26:12-13.

   Si los hombres aceptan la Palabra de Dios, dará vida; si la rechazan, traerá condenación — Juan 3:36.

5. **La estructura del libro**

   (1) El llamado del profeta — capítulo 1

   (2) Sermón dado antes de la caída de Judá — capítulo 2 al 38

   (3) La caída de Jerusalén y Judá — capítulo 39

   (4) Mensajes al remanente judío — capítulo 40 al 44

   (5) Profecías contra las naciones gentiles — capítulo 45 al 51

   (6) Apéndice — mirando en retrospectiva la caída de Judá — capítulo 51

6. **Una mirada breve a las partes de la estructura del libro**
   - (1) Los capítulos 1 al 39 son antes de la caída de Jerusalén.

     Primero, el llamado del profeta en el capítulo 1. Después todos los capítulos del 2 al 20 son profecías generales y no se les da necesariamente un tiempo de cumplimiento.

     Siguiente, las profecías del capítulo 21 al 39 son específicas y sí se les da un tiempo de cumplimiento en las primeras palabras de cada capítulo.
   - (2) El capítulo 39 da la caída de Jerusalén ante Babilonia.
   - (3) Del capítulo 40 al 44, Jeremías profetiza sobre las nueve naciones gentiles.

7. **Las profecías mesiánicas en Jeremías**
   - (1) El ministerio de Jeremías incluye algunas profecías maravillosas respecto a Cristo y al futuro. Anote Jeremías 23:3-6.

     _____

     _____

     Note, un "renuevo" justo, "un rey." "Jehová, justicia nuestra." Todos estos nombres significan Cristo. Vea Lucas 1:30-33.

     _____

     _____

   - (2) Ahora en Jeremías 30:1-10 vemos un Evangelio — buenas nuevas. Note — *"haré volver a los cautivos de mi pueblo"* — *"los traeré a la tierra y la disfrutarán"* — *"y a David su rey, a quien yo les levantaré."* Esta es una escena de bendición milenial. El pueblo será reunido. La tierra será poseída y el Rey Mesías está por reinar. (Compárelo con Romanos 11:26-27.)
   - (3) Vea Jeremías 33:15.

     _____

     _____

     (El renuevo es Cristo. Vea Romanos 1:3.)

     Miremos en retrospectiva el pacto de Dios con David — II Samuel 7:8-16. Estas profecías se refieren a la segunda venida del Señor Jesucristo y Su reinado como Rey.

8. **El nuevo pacto — Jeremías 31:31-34**

   Jeremías entendió que si iba a haber esperanza para su pueblo, no iba a ser posible regresando al antiguo pacto hecho a través de Moisés. El Señor le dijo a él de este *nuevo pacto*; un pacto de gracia, no de ley: no un mandamiento externo demandando obediencia — sino una renovación interna provocándoles deseos santos y motivaciones santas. Este nuevo pacto iba a ser centrado en el Hijo de David.

   El Hijo de David vino y el nuevo pacto ha sido sellado con su propia sangre.
   Vea Hebreos 8:6-7. _____

   _____

   En Hebreos 8:8-12 — las palabras de Jeremías son citadas.

Ahora vea Hebreos 9:14-15.

_____

_____

Jeremías no pudo ver la era presente de esta iglesia, pero él vio claramente las glorias del reino de Cristo más allá de esta era. Su pueblo, los judíos, (con pocas excepciones) esperan el tiempo cuando ellos "verán a mi a quien traspasaron" como Mesías y Salvador.

9. **Jeremías nos enseña algunas verdades divinas**
   (1)   Que Dios llama a los hombres para que hablen por Él — 1:5-9.
   (2)   Que Dios gobierna en los asuntos del hombre — 18:6-10.
   (3)   Que el pecado no pasa inadvertido — 17:5-6.
   (4)   Que Dios guardará fielmente Su promesa a Israel — 31:1-9.
   (5)   Que Dios mandará al Mesías y preparará Su reino — 23:5-6; 30:7-9; 33:15-16.
   (Nota: El mensaje contra los pastores infieles — 23:1-2.
   Los 70 años de cautividad profetizada — 25:9-13.
   La palabra destruida — pero nunca muere — 36:18-28.)

EL LIBRO DE LAMENTACIONES

1. **El libro**

   Este libro, escrito por Jeremías, mira en retrospectiva al mismo evento que Jeremías anticipó en el libro de Jeremías, a saber, la caída de Jerusalén. Este libro de Lamentaciones es un libro de llanto. Su alma fue afligida cuando él vio a su pueblo tomado y a la ciudad santa destruída.

2. **Su título**

   El libro obtiene su nombre de la palabra hebrea "*QINOTH*" y griega "*THRENOI*" que significa "lamentaciones" o "llorar fuertemente."

3. **Su lugar en la Biblia**

   Aparece en el grupo Judío del Antiguo Testamento en los "escritos" (ley, profetas, escritos) y es una parte del "*Megilloth*" o "*rollos.*" Los "rollos" están compuestos de cinco libros que los judíos leen públicamente en las fiestas judías:

   EL CANTAR DE LOS CANTARES — en la Pascua

   RUT — en la fiesta de Pentecostés

   ECLESIASTÉS — en la fiesta de los Tabernáculos

   ESTER — en la fiesta de Purim

   LAMENTACIONES — en el aniversario de la destrucción de Jerusalén

4. **Características y estilo**

   Lamentaciones es una serie de cinco poemas o elegías. Los capítulos, excepto el de medio (el capítulo 3), tienen el mismo número de versículos, esto es veintidós, y el capítulo tercero tiene *tres veces* más el número de los otros, esto es, *sesenta y seis versículos.* Esto es porque hay veintidós letras en el alfabeto hebreo. En los capítulos 1, 2, 3, 4 — cada versículo comienza con cada letra del alfabeto hebreo. El tercer capítulo tiene *sesenta y seis versículos* y forma tríos de versículos (los tres primeros versículos comenzando con la primer letra, etc.) *siendo así los sesenta y seis versículos corresponden a las veintidós letras.* El capítulo quinto contiene veintidós versículos pero no siguen el mismo patrón.

5. **La estructura del libro**
    (1)   La crisis de Jerusalén — capítulo 1
    (2)   La ira de Jehová — capítulo 2
    (3)   La aflicción de Jeremías — capítulo 3
    (4)   Otra vez la ira de Jehová — capítulo 4
    (5)   La oración de Jerusalén — capítulo 5

6. **El mensaje del libro**
    (1)   El llanto sobre Jerusalén debido a su pecado — 1:18-21. Compare este pensamiento con Lucas 13:34-35 y 19:41-44.

    _____

    _____

    (2)   Confesión de pecado — 3:59; 5:16. Vea Mateo 10:32.

    _____

    _____

    Vea Romanos 10:9. _____

    _____

    (3)   Un rayo de esperanza — 3:21-32; 5:21
           Babilonia era la conquistadora y Jerusalén la conquistada. En el futuro — habrá gloria para Jerusalén y sentencia para Babilonia. Vea Colosenses 1:4-5.

    _____

    _____

    También Colosenses 1:27 _____

    _____

    (4)   La misericordia y la benevolencia de Dios — 3:21-32 y podemos decir con Jeremías "grande es tu fidelidad" — 3:23. Vea I de Tesalonicenses 5:24 y II de Tesalonicenses 3:3.

    _____

    _____

¿CUÁNTO RECUERDA USTED?

P.   *Jeremías es conocido como_____.*

P.   *¿Cuándo fue escogido Jeremías para ser un profeta?*

P.   *¿Qué pacto vio y escribió Jeremías?*

P.   *¿De qué se estaba lamentando Jeremías?*

SU TAREA PARA LA PRÓXIMA SEMANA

1.   Lea el libro de Ezequiel — 7 capítulos diarios. Si usted no puede leer todo el libro…lea los capítulos claves: 1, 2, 3, 8, 11, 20, 26, 28, 34, 36, 37. Menos de dos capítulos diarios.

2.   Repase su Biblia de sus notas.

3.   Marque su Biblia de su notas.

4.   Esté presente el próximo día del Señor para otro profeta mayor — Ezequiel.

Lección 20
El libro de Ezequiel

(Donde se proveen líneas, por favor lea y escriba todo el pasaje o la verdad principal del pasaje.)

1. **El libro**

   Entre los judíos que fueron llevados cautivos por Nabucodonosor de Balilonia en su segunda invasión a Judá (597 a.C.) había un hombre llamado Ezequiel. Daniel había sido llevado cautivo en una invasión anterior (606 a.C.). Ezequiel debía de ser el *profeta para los judíos en exilio*, mientras que Daniel sirvió como un embajador de Dios en la corte del rey.

   Ezequiel, como Jeremías, fue un sacerdote y también un profeta (1:3). Él tenía treinta años cuando comenzó su ministerio profético entre los judíos que vivían en Babilonia (1:1). Él había estado cautivo por cinco años en Babilonia cuando comenzó a profetizar (1:2). Por seis años él dijo de la caída próxima de Jerusalén, y esto abarca la mitad del libro — 24 capítulos.

   Su nombre significa *"Dios fortalece."*

2. **El autor**

   El autor no puede ser nadie más que Ezequiel quien registró todo lo que Dios le mostró.

3. **El mensaje central**

   Setenta veces leemos el mensaje central del Señor Dios en este libro y es:

   "Y sabrán que yo soy Jehová"

   (Ejemplos: 6:7, 10, 13, 14; 7:4, 9, 27; 11:10; 12:16, etc.)

4. **La estructura del libro**

   (1) El llamado y comisión de Ezequiel — capítulo 1 al 3

   (2) Los juicios de Jerusalén — capítulo 4 al 24

   Capítulo 4 al 7 — profecías de juicio

   Capítulo 8 al 11 — razones del juicio

   Capítulo 12 al 24 — símbolos y mensajes de juicio

   (3) Juicio sobre los enemigos de Judá — capítulo 25 al 32

   (4) Resurrección de Israel — capítulo 33 al 39

   (5) Israel en la tierra durante le era del reino — capítulo 40 al 48

   (Nota, estudiaremos la estructura del libro en parte.)

5. **El llamado y comisión de Ezequiel — capítulo 1 al 3**

   (1) El llamado y comisión por parte de Dios vinieron en la forma de visión. "Yo vi, me postré, y oí" (1:28), "ponte sobre tus pies, oí, envío, dirás — 2:1-4.

   Compare 1:28 con Apocalipsis 1:17. _____

   _____

   _____

(2) Ezequiel vio las señales del juicio en el torbellino y el fuego seguido por cuatro querubines con cuatro caras — los mismos seres vivientes estaban en el huerto del Edén en Génesis 3:24 y que aparecen en el trono de Dios en Apocalipsis 4:6-8. Cada uno tenía cuatro caras — *un león, un becerro, un hombre, un águila.*

Cuando el Hijo de Dios se hizo carne, Él es ilustrado en Mateo como el león; Marcos, el becerro; Lucas, el hombre; Juan, el águila.

(3) La comisión fue dada a Ezequiel comenzando en 2:3.

6. **Los juicios sobre Jerusalén — capítulo 4 al 24**

(1) Ezequiel predicó a los judíos en Babilonia que Jerusalén sería destruida. Él recibió este mensaje a través de una visión (capítulo 8 al 11). Él vio en el capítulo 8 — Judá profanando el templo:

- Versículo 3 — imagen de celos
- Versículo 7 al 12 — setenta ancianos judíos ofreciendo incienso a bestias
- Versículo 13 al 15 — mujeres llorando por Tamuz (dios griego)
- Versículo 16 — veinticinco hombres adorando al sol
- Versículo 17 al 18 — el Señor dice, "yo procederé con furor."

Capítulo 9 — un cuadro del juicio

Capítulo 10 — partida de la presencia de Dios desde el templo

Capítulo 11 — la partida de la gloria de Jehová de Jerusalén. La sentencia de la ciudad fue sellada. Ezequiel vio que venía esto.

(2) Ezequiel también predicó y profetizó a través de acciones simbólicas (ayudas visuales). Fueron hechas para impresionar al peublo y provocarle a recordar el mensaje.

Algunas de estas acciones simbólicas fueron:

- Dios lo dejo mudo — 3:26-27; 24:27
- Su postura en público (de lado por días) 4:4-8
- Señal del adobe (con visualizaciones de Jerusalén) 4:1-3
- Afeite de su pelo — 5:1-17
- Sacando sus enseres — 12:1-17
- La muerte de su esposa (no llanto) 25:15-27

Nombre algunas señales que Jesús usó para enseñar durante Su ministerio:

_____

_____

7. **Juicios sobre los enemigos de Israel — capítulo 28 al 32**

Solo escogeremos una profecía directa con respecto a estas naciones.

(1) La profecía de Tiro — capítulo 26 al 28

Lea 26:7-11 —

Esto tomó lugar cuando Nabucodonosor venció la ciudad.

Una profecía adicional está en los versículos 14-21.

Ésta fue cumplida exactamente por Alejandro el Grande, algunos 250 años más tarde.

(2) La fuerza maligna detrás de Tiro — *Satanás* — capítulo 28

En los versículos 1-10 vemos las razones detrás del juicio de Dios sobre Tiro. El org*ullo* del rey de Tiro es usado por el Señor Dios para hablar de la verdadera fuerza siniestra, Satanás mismo. Dios a menudo habló a Satanás a través de otra fuente indirecta.

Génesis 3:14-15 — Él habló a Satanás a través de la serpiente.

Mateo 16:23 — Él habló al diablo a través de Simón Pedro.

Note en Ezequiel 28:12-19 que Dios habla a Satanás por medio del rey de Tiro, a través de Ezequiel. Aquí Dios describe a Satanás cuando aún no había caído:

- "sabiduría y hermosura" — versículo 12
- "en Edén estuviste" — versículo 13
- "ungido querubín protector" — versículo 14
- "perfecto — hasta que se hallo en ti maldad" — versículo 15
- "pecaste — por lo que yo te eché — del monte de Dios" — versículo 16 (Vea Lucas 10:17-18.)
- "se enalteció tu corazón a causa de tu hermosura" — versículo 17 (orgullo)

Ahora lea Isaías 14:12-14.

Ambos pasajes (Ezequiel 28 e Isaías 14) dan la caída de Satanás y su estado original.

8. **La resurrección de Israel — capítulo 33 al 39**(Solo tomamos dos de estas profecías.)

(1) El verdadero pastor — capítulo 34

Los falsos pastores son descritos en 34:1-10.

El verdadero pastor — Jesús, es descrito en detalle — versículos 11-31.

Lea Juan 10:1-14 y asimile los versículos con "oveja" o "pastor."

_____

_____

_____

Lea el Salmo 23.

Vea Hebreos 13:20; I de Pedro 5:4. _____

_____

_____

(2) La visión del valle de los huesos secos — capítulo 37

La única visión de la resurrección de Israel recordada por la mayoría de la gente es ésta.

La visión es simbólica de la restauración nacional en su propia tierra — (37:11-14). Esto no habla de resurrección individual sino de resurrección nacional. *Note que la visión es explicada en los versículos 11-14.*

Los dos reinos de Israel y Judá serán uno otra vez, como es simbolizado por los dos palos que se vuelven uno (versículo 22) y el Mesías—Rey, David estará sobre de ellos (versículos 24-25).

Esto todavía no se ha cumplido. Pablo nos enseña claramente en el Nuevo Testamento en:

Romanos 11:1 _____

_____

Romanos 11:26-27 _____

_____

9. **Israel en la tierra durante la era del reino — capítulo 40 al 48**
   (1) El templo milenial — capítulo 40 al 42
   (2) Su propósito — para el reino de Cristo y la gloria de Dios — 43:1-17
   (3) La puerta cerrada del Oriente — 44:2
   (4) Los sacrificios — 40:39-43; 42:13; 43:19-27 (Dejaremos líneas aquí para pasajes añadidos y comentarios.)

   _____

   _____

   _____

   (5) Para pasajes adicionales acerca del reinado milenial — Vea Zacarías 14; Apocalipsis 19:11 hasta Apocalipsis 20:1-6.
   (6) Jerusalén será llamada "Jehová-sama" que significa "Jehová está allí" — 48:35.

¿CUÁNTO RECUERDA USTED?

P. *Ezequiel fue un profeta para* _____.

P. *¿Cuál fue el mensaje central de Ezequiel?*

P. *Ezequiel uso métodos únicos para hacer que sus mensajes permanecieran en las mentes de sus oyentes. ¿Cómo llamamos a estos métodos hoy?*

P. *Dios juzgó a los enemigos de Israel. Nombre un enemigo.*

P. *¿Quién fue descrito como la fuerza maligna detrás del rey de Tiro?*

SU TAREA PARA LA PRÓXIMA SEMANA

1. Lea los doce capítulos de Daniel — menos de dos capítulos diarios.
2. Repase sus notas de Ezequiel.
3. Marque su Biblia de sus notas.
4. Esté presente el próximo día del Señor para un maravilloso estudio — Daniel.

Lección 21
El libro de Daniel

(Donde se proveen líneas, por favor lea y escriba todo el pasaje o la verdad principal del pasaje.)

1. **El hombre**

   Aproximadamente ocho años *antes* de que Ezequiel fuera tomado cautivo por Nabucodonosor — el joven, Daniel, fue llevado de Jerusalén a Babilonia por Nabucodonosor, el rey. Él era joven, inteligente, y dotado de sabiduría. (Vea 1:4.) Daniel es uno de los pocos hombres de quien Dios dice solo buenas cosas. Tres veces es referido como el "muy amado" (9:23; 10:11 y 19). Tomados en cautividad junto con Daniel había otros tres jóvenes a quienes usted conoce por sus nombres babilonios — Sadrac, Mesac, Abed-nego. El nombre "Daniel" significa — "Dios es juez."

2. **El libro**

   Daniel es el "Apocalipsis" del Antiguo Testamento. La palabra "apocalypse" significa — "quitándole el velo a los propósitos secretos de Dios." Los propósitos secretos de Dios nunca pueden ser conocidos hasta que son revelados. La manera en que los eventos son descubiertos en Daniel es principalmente por visiones. En el libro de Daniel la palabra "visión" o "visiones" aparece treinta y dos veces.

   Veremos que los temas de Daniel son los temas de la profecía del Nuevo Testamento — particularmente, la manifestación del hombre de pecado, la gran tribulación, el regreso del Señor, las resurrecciones, y los juicios.

   Daniel es distintivamente el profeta de "los tiempos de los gentiles" — Lucas 21:24. Su visión impacta el curso entero del dominio del mundo gentil a su final y hasta el reino mesiánico de nuestro Señor.

3. **La verdad central**

   "Que el Altísimo tiene dominio en el reino de los hombres, y que lo da a quien Él quiere." Vea el capítulo 4:17, 25, 32.

   Este tema es esencialmente el mismo como el de Ezequiel, el otro libro de la cautividad. El tema de Ezequiel es…*"Y sabrán que yo soy Jehová."*

4. **La estructura del libro**

   HISTORIA — capítulo 1 al 6

   PROFECÍA — capítulo 7 al 12

   (Déjeme explicar. La sección histórica revela el plan de Dios a Daniel y todo ese plan habla de un futuro inmediato y de hecho tomó lugar. Sin embargo, los seis capítulos no solo son historia sino cuentan con un cumplimiento distante. Ejemplo: el capítulo 3 cuenta la historia de los tres jóvenes hebreos en el horno de fuego, pero también es un cuadro de Israel en el horno de la tribulación. El capítulo 2 es el sueño de Nabucodonosor y la mayor parte de ese sueño es historia, sin embargo, mira el final del tiempo de los gentiles.

   La sección profética — capítulo 7 al 12 — trata con los eventos de este tiempo y los eventos del final.)

5. **Los libros de Daniel y Apocalipsis**

El libro de Daniel no puede ser totalmente comprendido sin el libro de Apocalipsis y viceversa. Ambos hombres fueron amados por el Señor y vieron visiones que Dios les dio mientras estaban en exilio; Daniel, un cautivo en Babilonia, y Juan en la isla de Patmos. Cinco veces en Apocalipsis leemos que es una profecía — Apocalipsis 1:3; 22:7; 10, 18, 19. Daniel es un profeta. — Así se refirió Jesús de él en Mateo 24:15.

_____

_____

Mucho de lo que fue sellado en Daniel se le quita el sello en Apocalipsis. Compare Daniel 12:8-9 con Apocalipsis 5:1-5.

_____

_____

Lo que fue escondido de los ojos de Daniel es abierto a la vista en Apocalipsis.

6. **El sueño de Nabucodonosor y la visión de Daniel — capítulos 2 y 7**

Dios le dio a Nabucodonosor un sueño — un bosquejo profético para la historia futura de los poderes mundiales (capítulo 2).

Sesenta años después Daniel tuvo una visión, también llamada un sueño (7:1), acerca de los mismos poderes mundiales (capítulo 7).

ESTUDIAREMOS CAPÍTULOS 2 Y 7 JUNTOS

EL SUEÑO DE NABUCODONOSOR		EL SUEÑO DE DANIEL	
La colocación	2:1-30	La colocación	7:1
El sueño	2:31-35	El sueño	7:2-14 y 21-22
La interpretación	2:36-45	La interpretación	7:15-26
Los resultados	2:46-49	Los resultados	7:27-28

Los dos sueños proféticos deben ser comparados de modo que usted siempre recordará su significado.

NABUCODONOSOR   DANIEL

El sueño de Nabucodonosor IMAGEN	CUMPLIMIENTO	Visión de Daniel 4 bestias
Daniel 2:31-35 (Note versículo 29 — "había de ser en lo por venir")	PODERES MUNDIALES	Daniel 7:1-27 (Note versículo 18 — "recibirán el reino los santos eternamente")
Cabeza — (versículo 38) oro	BABILONIA	León (versículo 4)
Pecho y brazos — (39-a y 32) plata	MEDO-PERSA	Oso (versículo 5)
Vientre y muslos (39-b) bronce	GRECIA	Leopardo (versículo 6)
Piernas y pies (versícuol 40) hierro	ROMA	Bestia diferente (versículos 7 y 19)
10 dedos — (versículos 41 y 42)	IMPERIO ROMANO ANTIGUO	10 cuernos — (versículos 7 y 20)
	ANTICRISTO	Cuerno pequeño (versículos 8 y 21)
La piedra — (versículos 34, 35, y 45)	CRISTO	Anciano de días — (versículo 22)
El monte — (versículo 35)	REINO (MILENIAL)	Reino eterno — (versículo 27)

Los cuatro reinos simbolizados por la gran imagen y las bestias fueron reinos literales. Esto indica entonces que el reino de la piedra que va a tomar lugar es también un reino literal — el reino milenial de nuestro Señor — Jesús el Rey.

Vea Salmo 118:22-23. _____

_____

Compárelo con Lucas 20:17-18. _____

_____

El rey Nabucodonosor hizo una estatua de oro para perpetuarse a sí mismo (capítulo 3). Él demandó que la gente adorara la imagen y los tres jóvenes hebreos se negaron a obedecer y fueron echados en un horno de fuego pero Dios hizo las llamas inofensivas. Vea versículo 25 — La cuarta persona es —

Vea Hebreos 11:33-34 — "Por fe." Somos salvos por fe. Luego en el capítulo 4, Nabucodonosor tiene un sueño de un gran árbol. Daniel otra vez interpreta su sueño y sucedió exactamente como Dios se lo reveló a Daniel — versículos 19-28.

El rey enloqueció por siete años representando la tribulación. El tronco fue cortado y después de siete años retoñó — (versículos 15 y 23) — representando las naciones gentiles quienes "doblarán su rodilla" y buscarán al Señor — Hechos 15:14-18.

En el capítulo 5 está el registro de la mano que escribía en la pared. (El tiempo no permite un estudio de esto.)

En el capítulo 6 — Daniel en el foso de los leones y el Dios que liberta. Note la *promoción* de Daniel — versículos 26-28.

En el capítulo 8 — tenemos los detalles del segundo y el tercer reino — Medo-Persia y Grecia.

8. **Las setenta semanas de Daniel — capítulo 9**

Este es uno de los capítulos más elevados en la Biblia. El ángel Gabriel (versículo 21) dio la revelación divina. Ahora, en los versículos 24 al 27 tenemos la revelación.

70 semanas o 70 x 7 = 490 años.

(Vea Jeremías 25:11-12 y Levítico 26:33-34 y usted verá el significado.)

La Escritura divide estas 70 semanas en *tres* divisiones con un paréntesis — la era de la iglesia — entre éstas. En versículo 25 — "7 semanas" — 49 años comienzan en *"el edicto de restaurar y reedificar Jerusalen."* (Esdras 1; Esdras 6; Nehemías 2) y eso de hecho sucedió como vemos en Esdras y en Nehemías.

Siguiente, 62 x 7 o 434 años (de 396 a.C., al 38 d.C.) el Mesías fue "cortado" — crucificado (versículo 26).

La semana setenta es separada. Entre las semanas 69 y 70 hay un intermedio, el paréntesis de la era de la iglesia. Note en el versículo 27 "a la mitad de la semana," el pacto con Israel es roto por el anticristo. Este período de los últimos siete años es la tribulación — dividido en dos períodos de tres años y medio, conocidos en la Escritura como 3 1/2 años, 42 meses, 1260 días.

Al final de las setenta semanas (después de la tribulacieon) Cristo literalmente regresará.

La septuagésima semana, la tribulación, aún no ha comenzado. ¡Viene pronto! I de Tesalonisenses 4:13-18.

AQUÍ HAY UNA AYUDA VISUAL ACERCA DE ESTO

Clímax de la historia judía

ESTA DISPENSACIÓN

7 SEMANAS
49 años)

62 SEMANAS
(434 años)

1 SEMANA
(7 años)

Segunda venida de Cristo

(No visto por los profetas)

MESÍAS
"cortado"

3 1/2   3 1/2

9. La visión de la gloria de Dios — la visión final y los misterios finales son vistos en los últimos tres capítulos de profecía.

¿CUÁNTO RECUERDA USTED?

P.   *¿De qué manera son parecidos Apocalipsis y Daniel?*

P.   *Daniel es el profeta de "_____."*

P.   *¿Cómo se relacionan los capítulos 2 y 7?*

P.   *¿Qué significan 70 semanas, en años?*

SU TAREA PARA LA PRÓXIMA SEMANA

1. Lea estos capítulos: Oseas 1, 2, 3, 4, 6, 13, 14

                Joel 1, 2, 3

                Amós 2, 3, 5, 8, 9

    (Estos son 15 capítulos claves — 2 diarios.)

2. Repase sus notas de su bosquejo.

3. Marque su Biblia de sus notas en Daniel.

4. Esté presente el próximo día del Señor para un estudio de tres libros — Oseas, Joel, Amós.

Lección 22
Los libros de Oseas, Joel, y Amós"

(Donde se proveen líneas, por favor lea y escriba todo el pasaje o la verdad principal de pasaje.)

1. **Oseas**

   Oseas fue contemporáneo de Amós — ambos profetizaron en el reino del Norte de Israel. Oseas a menudo es llamado "el profeta de la hora cero de Israel." Israel se había degenerado a una espiritualidad tan depravada que el juicio de Dios no podía dilatarse más. II de Reyes 15-17 cubre el período de Oseas y registra los pecados terribles de idolatría y desenfreno sexual en ese tiempo.

2. **El mensaje central**

   "Volvamos a Jehová" — Oseas 6:1

   (La palabra "*volver*" aparece 15 veces en Oseas.)

3. **La estructura del libro**

   Oseas — su matrimonio — comparado a Dios e Israel — capítulo 1 al 3 (una analogía)

   pecado, juicio, y bendición última de Israel — capítulo 4 al 14

4. **Oseas — su matrimonio — comparado a Dios e Israel — capítulo 1 al 3**

   (1)   A través del rompimiento del matrimonio del mismo Oseas, él pudo ver el pecado de Israel contra Dios. Gomer, la esposa de Oseas, tipificó a la nación de Israel (1:1-4).

   Sus hijos fueron nombrados para simbolizar juicio:

   > JEZREEL (1:4-5) significa "D*ios esparce*"
   >
   > LO-RUHAMA (1:6-7) significa "*no compadecida*"
   >
   > LO-AMMI (1:8-9) significa "*no pueblo mío*"

   La paciencia de Oseas, compasión y sus actos finales de redención, castigo, y restauración de Gomer son las mismas cualidades que Dios tiene y tendrá para el Israel pecador.

   (2)   El castigo de Israel es descrito en el capítulo 2 y el simbolismo y la profecía fueron cumplidas. (Vea II de Reyes 15:19-20; 17:5-23.)

   Nuevos nombres son dados a los hijos para decir de la futura restauración de Israel—

   "Jezreel" (*esparcido* 1:5) ahora viene a ser "congregarán" en 1:11.

   "Lo-Ammi" (*no pueblo mío*) a "Ammi" — (*mi pueblo*)

   "Lo-Ruhama" (*no compadecida*) a "Ruhama" (*compadecida*)

   (3)   Los últimos días de Israel son descritos en el capítulo 3.

   De modo que tenemos toda la historia de Israel, pasado, presente, y futuro en estos tres primeros capítulos.

   En el versículo 2 vemos "redención."

5. **Pecado, juicio, y bendición última de Israel — capítulo 4 al 14**

   (1)   HABÍA FALTA DE CONOCIMIENTO DE DIOS en Israel; y eso explica el adulterio de la nación:

NOTE: Oseas 4:1 "No hay conocimiento de Dios en la tierra"

Oseas 4:6 "Mi pueblo fue destruido, porque le faltó conocimiento, etc."

(2) HABÍA FALSOS SACERDOTES Y PROFETAS.

NOTE: Oseas 4:5 — "caerá el profeta"

Oseas 4:9 — "será el pueblo — como el sacerdote"

(3) HABÍA INMORALIDAD

NOTE: Oseas 4:13-14, 16 y 17

Oseas 7:4

Oseas 8:9

(4) JUICIO Y CASTIGO DE ISRAEL

NOTE: "Porque sembraron viento, y torbellino segarán" — Oseas 8:7

"Ahora se acordará de su iniquidad" — 9:9

"Samaria será asolada — caerán a espada" — 13:16

(*Efraín es usado como un nombre para Israel en conexión con el pecado o apostasía. Es usado 37 veces en este libro.*)

(5) BENDICIÓN ÚLTIMA DE ISRAEL

El día viene cuando Israel se volverá a Dios y Él los recibirá.

Oseas 3:5 _____

_____

y 14:4 _____

_____

APLICACIÓN PARA RECORDAR: Israel es la esposa adúltera de Jehová, para ser restaurada en gracia (Oseas 2:16-23). La iglesia es una virgen desposada con un solo esposo (II de Corintios 11:1-2). Israel entonces, es la esposa terrenal de Jehová (Oseas 2:23); la iglesia es la esposa celestial del Cordero (Apocalipsis 19:7).

EL LIBRO DE JOEL

1. **El hombre**

Joel fue un profeta a Judá. Nada se sabe de él excepto lo que se escribió en el versículo 1. Su nombre significa "Jehová es Dios."

2. **El mensaje central**

"El día de Jehová" — (Joel 1:15; 2:1, 2, 10, 11, 30, 31; 3:14-16).

Nota: Para recordar, de una manera general, el significado de "el día de Jehová" — es ese período de tiempo que está en contraste con día del hombre o el día de Satanás. Comienza con la gran tribulación y se extiende hasta el reino milenial.

3. **La estructura del libro**

JUICIO DE DIOS — 1:1 — 2:27

LA PROMESA DEL ESPÍRITU — 2:28 — 3:1

EL JUICIO DE DIOS SOBRE LAS NACIONES — 3:1-17

LA RESTAURACIÓN DE JUDÁ — 3:18-21

4. **El juicio de Dios sobre Judá — 1:1 — 2:27**
    (1) Esta fue literalmente una plaga de orugas y es usada para hablar de una realidad pero también para simbolizar la destrucción "del día de Jehová." Esto fue una prefiguración de un último y futuro evento. Nada se escapa porque todos son afectados — borrachos (1:5) — sacerdotes (1:13-16) — toda la tierra (1:17) — el ganado (1:18-20).
    (2) Los juicios señalan a ese período de tribulación. Compare 2:2 con Mateo 24:21 y Daniel 12:1.
    (3) Liberación solo si hay arrepentimiento — 2:18-27

5. **La promesa del Espíritu — 2:28 — 3:1**
    (1) Esta es una de las profecías que se cumplió en *parte* el día del Pentecostés. Pedro cita las palabras de Joel 2:28-29 en Hechos 2:16-18. Los eventos profetizados en Joel 2:30-31 y Hechos 2:19-20 aún no han sido cumplidos. Compare estas dos escrituras.

    _____

    (2) Jesús les dijo a sus discípulos que el Espíritu Santo moraría *con* ellos pero que Él estaría *dentro de ello*s — Juan 14:17 — Hechos 1:8. Vea Juan 14:17.

    _____

    (3) Pedro usó la profecía de Joel para describir el poder de la venida del Espíritu Santo en el Pentecostés para todo el que creyera. La profecía entera de Joel no fue cumplida entonces (solo una parte) pero fue una *garantía* de que Dios definitivamente cumple todo lo que Joel dijo en el día cuando Israel regrese a Jehová (Joel 2:31-32).

6. **Juicio de Dios de las naciones — 3:1-17**
    (1) Esto ocurre al final de los tiempos en el valle de Josafat (juicio) en el regreso real de Cristo. — versículos 2 y 14
    Vea Mateo 25:31-32. _____

    _____

7. **La restauración de Judá — 3:18-21**
    (1) Vea Zacarías 14:4, 8.
    (2) El Señor Jesús reinará en persona y la tierra será una tierra de leche y miel.

EL LIBRO DE AMÓS

1. **El hombre**
    Amós, el autor de este libro, era un laico. Era un guarda de ganado (1:1 y 7:14-15). El Señor lo llamó para profetizar a los dirigentes del reino del Norte de Israel y a toda la casa de Jacob (3:1, 13). Él ministró durante el reinado de Uzías, rey de Judá, y Jeroboam, rey de Israel.

2. **El mensaje central**
    "¿Andarán dos juntos, si no estuvieren de acuerdo?" (3:3)

3. **La estructura del libro**
    (1) JUICIO de las naciones vecinas — 1:1 — 2:3

(2)   JUICIO de Judá y de Israel — 2:4 — 6:14

(3)   VISIONES del futuro — capítulo 7:9

4. **Juicio de las naciones vecinas — 1:1 — 2:3**

(1)   JUICIO contra Siria por crueldad — 1:3-5

(2)   JUICIO contra Filistea por vender israelitas como esclavos en Edom — 1:6-8

(3)   JUICIO contra Fenicia por romper su pacto con Israel — 1:9-10

(4)   JUICIO contra Edom por causar sufrimiento a Israel — 1:11-12

(5)   JUICIO contra Amón por violencia contra Israel — 1:13-15

(6)   JUICIO contra Moab por injusticia — 2:1-3

5. **Juicio de Judá e Israel — 2:4 — 6:14**

(1)   JUICIO contra Judá por despreciar la ley — 2:4-5.

(2)   JUICIO contra Israel por inmoralidad — 2:6-16

(3)   CARGO DE DIOS contra toda la casa de Israel — las 12 tribus — 3:1-6:14

6. **Visiones del futuro — 7-9**

(1)   VISIÓN de las langostas — 7:1-3

(2)   VISIÓN del fuego — 7:4-6

(3)   VISIÓN de la plomada del albañil — 7:7-17

_____

_____

(4)   VISIÓN del canastillo de fruta veraniega — capítulo 8

_____

_____

(5)   VISIÓN del Señor en el altar — 9:1-10

_____

_____

(6)   FUTURO reino y el tabernáculo de David — 9:11-15

_____

_____

¿CUÁNTO RECUERDA USTED?

P. Oseas predicó una verdad moderna a Israel a través de su propio matrimonio. ¿Puede usted nombrar esa verdad?

P. La gente padecía de falta de conocimiento de _____ en Israel.

P. ¿Cuál es otro nombre para Israel?

P. ¿Cuál es el tema central o verdad de Joel?

P. ¿Fue Amós entrenado para ser profeta?

SU TAREA PARA LA PRÓXIMA SEMANA

1. Lea Abdías, Jonás, y Miqueas — solo 12 capítulos en total (2 capítulos diarios).

2. Revise sus notas tomadas en clase.

3. Marque su Biblia de sus notas tomadas en clase.

4. Esté presente el próximo día del Señor para el estudio de tres de los profetas menores.

Lección 23
Los libros de Abdías, Jonás, Miqueas

(Donde se proveen líneas, por favor lea y escriba todo el pasaje o la verdad principal del pasaje.)

1. **Abdías**

   Abdías significa "siervo de Jehová." El nombre aparece *veinte* veces en la Biblia representando *trece* personas diferentes pero la única referencia a este profeta escritor está en el versículo 1 del libro. Él fue el mensajero de Dios a Edom. Este es el libro *más corto* en el Antiguo Testamento.

2. **El mensaje central**

   El orgullo engaña a una persona o a una nación (versículo 3) y "como tú hiciste se hará contigo" — versíuclo 15.

3. **La estructura del libro**

   La DESTRUCCIÓN de Edom — versículos 1-16
   La RESTAURACIÓN de Israel — versíuclos 17-21

4. **La destrucción de Edom — versículos 1-16**

   El nombre Edom significa "rojo." Es el mismo dado a Esaú, hermano de Jacob, porque él vendió su primogenitura por un potaje rojo de lentejas — Génesis 25:30.

   _____

   _____

   Los edomitas, por consiguiente, vinieron de Esaú (Génesis 36:1) y vivieron en el Monte Seir — una región montañosa al Sur del Mar Muerto. Es lo que conocemos como el Jordán hoy. "Seir" significa "alfombra, vellosa" y Esaú era un hombre velludo — Génesis 27:11.

   El antagonismo que se originó entre los hermanos gemelos, Jacob y Esaú (Génesis 27), persiste a través de los siglos y lo podemos ver a través de la historia de Edom.

   Los edomitas rechazaron la petición de Israel de poder pasar a través de Edom en su viaje de Egipto (Números 20:14-21).

   Edom perdió su identidad como nación antes del tiempo de Cristo y desapareció de la historia en 70 d.C.

   En los días de Abdías la capital de Edom era Sela o Petra, la ciudad de la rosa roja. La antigua capital antes de Abdías, fue Bosra (Isaías 63:1).

   Los edomitas tenían un amargo rencor persistente hacia Israel. Ellos *odiaban a cualquiera que fuera de la familia de Jacob y este era su gran pecado.* Vea los versículos 10-14.

   Por su gran pecado contra Israel, juicio divino es pronunciado contra Edom y es resumido en el versículo 15 — "Como tú hiciste se hará contigo."

   Sucedió justamente como Dios pronunció y Edom como una nación pereció — Israel permanece.

5. **La restauración de Israel — versículos 17-21**

Estos versículos enseñan la misericordia protectora de Dios por su pueblo. Ninguno que peleó contra el pueblo del pacto de Dios prosperó, sino que sufrió bastante.

Estos versículos enfatizan la esperanza brillante de Israel en el reinado mesiánico. Edom ha perecido pero Israel florece.

ESTE ESQUEMA LE AYUDARÁ A RECORDAR EL LIBRO DE ABDÍAS

HERMANOS	Esaú	Jacob
NACIONES	Edom	Israel
CIUDADANÍA	Terrenal	Celestial
CARÁCTER	Orgulloso/Rebelde	Escogido/Apartado

La historia nos dice que Edom cayó ante los babilonios cinco años después de que habían ayudado a Babilonia a destruir Jerusalén, como indica el versículo 13. Después los nabateanos, una tribu árabe, ocuparon la capital de Edom, Petra. Para el tercer siglo aun el lenguaje de Edom había cesado.

Vea Daniel 11:41 para una profecía maravillosa acerca de Edom.

EL LIBRO DE JONÁS

1. **El libro**

Jonás significa "paloma." Su pueblo, de acuerdo a II de Reyes 14:25, fue Gat-hefer, una villa justo tres millas de Nazaret, el pueblo de Jesús. Él fue un buen ejemplo de Dios trabajando a través de un hombre que fue como la mayoría de nosotros — quería las cosas a su manera, desobediente, gruñón, etc.

Si el libro de Jonás es verdaderamente una narración de hechos reales, como yo *creo que es*, nos trae una de las más sorprendente revelaciones de Dios. Por el otro lado, si es ficción, no contiene significado auténtico del todo. Las lecciones de Jonás y la interpretación literal del libro son imperativos debido a que la integridad de la Escritura y la palabra del Señor Jesús "están en juego."

Jonás, entonces, fue una persona *real* — II de Reyes 14:25 y Jonás 1:1.

La narración del libro es *real* y no hay nada en la Escritura que sugiera otra cosa. (Esos que dicen que la historia de Jonás es una fantasía, son los así llamados "críticos modernos" que miran todo lo sobrenatural como increíble.)

2. **El mensaje central**

"Levántate — ve — proclama" (1:2 y 3:2)

3. **La estructura del libro**
   - Jonás huye — capítulo 1
   - Jonás ora — capítulo 2
   - Jonás predica — capítulo 3
   - Jonás aprende — capítulo 4

4. **Jonás huye — capítulo 1**

Jonás fue un hebreo y el había sido llamado por el Señor Dios para ir a Nínive, capital gentil de los Asirios, y predicar en *persona*, cara a cara. En vez de eso, él huyó, no que el pudiera escapar de Dios, sino de su llamado como profeta. Él no quería el perdón de Nínive como veremos. Así que él tomó un barco en la dirección opuesta (versículo 3). Dios trajo una tempestad — para poner a Jonás donde Dios lo quería. (versículos 12-17)

5. **Jonás ora — capítulo 2**

Jonás estaba en un "pescado preparado" como un acto de preservación, no de castigo. No hay ni una sola palabra de petición en la oración de Jonás. Es una oración de gracias y alabanza y rededicación. Jonás tuvo un cambio de corazón en el versículo 9 — "Pagaré lo que prometí." Entonces Jonás fue vomitado en tierra seca — seguro y sano.

6. **Jonás predica — capítulo 3**

Este profeta solitario predicó en la gran ciudad de Nínive. La ciudad se vuelve a Dios porque a un siervo de Dios se le dio una segunda oportunidad y él predicó.

El Señor Jesús nos da una pista del poder de la predicación de Jonás. Lucas 11:29-30 — "...Porque así como Jonás fue señal a los ninivitas." Jonás, entonces, fue una *señal* por su experiencia milagrosa en el gran pez. ¿Cómo supieron ellos de la historia del "pez"? ¿Recuerda usted los marineros del capítulo 1? A cualquier razón, Jesús dijo que Él era una señal así como es el hijo del hombre a esta generación.

La ciudad se arrepintió y Dios cambió Su corazón hacia ellos.

7. **Jonás aprende — capítulo 4**

Aquí en este capítulo hay un diálogo entre Jonás y el Señor. En los versículos 1 y 3 Jonás está enojado y descontento con el futuro obscuro de Israel ahora que Nínive había sido perdonada y él aun ora para que su vida sea tomada. Jonás salió de la ciudad, "hasta ver que acontecería a la ciudad."

Dios preparó tres cosas para Jonás mientras él estaba esperando.

- Versículo 6 — *una calabacera*
- Versículo 7 — *un gusano*
- Versículo 8 — *un recio viento solano*

— causando a Jonás que deseara la muerte — versículo 8, seguido por el divino hablar, terminando el libro. Vea los versículos 10-11.

Esta declaración es *la revelación del corazón de Dios*. Aquí, Jonás no es el factor importante — sino que es Dios. Debemos de ver la tierna paciencia de Dios para con un profeta resentido — también, que la elección de una nación no significó el rechazo de las otras.

8. **Jonás como un tipo**

PRIMERO — *él prefigura la historia de Israel, su nación*. Israel, fuera de su propia tierra, encontrando refugio con los gentiles, llorando a Jehová, descontento con algunas naciones — todo esto se vio en Jonás.

SEGUNDO — *Jonás significa la muerte, sepultura, y resurrección de nuestro Señor*. Jesús confirma esto con sus propias palabras en Mateo 12:38-41. Lea y escriba el versículo 40.

_____

_____

_____

AQUÍ VEMOS LA TIPOLOGÍA DEL ANTIGUO TESTAMENTO COMO UNA IDENTIFICACIÓN IMPRESIVA DE INSPIRACIÓN DIVINA.

TERCERO — *Jonás es un tipo de Cristo mismo como una "señal."* Vea Lucas 11:29-30 y escriba el versículo 30.

Así como Jonás fue una señal para los ninivitas, también lo será el Hijo del Hombre: Jonás salió del pez después de tres días y tres noches, igual como Cristo cuando salió de la tumba. El Evangelio *entonces* fue llevado a los gentiles (así como Jonás fue instruido). Jesús, por consiguiente, ha confirmado el libro de Jonás y toda la Escritura.

EL LIBRO DE MIQUEAS

1. **El libro**

   Miqueas es el profeta generalmente citado para Navidad por profetizar la ciudad real del nacimiento de Cristo. (Miqueas e Isaías debían de estar cerca uno del otro.) Es interesante observar que aún hoy en día asociamos a Miqueas con la profecía del nacimiento de Jesús mientras que Isaías es recordado por su profecía acerca la muerte de Jesús (Isaías 53). Isaías era un hombre bien educado mientras que Miqueas era un hombre del campo.

   "Miqueas" significa "quien es como Jehová." Él fue un profeta a Judá, aunque a menudo incluyó a Israel (las 10 tribus) y Samaria, su capital. Él profetizó durante el reinado de Jotam, Acaz, y Ezequías (1:1) como es indicado en Jeremías 26:18.

2. **El mensaje central**

   Juicio presente — bendición futura

3. **La estructura del libro**

   - Juicio declarado — capítulo 1 al 3
   - Bendición prometida — capítulo 4 al 5
   - Exhortaciones al arrepentimiento — capítulo 6 al 7

4. **Juicio declarado — capítulo 1 al 3**

   La vara de Jehová para traer juicio fue Asiria (1:9). El versículo dice, "llegó la llaga, Asiria hasta Judá; llegó (no 'él') hasta la puerta de mi pueblo, hasta Jerusalén." Los nombres de los lugares en los versículos 10-16 fueron todos en una área pequeña donde Miqueas fue criado.

   Capítulos 2 y 3 dan los detalles del juicio venidero contra "la casa de Israel." Note 2:7 y 3:1.

5. **Bendiciones prometidas — capítulos 4 y 5**

   En el capítulo 4 tenemos el reinado *futuro*.

   En el capítulo 5 tenemos al *futuro* rey.

   Es emocionante saber que estos predicadores hebreos de hace veinticinco siglos nos podrían decir — hoy — de cosas que todavía no han sucedido. Capítulos 4 y 5 muestran que estas cosas están en el futuro y esperan la era milenial.

   En el capítulo 4:1 note "en los postreros tiempos." En el versículo 2 las naciones, otras además de Israel, van a ser parte del reino mesiánico.

Pero en 4:9 note el cambio del tiempo futuro al "ahora, ¿por qué gritas tanto"? y el versículo 10, "porque ahora saldrás" y el versículo 11, "Pero ahora se han juntado muchas naciones contra ti" y 5:1, "ahora…nos han sitiado."

En 5:3 "pero los dejará *hasta*" — la venida de Cristo.

En 5:2 es la predicción notable del sitio donde Cristo iba a nacer. Miqueas dice esto tan simplemente que cuando los magos preguntaron a Herodes donde debía de nacer el rey de los judíos, los escribas les dieron una respuesta definitiva basada en Miqueas 5:2. Vea Mateo 2:5.

Entre la primera mitad de 5:3 y la segunda mitad, este siglo presente interviene, lo que Miqueas no pudo ver. El recordatorio del capítulo mira a la era del reino todavía futuro.

6. **Exhortaciones al arrepentimiento — capítulos 6 y 7**

Estos capítulos están en una forma de conversación (un coloquio) entre Jehová y su pueblo. El punto culminante de estas alegaciones está en 6:8, "Oh hombre, él te ha declarado lo que es bueno, y qué pide Jehová de ti: solamente hacer justicia, y amar misericordia, y humillarte ante tu Dios"

Dios perdona y olvida — 7:18-19.

7. **Puntos de interés en Miqueas**

Seis profecías específicas de Miqueas son se han convertido en historia. Son:

(1) CAÍDA de Samaria en 722 a.C. (1:6-7)

(2) INVASIÓN de Judá en 702 a.C. (1:9-16)

(3) CAÍDA de Jerusalén en 586 a.C. (3:12 y 7:13)

(4) CAUTIVIDAD en Babilonia en 586 a.C. (4:10)

(5) RETORNO de la cautividad (4:1-8; 7:11; 14-17)

(6) NACIMIENTO de Jesús en Belén (5:2)

¿CUÁNTO RECUERDA USTED?

P. *¿Los edomitas vienen de_____?*

P. *¿Pereció Edom como una nación?*

P. *¿Qué nombres fueron dados a la capital de Edom?*

P. *¿Es el libro de Jonás literal?*

P. *¿Por qué huyó Jonás?*

P. *¿Qué significa Jonás de acuerdo a las palabras de Jesús?*

P. *¿Por cuál profecía Miqueas es mejor recordado?*

SU TAREA PARA LA PRÓXIMA SEMANA

1. Lea Nahum, Habacuc, Sofonías, solo 9 capítulos en los tres libros.

2. Repase sus notas de su lección de esta semana. Marque su Biblia.

3. Esté presente el próximo día del Señor para otros tres profetas de Dios.

Lección 24
Los libros de Nahum, Habacuc, Sofonías

(Donde se proveen líneas, por favor lea y escriba todo el pasaje o la verdad principal del pasaje.)

1. **Nahum**

   Nahum profetizó aproximadamente ciento cincuenta años después de Jonás. Él tiene el mismo tema de Jonás — *"la destrucción de Nínive."* Se sabe muy poco del profeta Nahum. Solo se resume que él era del área de Galilea y del área de Capernaum, el nombre (Kapher-Nahum) significa la villa de Nahum. Nahum habló a Judá (1:15).

2. **El mensaje central**

   "Jehová es tardo para la ira — grande en poder — no tendrá por inocente al culpable" (1:3).

3. **La estructura del libro**
   * La sentencia segura de Nínive — capítulo 1
   * El sitio y captura de Nínive — capítulo 2
   * Las razones por el juicio — capítulo 3

4. **La sentencia segura de Nínive — capítulo 1**

   Nínive, la capital de Asiria, era la ciudad más grandiosa en la época de Nahum. Es interesante notar que dos de los profetas menores son devotos a esta ciudad, Jonás y Nahum. Un siglo antes, Jonás les había predicado, y ahora se habían profundizado en el pecado. Leyendo los dos libros vemos la bondad de Dios en Jonás y Su severidad en Nahum.

   Note especialmente el capítulo 1:2-3 — también 1:6-8.

   Note 1:15 y compárelo con Isaías 52:7. Ahora vea Romanos 10:15.

5. **El sitio y captura de Nínive — capítulo 2**

   Nínive es representada como si estuviera haciendo preparativos (2:1) por el ataque de una alianza de los medos, babilonios, escitas, y otros. La batalla es vivamente descrita — las puertas del río se abrieron y el palacio se destruyó (2:6).

6. **Las razones por el juicio — capítulo 3**

   El capítulo muestra que los *pecados* de Nínive (versículos 4-6) fueron la *causa* de su juicio. Nínive cayó en 608 a.C., de acuerdo a la profecía de Nahum. Nínive fue completamente tan destruida que en el siglo 2 d.C. — aun el sitio donde estaba era incierto.

   Hay algo de consuelo aquí (y el nombre Nahum significa "consuelo"). Mientras pensamos como el impío florece y golpea al inocente, sabemos que Dios ha jurado venganza en el día que viene. Vea Lucas 18:7-8 y Romanos 12:19.

EL LIBRO DE HABACUC

1. **El libro**

   El enfoque de la profecía de Habacuc es Babilonia. Abdías habló de la *destrucción de Edom* — Nahum de la *destrucción de Asiria* — y Habacuc de la *destrucción de Babilonia.*

Habacuc habla *a solas con Dios* acerca de un problema que le molestaba con respecto al gobierno de Dios sobre las naciones. La primera parte del libro puede ser llamado un *coloquio* (un diálogo o discusión) entre Jehová y Habacuc. La última parte es una hermosa descripción de una "teofanía" (una aparición visible de Dios).

Habacuc escribió después de la caída de Nínive en el 608 a.C. Los caldeos (babilonios) fueron elevados al poder (1:6). Él escribió acerca de Judá.

2. **El mensaje central**

   "El justo por su fe vivirá" — (2:4).

3. **La estructura del libro**
   * LA CARGA — capítulo 1
   * LA VISIÓN — capítulo 2
   * UNA ORACIÓN — capítulo 3

4. **"La carga" — capítulo 1**

   La estructura viene de los primeros pensamientos de cada capítulo. En el capítulo 1, Habacuc estaba preocupado y perplejo con el silencio de Dios. El pecado abundaba — y él clama a Dios (1:2-4), y Dios le contesta en los versículos 5-11. El profeta es sabio para esperar y "ver lo que se dirá — y que he de responder" (2:1).

5. **"La visión" — capítulo 2**

   Dios le dio a Habacuc una visión hermosa en el capítulo 2 (note el versículo 2). Aquí encontramos *dos grandes juramentos* que Dios da en los versículos 4 y 14. El versículo 4 dice: "He aquí que aquel cuya alma (los babilonios) no es recta, se enorgullece; mas el justo por su fe vivirá." El versículo 14 dice: *"Porque la tierra será llena del conocimiento de la gloria de Jehová."*

   El versículo 4 es tan importante que es citado tres veces en el Nuevo Testamento — Romanos 1:17 _____

   _____

   Gálatas 3:11 _____

   _____

   Hebreos 10:38 _____

   _____

   El versículo 14 tiene que ser leído a la luz del Nuevo Testamento — Mateo 24:30; 25:31; II de Tesalonisenses 1:7.

   Note en 2:3 que Dios le dice a Habacuc — "Aunque la visión tardará aún por un tiempo — espérela — sin duda vendrá."

6. **"Una oración" — capítulo 3**

   La oración de Habacuc comienza con una petición de avivamiento. Lea y marque 3:2.

   Desde el versículo 3 hasta el 15 hay una expresión de alabanza por las obras pasadas de Jehová.

   En la última parte del versículo 16 hasta el 19 tenemos *el gozo de la salvación* — la alegría de fe. En lo peor de las circunstancias nos hemos regocijado al máximo.

Aprenda a poner sus cargas ante el Señor y luego *espere*. Dios contestará. Podemos y debemos regocijarnos a pesar de las circunstancias porque "la tierra será llena del conocimiento de la gloria de Jehová."

EL LIBRO DE SOFONÍAS

1. **El libro**

Sofonías nos da más de su pasado que los otros profetas. El versículo 1 dice que él es el tataranieto del rey Ezequías. Él profetizó en los días de Josías y por consiguiente fue contemporáneo de Jeremías. (Vea Jeremías 1:2.) Él fue un profeta de Judá. Joel y Sofonías fueron los profetas del juicio contra Judá — aun así ambos hablan de una gloriosa liberación.

2. **El mensaje central**

De la desolación a la liberación.

3. **La estructura del libro**

La IRA viene sobre Judá — capítulo 1:1 al 2:3
La IRA sobre las naciones — capítulo 2:4 al 3:8
De la IRA a la sanidad — capítulo 3:9 al 20

4. **La ira viene sobre Judá — 1:1 al 2:3**

Todo en esta sección se refiere al juicio que viene sobre Judá en forma de cautividad en Babilonia. ¿Por qué toda la ira descrita en estos versículos? El versículo 17 da la respuesta — "*porque pecaron contra Jehová.*" Esta sección termina con una súplica para un arrepentimiento y una palabra de ánimo al pequeño remanente.

5. **La ira sobre las naciones — 2:4 al 3:8**

El profeta mira más allá de Judá y Jerusalén a las naciones vecinas. Primero al Oeste, a Filistea, y a los filisteos (2:4-7). Luego se vuelve al Este, a Moab y Amón (2:8-11). Luego al Sur, a Etiopía (2:12). Luego al Norte, a Nínive y Asiria (2:13-15). Él concluye volviéndose a Jerusalén otra vez para indicar que si Dios castiga a las naciones vecinas con juicio, entonces ciertamente Él castigará al pueblo de Judá que tiene privilegios sobre todos ellos. (Note 3:6-8.)

6. **De la ira a la sanidad — 3:9-20**

Aquí el profeta no esta mirando *dentro* de Jerusalén y Judá — ni mirando alrededor a las naciones vecinas — él está mirando más allá, a un tiempo de sanidad y de bendición. La venida del reino mesiánico es para abrazar a todas las naciones y el pueblo del pacto será el centro de ese reino. Sofonías dice esto en los versículos finales (3:11-20). Todas las aflicciones se terminarán e Israel será hecho "*para alabanza entre todos los pueblos de la tierra*" — versículo 20.

¿CUÁNTO RECUERDA USTED?

P. *¿Cuál es el tema principal de Nahum?*
P. *¿Cuál otro profeta tenía el mismo tema?*
P. *¿Cuál es la verdad central de Habacuc?*
P. *¿Por qué cosa oró Habacuc?*
P. *¿Por qué predijo Sofonías la ira que vendría sobre Judá?*
P. *¿Qué vio Sofonías en el futuro de Israel?*

SU TAREA PARA LA PRÓXIMA SEMANA

1. Lea Hageo, Zacarías, y Malaquías. Aproximadamente tres cortos capítulos diarios.
2. Repase sus notas de la lección de hoy.
3. Marque su Biblia en Nahum, Habacuc, y Sofonías.
4. Esté presente el próximo día del Señor para lo último del Antiguo Testamento.

Lección 25
Los libros de Hageo, Zacarías, y Malaquías

(Donde se proveen líneas, por favor lea y escriba todo el pasaje o la verdad principal del pasaje.)

1. **El Libro**

   Hageo, Zacarías, y Malaquías son conocidos como los profetas del *pos-cautiverio.* Ellos fueron mensajeros de Dios durante este período de restauración de Jerusalén y el templo. La principal apelación de Hageo y Zacarías fue inspirar a los judíos a terminar de edificar el templo que había sido descontinuado, mientras que el mensaje de Malaquías fue el trágico pecado y apostasía del pueblo de Dios. El avivamiento espiritual del regreso a la Ciudad Santa se había convertido en frialdad espiritual y parece importante que la última palabra del Antiguo Testamento es "maldición."

2. **Hageo**

   Hageo trata con una situación real en las vidas de la gente. No mucho después que el "remanente" judío retornó a Jerusalén y Judea, ellos comenzaron a rechazar las cosas del Señor y comenzaron a usar su tiempo en edificar sus propias casas y desertaron la reedificación del templo. Por catorce años habían estado en esta condición apóstata; y en esta clase de situación, el profeta Hageo fue enviado con el mensaje de Dios.

   Él estaba entre el primer grupo para ir a Jerusalén con Zorobabel, Esdras 2:2. Probablemente él nació en Babilonia durante la cautividad.

3. **El mensaje central**

   "Meditad sobre vuestros caminos — reedificad la casa" (1:7-8).

4. **La estructura del libro**
   - PRIMER SERMÓN — represión —capítulo 1 (Sep. 1 a Sep. 24)
   - SEGUNDO SERMÓN — estímulo —capítulo 2:1-9 (Oct. 21)
   - TERCER SERMÓN — bendición —capítulo 2:10-19 (Dic. 24)
   - CUARTO SERMÓN — promesa —capítulo 2:20-23 (Dic. 24)

   (Note que cada mensaje está fechado en la Escritura como se indica.)

5. **Primer sermón — represión —capítulo 1**

   El primer sermón de Hageo es para reprender al pueblo por su negligencia en edificar la casa del Señor. Ellos estaban posponiendo para lo que habían ido a Jerusalén. Note el versículo 2 — "Este pueblo dice: No ha llegado aún el tiempo — de que la casa de Jehová sea reedificada." Hageo dice,

   "Meditad sobre vuestros caminos — reedificad la casa." El pueblo estaba satisfecho *"esperando"* en sus casas hasta que viniera el tiempo y ellos "sintieran" hacerlo.

   Esto nos habla a nosotros hoy — solo esperamos y no trabajamos. Tenemos que hacer ambos — *esperar y trabajar.*

6. **Segundo sermón — estímulo — 2:1-9**

   Este es una palabra de estímulo de Hageo.

   Él declara tres grandes hechos:

PRIMERO, el pacto de Jehová con Israel y su fidelidad a ese pacto — versículo 5

SEGUNDO, el Espíritu de Dios permanece con ellos y no deben tener miedo — versículo 5.

TERCERO, Dios dice que habrá una gran sacudida de las naciones (la tribulación) y ese que es el Deseo (Cristo) de todas las naciones vendrá — y "la gloria postrera de esta casa será mayor que la primera" — versículos 6-9.

Estas son las cosas que nos deben de inspirar — un pacto, la presencia del Espíritu, y el retorno prometido del Señor.

7. **Tercer sermón — bendición — 2:10-19**

El pueblo debía preguntar a los sacerdotes cosas acerca de la ley de Moisés — versículo 11. Lo santo no puede hacer lo inmundo santo por *contacto* pero la inmundicia es *comunicada por contacto* — versículos 12-13. Hageo aplica esto a los judíos. Aunque ellos habían regresado a la tierra y reedificado el templo, sus corazones estaban lejos de Dios — versículo 14. Dios los juzgó porque sus corazones no habían cambiado hacia Él — versículos 15-17.

Entonces Dios dice, "meditad." Dios los bendeciría porque habían obedecido. Los bendeciría por Su gracia.

8. **Cuarto sermón — promesa — 2:20-23**

El mensaje es dirigido a Zorobabel, gobernador de Judá. El mensaje es el mismo como en el versículos 6 y 7. Habla de los propósitos finales de Dios. El poder gentil vendrá a un final. "En aquel día" el Señor le pondrá a Zorobabel un "anillo de sellar" — una señal de autoridad, una garantía de la grandeza de David. Señala al Mesías. Zorobabel fue honrado con un lugar en ambas genealogías de Cristo — Mateo 1:12-17 y Lucas 3:27. Cristo es verdaderamente tan hijo de Zorobabel como de David. Zorobabel fue y es un "anillo de sellar" — prefigurando a Cristo. Cristo el gran Hijo y el antitipo de David y Zorobabel será el anillo de sellar de Jehová por lo cual Él imprimirá Su voluntad, Su ideal perfecto sobre las naciones. Desde el momento de obediencia, Dios bendice a cada uno de nosotros. ¿Está usted edificando la casa espiritual del Señor, Su iglesia, hecha de piedras vivas?

EL LIBRO DE ZACARÍAS

1. **El libro**

Zacarías fue contemporáneo de Hageo — Esdras 5:1; Hageo 1:1, y Zacarías 1:1. Zacarías complementó el mensaje de Hageo. Él fue sacerdote y profeta. Él fue el hijo de Berequías, el hijo de Iddo, un profeta (Nehemías 12:4) — esto quiere decir que Zacarías era de la familia de Aarón.

Desde el tiempo de Zacarías y Hageo, el sacerdocio tomó el liderazgo en la nación. La historia del pueblo de Dios se divide en tres períodos principales.

De Moisés a Samuel — Israel bajo jueces

De Saúl a Sedequías — Israel bajo reyes

De Josué a 70 d.C. — Israel bajo sacerdotes

2. **Sus profecías**

Hay *más profecías* de Cristo en Zacarías que en cualquier otro libro profético, *excepto Isaías*. Solo enlistaremos algunas de las profecías y cuando menos un pasaje acerca de su cumplimiento.

PROFECÍA DE CRISTO	CUMPLIMIENTO

- SIERVO — Zacarías 3:8 .... Mateo 12:18
- RENUEVO — Zacarías 3:8, 6:12 .... Lucas 1:78
- REY-SACERDOTE — Zacarías 6:13 .... Hebreos 6:20-7:1
- REY HUMILDE — Zacarías 9:9-10 .... Mateo 21:4-5
- TRAICIONADO — Zacarías 11:12-13 .... Mateo 27:9
- MANOS HORADADAS — Zacarías 12:10 .... Juan 19:37
- EL PASTOR HERIDO — Zacarías 13:7-9 .... Mateo 26:31
- SEGUNDA VENIDA — Zacarías 14:4, 9 .... Aún ha de venir

3. La verdad central

"Celé con gran celo a Jerusalén" — 1:14; 8:1

4. La estructura del libro

Las visiones nocturnas — capítulo 1 al 6
Cuatro mensajes — capítulos 7 y 8
Las cargas proféticas — capítulo 9 al 14

5. Las visiones nocturnas — capítulo 1 al 6

Algunos estudiantes dicen que hay siete visiones, algunos ocho y otros diez. Yo creo que uno puede recordar mejor si las separamos en visiones; si así lo hacemos, hay diez. Tendremos tiempo para ver brevemente cada visión.

(1) EL JINETE EN EL CABALLO ROJO — 1:8-17
El significado es — Dios es celoso de Jerusalén y juicio va a caer sobre las naciones por abusar de Sus hijos del pacto.

(2) LOS CUATRO CUERNOS — 1:18
Los cuatro cuernos son las cuatro naciones que esparcieron a Israel — particularmente, Babilonia, Medo-Persia, Grecia, y Roma.

(3) LOS CUATRO CARPINTEROS — 1:20-21
Estos son los instrumentos de juicio sobre de las cuatro naciones (arriba).

(4) EL HOMBRE CON UN CORDEL DE MEDIR — 2:1-13
Jerusalén no debe de ser medida como un hombre mide — pero el Señor mismo será una pared alrededor de la gloriosa ciudad.

(5) JOSUÉ, EL SUMO SACERDOTE — 3:1-10
Esta visión ilustra cuando la iniquidad es removida y la futura gloria para Israel. (Las vestiduras viles fueron quitadas y pusieron mitra limpia sobre su cabeza y ropas de gala.)

(6) EL CANDELABRO DE ORO Y LOS OLIVOS — 4:1-14
Dios reedificará su templo y testificará en el poder — 4:6.

(7) EL ROLLO VOLANTE — 5:1-4
Cuando Dios reedifique su templo (como en la última visión), Su palabra sale para juzgar. El rollo es la Palabra de Dios.

(8) El EFA — 5:5-11
La mujer en el efa, una medida y un simbolismo de comercio, enseña que toda corrupción, todo lo que está contra Dios, debe de ir a Babilonia, la ciudad de pecado.

(9) LOS CUATRO CARROS — 6:1-18
Éstos ilustran los juicios del Señor sobre las naciones.

(10) LA CORONACIÓN SIMBÓLICA DE JOSUÉ — 6:9-15
Esta es una visión de la segunda venida de Cristo.

La idea que une todas estas visiones es la que se expresa en el mensaje central —
"*Celé con gran celo a Jerusalén — yo me he vuelto a Jerusalén*" — 1:14-16.

6. **Cuatro mensajes — capítulos 7 y 8**

Estos cuatro mensajes encontrados en 7:1-7, 7:8-14, 8:1-7, y 8:18-23 apoyan el mensaje
central de Zacarías. El propósito de Dios para Jerusalén es inalterable en ningún
ritual o forma. Él era y es "un Dios celoso con gran celo" de su pueblo. Estos son
mensajes que enseñan que la *alabanza es algo del corazón*.

7. **Las cargas proféticas — capítulo 9 al 14**

   (1)   La PRIMERA carga está en los capítulos 9-11.

   Aquí vemos la *primera* venida de Cristo (9:9) y la *segunda* venida en 9:10-17.

   El capítulo 10 es una ilustración del pueblo del pacto esparcido y finalmente
   restaurado en su tierra.

   El capítulo 11 describe la primera venida de Cristo y el rechazo de él como
   Mesías — Note especialmente 11:13 y luego compárelo con Mateo 27:9.

   _____

   _____

   (2)   La SEGUNDA carga está en los capítulos 12-14.

   Estos capítulos forman una profecía. El tema es el retorno de Cristo y el
   establecimiento del Reino en la tierra.

   El orden de estos eventos son:
   - El sitio de Jerusalén — 12:1-3
   - La batalla del Armagedón — versículos 4-9
   - La gracia de Dios y la revelación de Cristo a la casa de David — versículo 10
   - Tristeza piadosa por rechazar al Mesías en su primera venida — versículos 11-14
   - El "manantial purificador" se abre para Israel — 13:1
   - El resumen de los eventos en los capítulos 13-14 (note 14:4)

   Note que la primera y segunda venida son mencionadas en estos últimos
   capítulos (9-14) sin referencia a esta era de la Iglesia. Jehová otra vez tomará y
   completará Su gran propósito con, para, y a través de Israel.

EL LIBRO DE MALAQUÍAS

1. **El libro**

Ahora llegamos al último libro del Antiguo Testamento. Malaquías significa "mi
mensajero." Él profetizó después de los días de Nehemías y la condición de los judíos
era deplorable. Él es "el puente" entre el Antiguo y Nuevo Testamento (3:1). Cuatro
cientos años de silencio hay entre la voz de Malaquías y la "voz de uno que clama en
el desierto" — (Juan 1:23).

2. **El mensaje central**

"He aquí viene" — 3:1 (última línea).

3. **La estructura del libro**
   - EL AMOR DE DIOS, AFIRMADO — 1:1-5
   - EL AMOR DE DIOS, DESPRECIADO — 1:6 — 2:17; 3:7-15
   - EL AMOR DE DIOS, DEMOSTRADO — 3:1-6; 3:16 — 4:6

4. **El amor de Dios, afirmado — 1:1-5**

"Yo os he amado, dice Jehová," sin embargo los israelitas hicieron preguntas indiferentes a Jehová. Estas preguntas vinieron de gente enojada que decía que Dios había fallado en probar Su amor. Note las siete preguntas:

(1)   ¿En que nos amaste? 1:2

(2)   ¿En qué hemos menospreciado tu nombre? 1:6

(3)   ¿En qué te hemos deshonrado? 1:7

(4)   ¿En qué le hemos cansado? 2:17

(5)   ¿En qué hemos de volvernos? 3:7

(6)   ¿En qué te hemos robado? 3:8

(7)   ¿Qué hemos hablado contra ti? 3:13

5. **El amor de Dios, despreciado — 1:6 — 2:17; 3:7-15**

El amor de Dios fue despreciado por los sacerdotes 1:6-2:9. Habían robado al Señor con ofrendas cojas y enfermas. Ellos daba menos de lo mejor. (Note 1:12-13 especialmente.)

El amor de Dios fue despreciado por el pueblo. Primero, robando a su hermano (2:10); luego por intermatrimonio (2:11); por su inmoralidad (2:14); por su insinceridad (2:17); por robar a Dios (3:8-10); por haber hablado contra el Señor (3:13-15).

6. **El amor de Dios, demostrado — 3:1-6; 3:16-4:6**

PRIMERO, mandando a su Hijo — 3:1-6

Esto fue anunciado por Juan el Bautista. Compare 3:1 con Mateo 11:10.

_____

_____

Su segunda venida será introducida por Elías, el profeta — 4:5-6. Vea:

- Lucas 1:11-17
- Mateo 11:10-14
- Juan 1:21

SEGUNDO, por recordar a los suyos — 3:16-17

Cuan preciosos son para Dios los suyos. Un "libro de recordatorio" es escrito conteniendo las "joyas" del Señor.

El Antiguo Testamento termina con el pensamiento primordial — "*Él viene.*" "Mas a vosotros los que teméis mi nombre, nacerá el Sol de justicia, y en sus alas traerá salvación" — 4:2.

"*Sí, ven, Señor Jesús*"

¿CUÁNTO RECUERDA USTED?

P.   *¿Quiénes son los tres profetas del pos-cautiverio?*

P.   *¿Cuál es el mensaje principal de Hageo?*

P.   *Las profecías de Isaías y Zacarías nos dan más que cualquier otro profeta acerca del tema de* _____ .

P.   *¿Cuál es el tema o mensaje de Zacarías?*

P.   *¿Cuándo escribió Malaquías su profecía?*

SU TAREA PARA LA PRÓXIMA SEMANA

1. La mayoría de las Biblias tendrán una o dos páginas entre Malaquías y Mateo acerca del período "de Malaquías a Mateo" conocido como los 400 años de silencio. Lea esto en detalle.

2. Repase sus notas de la lección en este bosquejo.

3. Marque su Biblia.

4. Esté presente este día del Señor para un estudio acerca del período "inter-testamentario."

Lección 26
El período inter-testamentario
o
Los cuatrocientos años de silencio

(Donde se proveen líneas, por favor lea y escriba todo el pasaje o la verdad principal del pasaje.)

1. **Los cuatrocientos años**

   El período entre Malaquías y Mateo cubre aproximadamente 400 años. No decimos que un conocimiento del período es necesario para comprender los Evangelios, pero es ventajoso para comprender algunos de los dichos de nuestro Señor y algunos de los grupos que Él tuvo que enfrentar.

   El canon de la Escritura del Antiguo Testamento terminó con Malaquías alrededor del 397 a.C.

2. **El principio**

   La condición de los judíos al *principio* de este período de cuatrocientos años debe de ser recordada. Doscientos años antes Jerusalén había sido destruida y el pueblo llevado a la cautividad en Babilonia (587 a.C.). (Los asirios destruyeron el reino del Norte de Israel 135 años antes, en 722 a.C.)

   Babilonia fue trastornada por el imperio medo-persa, como había sido pronosticado por Daniel (capítulos 2 y 7) y Ciro expidió la orden para que los judíos regresaran y reedificaran el templo. Bajo Zorobabel un "remanente" retornó y veintiún años después el templo fue terminado (515 a.C.). Esdras entonces tomó un pequeño grupo a Jerusalén y restauró la alabanza en el templo — seguido por Nehemías doce años más tarde para levantar los muros de la ciudad.

   Tal es la ilustración al principio de este período entre Malaquías y Mateo — el remanente judío regresa a Judá, el templo y Jerusalén son reedificados, la alabanza restaurada — pero grandes multitudes de judíos permanecieron en la tierra de su cautividad.

   Es en el remanente que encontramos preservado la historia judía entre el Antiguo y el Nuevo Testamento.

3. **El antecedente político**

   Los cuatrocientos años de historia de los judíos entre Malaquías y Mateo están en seis períodos:
   (1)   EL PERSA — 538 a.C.
   (2)   EL GRIEGO — 222 a.C.
   (3)   EL EGIPCIO — 323 a.C.
   (4)   EL SIRIO — 204 a.C.
   (5)   EL MACABEO — 165 a.C.
   (6)   EL ROMANO — 63 a.C., hasta Cristo.

4. **El dominio persa**

   Los persas gobernaron sobre Palestina hasta Alejandro el Grande y su imperio griego en 333 a.C. Este fue el segundo imperio mencionado por Daniel. Esto significa que los judíos estuvieron bajo el gobierno persa al final de Malaquías y permanecieron bajo ellos por los *primeros sesenta años del período inter-testamentario.*

Durante este mismo período, la *adoración rival* de los samaritanos se estableció. En 721 a.C. el reino del Norte de Israel, las diez tribus, fueron esparcidas por Asiria a "las ciudades de los medos." El emperador asirio pobló las ciudades de Israel con gente mezclada conocida como samaritanos. Es de esta gente que Nehemías enfrentó oposición en su camino a Jerusalén. (Nehemías 2:10 y 4:1-3) La rivalidad persistió a través del Nuevo Testamento.

5. **El dominio griego**

   Alejandro el Grande, a los veinte años de edad, transformó la faz del mundo en diez años. Daniel habló de él en su profecía en Daniel 7:6; Daniel 8:1-7, y 21-23.

6. **El dominio egipcio**

   Este fue el *período más largo de los seis* en el período inter-testamentario. La muerte de Alejandro el Grande resultó en que Judea cayó en las manos del *primer gobernador Tolomeo,* (Tolomeos era un linaje de reyes griegos sobre Egipto) Tolomeo Soter. Durante su reinado, el segundo Tolomeo (Filadelfio) fundó la librería alejandrina, *y la famosa traducción septuaginta del Antiguo Testamento fue hecha del hebreo al griego.*

   Palestina estaba convirtiéndose en el campo de batalla entre Egipto y Siria (Seleuco era de linaje de reyes sirios.)

7. **El dominio sirio**

   Esta fue la parte *más trágica del período inter-testamentario* para los judíos. Con la venida al poder de Antioco Epifanes en 175 a.C., un reinado de terror cayó sobre de todos los judíos. Él destrozó Jerusalén, derrumbó los muros, y mató a la gente. Él profanó el templo en toda manera — culminando en el ofrecimiento de un cerdo en el altar del sacrificio y luego levantando estatuas de dioses falsos en el altar. (Daniel 8:13)

8. **El período de los macabeos**

   Este es uno de los períodos más heróicos en toda la historia. El exceso de Antioco Epifanes provocó el movimiento del anciano sacerdote Matatías, y seguido por su hijo, Judas Macabeo. Judas Macabeo restauró el templo y los servicios ortodoxos fueron reinstituidos (siguiendo la profanación de Antioco). Judas Macabeo fue asesinado en una batalla contra los sirios. Su hermano, Jonatán, vino a ser el sumo sacerdote y líder, uniendo la autoridad civil y el sacerdocio en una sola persona, así comenzando el linaje de sumos sacerdotes hasmoneos (de Hashman, bisabuelo de los hermanos macabeos); Jonatán fue asesinado y Simon, su hermano, fue hecho líder. Simon fue asesinado y su hábil hijo Juan Hircano reinó veintinueve años. Después de los cambios entre los líderes hasmoneos, la familia de Herodes aparece en escena, dirigiendo hacia el período romano.

9. **El dominio romano**

   Judea vino a ser una provincia del Imperio Romano. Cuando el linaje de los macabeos terminó, Antipater fue designadó sobre Judea por Julio Cesar en el año 47 d.C. Antipater designó a Herodes, su hijo, gobernador de Galilea. Él fue designado rey de los judíos por Roma en el año 40 a.C. Él asesinó casi a toda su propia familia incluyendo a su esposa e hijos. *Este era "Herodes el Grande," quien fue rey cuando nuestro Señor nació.*

   Este es el trasfondo político de los judíos durante el período de los 400 años.

10. Trasfondo religioso durante los cuatrocientos años

El fondo político cambió a los judíos pero no más que los cambios en sus costumbres judaicas religiosas. Había nuevos grupos, tales como los escribas, fariseos, saduceos, y nuevas instituciones tal como la sinagoga y el sanedrín.

Debido a estos cambios en el judaismo, el período entre Malaquías y Mateo es importante.

La *Ley Oral*, después de ser dada oralmente por generaciones fue encargada para ser escrita cerca del final del segundo siglo d.C., al TALMUD y aún permanece como la autoridad para los judíos hasta este día. En los días de nuestro Señor, la Ley Oral permanecía principalmente oral. Él contradijo sus obstáculos en Mateo 15:1-9 y en el Sermón del Monte el dijo seis veces, "Oísteis que fue *dicho* — pero yo os digo." Su manera de referirse a las Escrituras era, "*escrito está.*"

11. Los fariseos y saduceos

Los fariseos sostenían que la Ley Oral fue dada a Moisés oralmente, a Josué, a los ancianos, a los profetas, y luego a los hombres de la Gran Sinagoga. *Los fariseos eran los intérpretes de la Ley Oral.*

Los saduceos rechazaban todo esto, sosteniendo solo "la Ley," queriendo decir el *Pentateuco*. Los saduceos negaban el mundo espiritual de los ángeles, inmortalidad, resurrección de los muertos (Hechos 23:8) mientras que los fariseos afirmaban todas estas doctrinas. Ellos siempre se opusieron uno al otro.

El nombre "*fariseo*" significa *"separatista." "Saduceo"* significa *"los justos."*

Usted encontrará referencias a los fariseos en Lucas 7:39; Lucas 15:2 y Mateo 9:11 y en muchos otros lugares.

Los saduceos son mencionados en Mateo 16:11; Mateo 16:1 y 22:23. También en Hechos 23:6.

12. Los escribas

Desde el tiempo de la cautividad de Babilonia, se desarrolló una nueva clase de escribas que no eran solamente escritores o secretarios, sino un nuevo cuerpo de hombres que vinieron a ser los expositores, guardianes, y maestros de las Escrituras. Ellos llegaron a ser una *orden distinguida* en la nación.

Tienen que ser distinguidos de los sacerdotes y de los fariseos. Ellos son mencionados en las Escrituras junto con los fariseos (Mateo 5:20; 12:38; 15:1; Marcos 2:16; Lucas 5:21) pero esto no quiere decir que eran iguales o aun juntos en función.

Nuestro Señor denunció a los escribas por su corrupción y su piedad externa — Mateo 23:13-18.

13. La sinagoga

No hay ni una palabra acerca de las sinagogas en el Antiguo Testamento, pero apenas que comenzamos el Nuevo Testamento los encontramos donde quiera. La sinagoga no existía antes de la cautividad, pero parece que fue originada en ese tiempo — cuando los judíos se volvieron totalmente de su idolatría. No había ya un templo judío y ellos necesitaban y deseaban la lectura de las Escrituras. Esta es la manera que se cree que comenzaron las sinagogas.

Los discursos en la sinagoga eran comunes en el tiempo de nuestro Señor — Mateo 4:23; 9:35; Lucas 4:15, 44; Hechos 13:5; 14:1; 17:10; 18:19.

La sinagoga era con*gregacional* y no sacerdotal. La gran institución de predicar tiene su *comienzo* en la sinagoga. Es con este fondo que la iglesia primitiva cristiana, como fue organizada por los apóstoles, tomó su forma principal de adoración. El título que se le dio a los líderes de la iglesia del Nuevo Testamento: ancianos, obispos, diáconos, todos son traídos de la sinagoga.

14. **El sanedrín**

Hay otra institución judía llamada el sanedrín, que en los tiempos del Nuevo Testamento era el *tribunal supremo civil y religioso* de la nación judía. EN ESTE CUERPO YACE LA VERDADERA RESPONSABILIDAD DE LA CRUCIFIXIÓN DEL SEÑOR JESÚS. Poncio Pilato era solamente un "sello de goma" del imperio romano.

El sanedrín es referido en los siguientes versículos aunque la palabra griega "sunedrion" es traducida como "concilio:"

- Mateo 26:59
- Marcos 14:55
- Marcos 15:1
- Lucas 22:66
- Juan 11:47
- Hechos 4:15
- Hechos 5:21, 27, 34, 41
- Hechos 6:12, 15
- Hechos 22:30
- Hechos 23:1, 6, 15, 20, 28
- Hechos 24:20

El sanedrín estaba compuesto del sumo sacerdote: veinticuatro "sacerdotes jefes" que representaban las veinticuatro órdenes del sacerdocio; veinticuatro "ancianos" llamados "ancianos del pueblo" (Mateo 21:23); veintidós "escribas" que interpretaban la ley en los negocios civiles y religiosos. Esto hace un total de setenta y un miembros del sanedrín.

¿Hay algún versículo más trágico en la historia de Israel que Mateo 26:59?

_____

_____

Tenían que tener la autorización de Pilato por la pena que pusieron sobre el Señor. Ellos se reunieron *ilegalmente* en el palacio del sumo sacerdote (Juan 18:15) en vez de en su propia sala de concilio. Todas sus acciones acerca de la muerte de Cristo eran ilegales y erróneas.

Con este fondo ligero e incompleto, podemos ver algunas de las instituciones que fueron establecidas durante el período de los 400 años, entre Malaquías y Mateo.

Para más material acerca de este período lea los libros 11, 12, y 13 de Josefo y 1 y 2 de Macabeos.

Estudiaremos la introducción al Nuevo Testamento y los cuatro Evangelios colectivamente la próxima semana en la lección 27. Luego dedicaremos el próximo estudio, la lección 28, al libro de Mateo, etc.

SU TAREA PARA LA PRÓXIMA SEMANA

1. En su Biblia (la mayoría de las traducciones) hay una introducción a "los cuatro Evangelios" dando en detalle su propósito y la presentación de los cuatro escritores de nuestro Señor. Lea esto en detalle cuando menos dos veces.

2. Repase la lección del período entre Malaquías y Mateo.

3. Marque los pasajes en su Biblia.

4. Esté presente el próximo día del Señor para el comienzo del Nuevo Testamento.

Lección 27
Introducción al Nuevo Testamento y a los cuatro Evangelios colectivamente

(Donde se proveen líneas, por favor lea y escriba todo el pasaje o la verdad principal del pasaje.)

1. **La idea correcta acerca del Nuevo Testamento**

   A menudo hemos oído el consejo de que al llegar al Nuevo Testamento no debemos de tener ideas preconcebidas, sino solo tener una mente abierta. Este consejo no es realmente sensato porque una mente abierta no es necesariamente una mente en blanco. Quizá perdamos mucho del Nuevo Testamento si llegamos a éste sin ciertas ideas correctas.

   La única idea correcta que usted debe de recordar acerca del Nuevo Testamento es esta: DOMINANDO TODO EL NUEVO TESTAMENTO ESTÁ EL PENSAMIENTO CARACTERÍSTICO Y EL CONCEPTO DE **CUMPLIMIENTO**.

2. **Cumplimiento — la clave del Nuevo Testamento**

   Mateo, desde el principio, usa la clave *12 veces*:
   - Mateo 1:22 — "para que se cumpliese"
   - Mateo 2:15, 17, 23 — "para que se cumpliese"
   - Mateo 4:14 — "para que se cumpliese"
   - Mateo 8:17 — "para que se cumpliese"
   - Mateo 12:17 — "para que se cumpliese"
   - Mateo 13:35 — "para que se cumpliese"
   - Mateo 21:4 — "para que se cumpliese"
   - Mateo 26:56 — "para que se cumplan"
   - Mateo 27:9 y 35 — "para que se cumpliese"

   Las primeras palabras de nuestro Señor cuando Él comenzó su ministerio fueron, "así conviene que cumpla*mos*" — Mateo 3:15.

   "He venido… *para cumplir*" — Mateo 5:17.

   Marcos registra las palabras de Jesús, "El tiempo se ha *cumplido*, y el reino de Dios se ha acercado" — Marcos 1:15

   Lucas registró las palabras de Jesús, "Hoy se ha cumplido esta Escritura delante de vosotros" — Lucas 4:21.

   Juan, en vez de dar la primera declaración del Señor, da la reacción de aquellos que le recibieron — Juan 1:41 "Hemos hallado" y otra vez en Juan 1:45. Entonces Juan enfatiza lo mismo que los otros escritores del Evangelio — "para que se *cumpliese*" siete veces:

   Juan 12:38; 13:18; 15:25; 17:12; 19:24; 19:28 y 36.

3. **El Nuevo Testamento es la respuesta para el Antiguo Testamento**

   Más precisamente, *Cristo es el cumplimiento* de todo lo que los profetas vieron, los salmistas cantaron y los corazones esperaron.

   Vamos a ilustrar:

Usted ha leído a través del Antiguo Testamento y la cosa que probablemente hizo una impresión más duradera es el predominio de los sacrificios de animales. Comenzando en Génesis 4, usted ha leído de estos sacrificios y ceremonias. La impresión se adhiere a su mente de que éstos señalan realidades fuera de sí mismos, sin embargo, esto no es explicado claramente.

Usted también leyó acerca del pacto de Dios con Noé, con Abraham, renovado con Isaac y Jacob. Usted vio las doce tribus liberadas de la esclavitud en Egipto, la Ley dada en el Sinaí, la invasión y ocupación de Canaán. Después vienen los jueces con decadencia y castigo para Israel — seguido por los libros de Samuel con el cambio de una teocracia a una monarquía. Los reyes traen la división del reino y ambos reinos son llevados en cautiverio. Las Crónicas repasan la trágica historia. En Esdras, Nehemías, y Ester, solamente un remanente regresa a Judea. El templo y los muros son reedificados pero el trono de David no. Usted lee a través de libros personales pero no hay nada que resplandezca en el remanente o entre los que fueron esparcidos — ni aun entre los profetas hasta Hageo, Zacarías, y Malaquías donde encontramos cosas que no están nada bien con el remanente y usted *nuevamente* siente — un propósito incumplido.

Y usted también leyó la profecía excepcional del Antiguo Testamento. Le habló a usted, y le habla ahora, como ningún otro acerca del futuro. Se enfoca en la idea de que ALGUIEN VIENE. Malaquías dice que "y vendrá… el Señor a quien vosotros buscáis…he aquí viene" (3:1). Pero el Antiguo Testamento termina con ese incumplimiento.

4. Pero ahora — el Nuevo Testamento completa y cumple el Antiguo

Los sacrificios del Antiguo señalaban a nuestro Señor — el *úncio* sacrificio. El propósito incumplido de Dios con su pueblo ahora es cumplido en su Mesías y nuestro Mesías. Las profecías del Antiguo Testamento encuentran su cumplimiento en nuestro bendito Señor.

En el Antiguo Testamento Él *viene* — en los Evangelios Él *ha venido* — en las Epístolas, Él *ya ha venido* por el bendito Espíritu Santo — en el Apocalipsis, Él viene *otra vez*. El cumplimiento de su primer venida prueba que las profecías del Antiguo Testamento son divinas — y garantiza igualmente que lo que todavía no se ha cumplido en los dos Testamentos verdaderamente se cumplirá.

5. Los cuatro Evangelios

¿Por qué hay cuatro Evangelios? El hecho es que con perfecta naturalidad Mateo, Marcos, Lucas, y Juan nos han dado cuatro presentaciones únicas del Señor Jesús, cada una teniendo su propio énfasis — con los cuatro juntos se hace un retrato completo del Dios-Hombre — Jesús, nuestro Señor.

Hay un paralelo importante entre los cuatro Evangelios y los "cuatro seres vivientes" de Ezequiel. Ezequiel 1:10 dice, "Y el aspecto de sus caras era cara de hombre, y cara de *león* al lado derecho de los cuatro, y cara de *buey* a la izquierda en los cuatro; asimismo había en los cuatro cara de *águila*." El león habla de fortaleza y reinado — el hombre, inteligencia elevada — el buey de servicio humilde — el águila habla de lo celestial, divinidad.

Siendo así, en los cuatro evangelios vemos:

En Mateo, el *Mesías-Rey* (el león)
En Marcos, *el siervo de Jehová* (el buey)

En Lucas, *el Hijo del Hombre* (el hombre)

En Juan, *el Hijo de Dios* (el águila)

Como *soberano*, Él viene a reinar y a gobernar. Como *siervo*, Él viene a servir y a sufrir. Como el *Hijo del Hombre*, el viene a compartir y a simpatizar. *Como el Hijo de Dios*, Él viene a redimir. En los cuatro Evangelios vemos — soberanía, humildad, humanidad, y deidad.

6. **El énfasis de los cuatro escritores**

Si seguimos el paralelismo de los cuatro escritores a los cuatro emblemas de Ezequiel — vemos que hay un parecido de la misma hermosa persona — el Señor Jesús:

(1) MATEO — el león era el emblema de la tribu de Judá, la tribu real de David. En Mateo, nuestro Señor es únicamente "*el León de la tribu de Judá,*" "la raíz de David" (Apocalipsis 5:5 e Isaías 11:1 y 10). Él es "el Rey — el Señor nuestra justicia" (Jeremías 23:5). La primera oración de Mateo nos da la clave; "Libro de la genealogía de Jesucristo, hijo de David, hijo de Abraham." (Note 1:17) Marcos no tiene genealogía mientras que Lucas regresa hasta *Adán*, y Juan hasta la *eternidad*.

Mateo es el evangelio en que nuestro Señor se ofrece a sí mismo a los judíos como su Mesías-Rey.

(2) MARCOS — el buey es el emblema de servicio humilde. El evangelio de Marcos es el "evangelio de acción." No se da ni una genealogía. El énfasis esta en la *actividad de Cristo* — el siervo humilde. La palabra característica es "inmediatamente."

(3) LUCAS — está "la cara del hombre." No hay obscuridad en su realeza o divinidad, ni en su humanidad. Su amada virilidad es elevada mientras Lucas habla de sus padres y de su nacimiento y aun después es llamado "*Rey*" y "*Salvador.*" Lucas habla de su niñez. Lucas 2:41-52.

(4) JUAN — el aspecto correspondiente al águila termina el patrón de Ezequiel. Juan regresa a la eternidad. "En el principio era el Verbo (Jesús), y el Verbo (Jesús) era con Dios, y el Verbo (Jesús) era Dios — Todas las cosas por él fueron hechas, y sin él nada de lo que ha sido hecho, fue hecho. En él estaba la vida, y la vida era la luz de los hombres" (Juan 1:1-4).

Juan lo presenta como el "Hijo de Dios" (1:18 y 34). Él es el "*Verbo,*" la "*luz,*" la "*vida,*" el "*Hijo,*" Él es Dios manifestado en la carne. Él es el Dios-Hombre.

7 **La diferencia extraordinaria de los cuatro escritores del Evangelio**

Mateo escribe con referencia a la *mente hebrea*, como usted notará de su referencia al Antiguo Testamento.

Marcos, el compañero de viaje de Pedro, escribe primordialmente a la *mente romana*, presentando a nuestro Señor enfatizadamente como el hacedor de milagros.

Lucas, el compañero de viaje de Pablo, y un doctor, escribe a la *mente griega* con el énfasis en la virilidad incomparable del Señor.

Juan, el escritor de la naturaleza divina de nuestro Señor, puede ser llamado el autor a la *iglesia,* pero hay más que un mensaje a la iglesia. Él revela a Jesús a todo el mundo, sin distinción racial, como la revelación divina de "gracia y verdad" a través del Verbo que se fue hecho carne, y habitó entre nosotros y vimos su gloria, gloria como del unigénito del Padre" (Juan 1:14).

8. Las características finales de los cuatro Evangelios

Mateo termina con la RESURRECCIÓN DE NUESTRO SEÑOR (Mateo 28).

Marcos termina su libro con la ASCENSIÓN DEL SEÑOR (Marcos 16:19-20).

Lucas termina con la promesa bendita del ESPÍRITU SANTO (Lucas 24:49).

Juan termina los cuatro con la promesa de la SEGUNDA VENIDA de nuestro Señor (Juan 21:20-23).

Así vemos que Mateo, el *evangelio del Mesías-Rey*, termina con la resurrección — la prueba coronada de su estado mesiánico.

Marcos, el *evangelio del siervo humilde,* termina con el humilde siendo exaltado a un lugar de gloria y honor.

Lucas, el *evangelio del hombre ideal*, termina con la promesa de un consolador para el hombre.

Juan, el *evangelio del Hijo divino*, termina con la propia promesa del Señor de su regreso.

Así que, los cuatro Evangelios son distintivamente el trabajo del Espíritu Santo a través de los escritores para darnos un retrato completo de nuestro bendito Señor.

¿CUÁNTO RECUERDA USTED?

P.   *¿Cuál es el pensamiento prominente en el Nuevo Testamento mientras usted deja el Antiguo?*

P.   *En su opinión, ¿qué hace el Nuevo Testamento al Antiguo?*

P.   *¿Por qué hay cuatro Evangelios?*

P.   *¿Cómo es presentado Cristo por los cuatro escritores?*

P.   *¿Cuáles son las diferencias especiales de los cuatro escritores?*

SU TAREA PARA LA PRÓXIMA SEMANA

1. Hay 28 capítulos en Mateo. Esto significa solo cuatro capítulos diarios. Trate de leer todo el   libro. Dejar de leer alguna parte estorbaría su comprensión de Cristo como Rey.
2. Repase nuestra introducción al Nuevo Testamento y los Evangelios.
3. Marque su Biblia.
4. Esté listo para comenzar Mateo el próximo día del Señor — comenzando el Nuevo Testamento.

Lección 28
El libro de Mateo

(Donde se proveen líneas, por favor lea y escriba todo el pasaje o la verdad principal del pasaje.)

1. **Los cuatro evangelios**

   Conforme entramos al Nuevo Testamento, recuerde que los cuatro evangelios, Mateo, Marcos, Lucas, y Juan dan cuatro presentaciones únicas del Señor Jesús:
   - MATEO — el Mesías-Rey
   - MARCOS — el Siervo de Jehová
   - LUCAS — el Hijo del Hombre
   - JUAN — el Hijo de Dios

   Los primeros tres evangelios son llamados a veces *evangelios sinópticos* (esto significa "proveer una perspectiva general, igual, o colectiva"), mientras que el libro de Juan es separado en tiempo y en carácter.

   Los "sinoptistas" presentan lo *externo*, los aspectos *humanos* y *públicos* de la vida de nuestro Señor.

   Juan revela lo *interno*, los aspectos *divinos* y *privados* de Su vida.

   Mateo presenta al Señor Jesús como Rey, el hijo de David, el hijo de Abraham, Salomón, y José (el antepasado legal de Jesús, Mateo 1:1-16); Lucas 3:23-38 registra su descendencia a través de María.

2. **Mateo**

   Mateo es el autor del libro. Él era un "publicano" (10:3), un judío que se convirtió en un cobrador de impuestos para los odiados romanos. Por lo tanto es considerado como un "publicano y pecador," lo cual indicó el bajo nivel moral. Él también es conocido como Leví en Lucas 5:27 y Marcos 2:14.

   Él se convirtió en un discípulo de Jesús (9:9) y luego en un apóstol (uno enviado) en el capítulo 10:2-3.

3. **El mensaje central**

   "Para que se cumpliese."

   (Mateo habla del Antiguo Testamento, presentando al prometido Mesías como Rey *doce* veces con la oración — "Para que se cumpliese.")

4. **La estructura del libro**

   (1) INTRODUCCIÓN — capítulo 1 al 4:1-11
   GENEALOGÍA — nacimiento de Cristo, Su bautismo y tentación

   (2) SU MINISTERIO EN GALILEA — capítulo 4:12 al 18
   SUS ENSEÑANZAS — capítulo 5 al 7
   SU TRABAJO — capítulo 8 al 10
   LA REACCIÓN de la gente — capítulo 11 al 18

   (3) SU MINISTERIO EN JUDEA — capítulo 19 al 28
   PRESENTACIÓN COMO REY — capítulo 19 al 25
   LOS EVENTOS DE SU CRUCIFIXIÓN — capítulo 26 al 27
   LA RESURRECCIÓN GLORIOSA — capítulo 28

5. **La introducción — capítulo 1 al 4:1-11**

(1) ¿Por qué la genealogía al principio? Mateo escribió primordialmente para los judíos, quienes de acuerdo a su Escritura, el Antiguo Testamento, creyeron que el Mesías iba a venir a través de cierta familia. Mateo solo tuvo que comenzar con Abraham, el padre de la nación hebrea — luego mostrar la descendencia a través de David y la promesa del pacto del Mesías. Note que en 1:7 hay 42 generaciones (línea masculina) de Abraham hasta Cristo. Esto es un milagro. Lucas 3:23-38 registra Su genealogía a través de María que concibió por el Espíritu Santo.

(2) El nacimiento de Cristo y los eventos acerca de Su venida

Las profecías del Antiguo Testamento y sus cumplimientos están enlistados. Mírelos y márquelos en su Biblia:

PROFECÍA	CUMPLIMIENTO EN EL NUEVO TESTAMENTO
• Isaías 7:14	• Mateo 1:22-23
• Isaías 11:1	• Mateo 2:23
• Jeremías 31:15	• Mateo 2:17-18
• Oseas 11:1	• Mateo 2:15
• Miqueas 5:2	• Mateo 2:5-6

(3) Inmediatamente después de Su bautismo (Mateo 3), Él fue tentado (Mateo 4). Es necesario darse cuenta de que nuestro Señor fue tentado como un HOMBRE. Él fue tentado en toda manera — *cuerpo*, "di que estas piedras se conviertan en pan," *alma*, "échate abajo," *espíritu* "si postrado me adorares." Esa es la técnica de Satanás, física, mental, y espiritual.

6. **Su ministerio en Galilea — 4:12 al 18**

En el capítulo 4:12 leemos, "Cuando Jesús oyó que Juan estaba preso, *volvió a Galilea*."

(1) SUS ENSEÑANZAS — del capítulo 5 al 7 tenemos las ense*ñanzas* de nuestro Señor, comúnmente llamadas *el Sermón del Monte*. Esta famosa enseñanza es acerca de:

- VIRTUDES, MORALES, MOTIVOS — capítulo 5 al 6:18
- MATERIAL, TEMPORAL, SOCIAL — capítulo 6:19 al 7:6
- ÁNIMO, RESUMEN, EXHORTACIÓN — capítulo 7:7 al 7:27

El Sermón del Monte es la ley del reino de nuestro Señor. Catorce veces Jesús dice, "os digo," mientras trata con la ley de Moisés (marque esto en su Biblia). Hay mucho que encontrar en este sermón para una vida práctica hoy. Lea y anote —

- Los dos CAMINOS — 7:13
- Las dos PUERTAS — 7:14
- Los dos DESTINOS — 7:21-23
- Los dos CIMIENTOS — 7:24-27

(2) SUS OBRAS — capítulo 8 al 10

En estos tres capítulos se registran *diez* milagros. Nombre cada milagro después de cada escritura enlistada:

8:1-4 _____

8:5-13 _____

8:14-15 _____

8:23-27 _____

8:28-34 _____

9:1-8 _____

9:18-22 _____

9:23-26 _____

9:27-31 _____

9:32-34 _____

Solo estos diez son mencionados en detalle aun cuando 9:35 dice que Él fue "sanando toda enfermedad y toda dolencia." Note las cosas extraordinarias dichas y preguntas hechas a Jesús mientras Él hacía estos milagros — Lea Mateo 8:18-22; 9:9-13; 9:14-17.

En el capítulo 10, Jesús escogió doce para que fueran sus testigos después de que Él regresara a su Padre. Ellos, también, debían de entrenar a otros. Mateo registra más de las instrucciones de Jesús a los doce que los otros evangelios. Los judíos debían de escuchar el evangelio primero (10:5) después los gentiles, Mateo 28:19.

(3) LAS REACCIONES DEL PUEBLO — capítulo 11 al 18

El "*reino*" — una palabra usada *55 veces* en este libro establece el evangelio del Rey. Los judíos entendían bien el término. En el Sinaí, Dios dijo a Israel, "vosotros me seréis un reino de sacerdotes, y gente santa" — (Éxodo 19:6). Los profetas se habían referido a esto una y otra vez.

Después de las enseñanzas de Cristo en referencia al Reino, los resultados de su ministerio en Galilea son evidentes:

(a) INTERROGADO — JUAN EL BAUTISTA — 11:2-15
(b) CIUDADES NO ARREPENTIDAS — 11:20-30
(c) FARISEOS IRRAZONABLES — 12:10, 14, 24
(d) MULTITUDES INCRÉDULAS — 13:13-15
(e) ESCRIBAS TRADICIONALES — 15:1-2
(f) "SEÑAL" DESEADA POR FARISEOS Y SADUCEOS — 16:1

El capítulo 13 da las "parábolas del reino de los cielos" (13:11) y esto requeriría una lección completa.

No podemos dejar esta sección sin mirar al capítulo 16:17-18.

Cuando el Reino fue rechazado, Jesús y sus discípulos fueron a Cesarea de Filipo y allí Él reveló la gran verdad de "la iglesia." La palabra "iglesia" quiere decir "los llamados a salirse" de "ecclesia." Él comenzó a edificar un nuevo edificio, un nuevo cuerpo de judíos y gentiles (Efesios 2:14-18 — léalo). Lea Hechos 10:34-48.

7. **Su ministerio en Judea — capítulo 19 al 28**

El capítulo 19 comienza con "Aconteció que cuando Jesús terminó estas palabras, se alejó de Galilea, y fue a las regiones de Judea." Desde este punto su ministerio está en Jerusalén y Judea.

(1)   SU PRESENTACIÓN COMO REY — capítulo 19 al 25

Con esto nos referimos a la presentación pública de nuestro Señor mismo a Jerusalén como el Mesías-Rey de Israel.

El viaje a la ciudad está en los capítulos 19 y 20. Nuestro Señor sabía los resultados de su presentación — 20:17-19 y 28.

En la entrada triunfal de nuestro Señor en 21:1-17, vemos que Él se ofreció a sí mismo como el Mesías-Rey de Israel y por consiguiente cumplió Zacarías 9:9.

_____

_____

Del capítulo 21:18 al capítulo 23 se nota un conflicto — ellos lo rechazaron y Él los rechazó (los mofadores y sectas). Él, quien anunció ocho "bendiciones" en Galilea, ahora pronunció ocho "ayes" en Jerusalén.

El discurso de los Olivos, acerca de las cosas que van a venir, se encuentra en los capítulos 24 y 25. Fue dicho *fuera* de la ciudad. Esta es una verdadera profecía hablada por un verdadero profeta. La entrada triunfal de Jesús termina con Sus palabras de triunfo final.

Usted se puede preguntar — "si Jesús sabía de su rechazo, ¿por qué se ofreció a sí mismo en Jerusalén?" Nuestro Señor ni aun una vez menciona su crucifixión sin su resurrección. Vea:

Mateo 16:21 _____

_____

Mateo 17:22-23 _____

_____

Mateo 20:17-20 _____

_____

Mateo 26:28-32 _____

_____

Estamos ahora en un período en el que podemos ver las profecías del discurso de los Olivos cumpliéndose ante nuestros propios ojos diariamente.

(2)   LOS EVENTOS DE SU CRUCIFIXIÓN — capítulo 26 al 27

PRIMERO, vemos que el Señor se aparta con los doce (26:1-56). Cristo vio todo lo que iba a suceder.

Anote 26:12. _____

_____

Luego en la cena Él revela la traición de Judas
26:25 _____

Luego establece que Su sangre es la sangre "del nuevo pacto" —
26:28. _____

SEGUNDO, Jesús está ante el cuerpo gobernante del Sanedrín, (26:57-75) y fue condenado por pretender ser el Mesías de Israel.

¡Él permaneció en silencio! Luego dijo, "Tú lo has dicho" — versículo 64. Fue culpado por blasfemia; Él fue sentenciado a morir — versículo 66.

TERCERO, Él está ante un gobernador romano (27:1-26).

CUARTO, la crucifixión (27:27-66). Mateo describe más vívamente que Marcos, Lucas, o Juan los acontecimientos milagrosos de cuando Él murió — la obscuridad al mediodía, el terremoto, las rocas que se partieron, las tumbas perturbadas — el velo del templo que se rasgó en dos, de arriba para abajo.

¡El crucificado es el Hijo de Dios!

(3) LA RESURRECCIÓN GLORIOSA — capítulo 28

Un capítulo corto — 20 versículos — da el clímax de todo lo victorioso para nuestra fe. Mateo no no se preocupa con argumentos teológicos de la realidad — sino solo con la realidad misma.

- El ángel anunció la resurrección — 28:1-7.
- El Señor Jesús es visto — versículos 8-10.
- La autoridades judías mienten acerca de su resurrección — versículos 11-15.
- La comisión a los once y a nosotros — versículos 16-20

8. **Estudio adicional en Mateo**:

(1) PARÁBOLAS — el Señor habló en parábolas en Mateo 13 con un propósito. Note la pregunta de sus discípulos en 13:10. Su respuesta explica su uso de las parábolas.

Lea 13:11. _____

_____

(2) "PEDRO Y LA IGLESIA" — Mateo 16

Cada creyente debe de saber que la iglesia no fue, y no es, edificada en Simón Pedro. La traducción real de 16:18 es "Tú eres *Petros* (una piedra) y sobre esta PETRA (una roca poderosa, Cristo) yo edificaré mi iglesia." Cristo fundó la "ecclesia," "los llamados a salirse" en Él, la Roca de nuestra salvación.

(3) EL DISCURSO DE LOS OLIVOS — Mateo 24 y 25

Este es el informe mismo de nuestro Señor de los últimos tiempos. Estudiado junto con todos los pasajes y referencias que están al margen de su Biblia le ayudará.

(4) LAS ÚLTIMAS SIETE PALABRAS DE JESÚS EN LA CRUZ

(La mayoría de la gente piensa que están en un solo evangelio y en orden. No es así.) Aquí están las últimas siete palabras.

¿CUÁNTO RECUERDA USTED?

P. *Mateo presenta a Cristo como el* _____ *.*

P. *¿Cómo se les llama a los tres primeros evangelios?*

P. *¿Cuál es el gran tema de Mateo?*

P. *¿Por qué Mateo da una genealogía y Lucas otra?*

P. *Mateo presenta el ministerio de Cristo en dos regiones. Nómbrelas.*

SU TAREA PARA LA PRÓXIMA SEMANA

1. Lea todo el libro de Marcos — 16 capítulos, menos de 3 capítulos diarios.
2. Repase su lección de Mateo.
3. Marque su Biblia de sus notas tomadas en clase.
4. Esté presente el próximo día del Señor para el Evangelio de Marcos.

Lección 29
El libro de Marcos

(Donde se proveen líneas, por favor lea y escriba todo el pasaje o la verdad principal del pasaje.)

1. **El trasfondo**

   Los cuatro evangelios tratan con el mismo material básico y los primeros tres son llamados los "sinópticos," que quiere decir "syn" = "juntos" y "opsis" = "un panorama" — siendo así, Mateo, Marcos, y Lucas son los sinópticos (dan un panorama parecido) mientras Juan relata los aspectos divinos de la vida de nuestro Señor.

   Marcos, conocido en la Escritura como Juan Marcos, escribió para los romanos (primordialmente). Juan era su nombre judío mientras que Marcos era su nombre romano. Él fue un judío, hijo de una María (Hechos 12:12). Él fue un compañero de Pablo en algunos de sus viajes. Él fue un aprendiz y compañero cercano de Pedro. Se cree que Pedro ganó a Marcos para el Señor y la influencia de Pedro es vista a través de este evangelio de Marcos. (Vea I de Pedro 5:13.)

2. **Marcos**

   Marcos presenta a Cristo como el *siervo*. Marcos presenta lo que Jesús *hizo* — Jesús *obrando*. Las obras de Jesús probaron quién era Él. No hay una genealogía al comienzo, como en Mateo, tampoco hay un registro del nacimiento de Cristo. Marcos cubre en el capítulo 1 lo que a Mateo le tomó ocho capítulos. Marcos omite mucho de lo que Jesús *dijo*.

   Marcos muestra *obra tras obra* del Señor — registrando veinte milagros en detalle. La palabra clave "EUTHEOS" traducida "en seguida," "inmediatamente," "luego." Ejemplos: 1:10, 18, 20, 30, 31, 42 (todos en el capítulo 1). La palabra aparece 42 veces en el libro de Marcos — solo 7 veces en el libro de Mateo y solo una vez en Lucas.

3. **El mensaje central**

   "Porque el Hijo del Hombre no vino para ser servido, sino para servir, y para dar su vida en rescate por muchos" — Marcos 10:45.

   ÉL ES EL SIERVO DE JEHOVÁ

   Vea Filipenses 2:7-8. _____

   _____

4. **La estructura del libro**
   - Santificación (introducción) — capítulo 1:1 al 13
   - Servicio — capítulo 1:14 al 8:30
   - Sacrificio — capítulo 8:31 al 15
   - Resurrección y ascensión — capítulo 16

5. **La introducción — santificación — capítulo 1:1 al 13**

   Marcos no pierde el tiempo en introducirnos a Jesús. Él declara simplemente en 1:1, "Principio del evangelio de Jesucristo" — note que Marcos no presenta el principio de Jesús sino del evangelio.

Luego cuatro voces anuncian al Señor Jesús:

- Versículo 1 — Marcos — "Jesucristo, HIJO DE DIOS"
- Versículo 3 — Isaías — "Preparad el camino DEL SEÑOR"
- Versículo 7 — Juan el Bautista — "Viene tras mí el que es MÁS PODEROSO"
- Versículo 11 — Dios — "Tú eres MI HIJO AMADO"

Éste, el "principio del evangelio," es de este modo introducido, e inmediatamente fue tentado. Note el versículo 12 — "el Espíritu le impulsó," indicando permiso divino, y en el versículo 13, "tentado por Satanás" — indicando tentación *real*.

6. **Servicio — (obras de Jesús) — capítulo 1:14 al 8:30**

El ministerio de Jesús en Galilea comienza "predicando el evangelio del reino" — 1:14-15.

Él seleccionó a cuatro para ser los primeros de los doce — 1:16-20.

Él *enseñó* (versíuclo 21); la gente estaba *admirada* (versículo 22) *de su doctrina; demonios* son echados fuera (versículos 23-26); una *fiebre* sanada (versículo 30); sanó…de *diversas* enfermedades (versículo 34); *leproso* sanado (versíuclo 41) — la gente *asombrada* de Su *autoridad* (versíuclo 27); Su *fama* (versículo 45) se divulgó por toda Galilea. Todo esto en el capítulo 1 — rápido, como se esperaría de Marcos.

El CAPÍTULO 2 trae reacciones rápidas:

— de los escribas — versículo 7

— de los fariseos — versículos 16 y 24

Note las respuestas perfectas de Jesús — versículos 8-11 y 17.

Estos dos capítulos son ejemplos de las obras poderosas del Maestro, mientras que en el capítulo 3, Él ordenó a los doce, y enfrentó más oposición — enseñó en parábolas en el capítulo 4.

El resto de esta parte de la estructura del libro es un registro de Su obra con los discípulos, más milagros y más oposición. Tales milagros revelaron la identidad de Cristo — como nunca antes se había visto en toda la tierra. Este era verdaderamente el Hijo de Dios — la gente se juntaba para ver y oír — el sanado, el agradecido, el bendecido — todos le aclamaban.

La luz se opaca y la escena cambia de pronto. Apenas después de que Pedro le dice, "Tú eres el Cristo" — el Señor empieza a enseñar el *por qué* de Su venida. El cambio es rápido y es aquí que el Señor tiene la cruz en su mente.

El Señor dice en 8:31:

"Y COMENZÓ A ENSEÑARLES QUE LE ERA NECESARIO AL HIJO DEL HOMBRE PADECER MUCHO, Y SER DESECHADO POR LOS ANCIANOS, POR LOS PRINCIPALES SACERDOTES Y POR LOS ESCRIBAS, Y SER MUERTO, Y RESUCITAR DESPUÉS DE TRES DÍAS." (Note en versículo 32 — "Esto les decía *claramente*" una palabra que Mateo y Lucas no usan.)

Sí, la escena cambió de *servicio* y de Sus obras al trágico *sacrificio* (en la estructura del libro).

7. **Sacrificio — capítulo 8:31 al 15**

La cruz es mencionada repetidamente en los labios de nuestro Señor. — Vea Marcos 9:12 y 31 (Escriba las frases claves acerca de Su muerte.)

_____

_____

Marcos 10:32-34 _____

_____

Marcos 10:45 (el versículo clave de Marcos) _____

_____

_____

Marcos 14:8 _____

_____

Marcos 14:24-25 _____

_____

En vez de un trono, Él sabía que habría una cruz. Del capítulo 11 hasta la cruz en el capítulo 15, Marcos describe viva y diferentemente los eventos de Mateo y Lucas. Por ejemplo: el *discurso de los Olivos* en Mateo tiene 97 versículos mientras que en Marcos solo hay 37 versículos.

Hay una ausencia de acusaciones tal y como ocurre en los otros evangelios. No hay denuncias de las ciudades impenitentes de Galilea (como en Mateo 11); no hay condenación de los escribas y fariseos (Mateo 23 y Lucas 11), y otras ausencias notables. ¿Por qué? La omisión de tales juicios pertenecen a un *Rey*, como en Mateo, y no benefician el aspecto de *siervo* de nuestro Señor como es registrado por Marcos.

Otra vez, de la misma manera, no se hace referencia en Marcos de la promesa del Reino al ladrón que se estaba muriendo en la cruz — no hay mención de Su derecho de citar legiones de ángeles, si Él así lo deseaba. Estos también son atributos de un Rey y no de un siervo.

8. **Resurrección y ascensión — capítulo 16**

La resurrección corporal de Jesucristo es una de las doctrinas cardinales de la fe cristiana. *Todos los cuatro evangelios registran este hecho*. Cada sermón en el libro de los Hechos es un mensaje de la resurrección.

Sin embargo, cuando llegamos a Marcos 16 — hay más discusión sobre los últimos doce versículos — de que si fueron o no una parte del canon original de las Escrituras — y se le da poca atención al *hecho* de la resurrección.

Primero, el hecho de la resurrección es dado en Marcos. Las mujeres, el ángel, la piedra, el reporte de la mujer a los discípulos (versículo 7) como el ángel dijo — las mujeres estaban asombradas y mudas en el versículo 8. (Esto no parece ser el lugar correcto para que Marcos terminara su evangelio y trataremos con esto en un momento.)

Note la gran comisión en el versículo 15. Aquí no oímos a un Rey decir, "Toda podested me es dada en el cielo y en la tierra," como en Mateo. Aquí en Marcos vemos en las palabras de Jesús que Sus discípulos tienen que tomar Su lugar y que Jesús serviría en, y a través de ellos. Lea y escriba 16:20:

_____

_____

Él es el Señor ascendido, el siervo altamente exaltado — trabajando en, y a través de nosotros. "Porque nosotros somos colaboradores de Dios" — I Corintios 3:9.

(LOS ÚLTIMOS DOCE VERSÍCULOS — Ya que los últimos doce versículos son una parte inspirada de la Escritura, y se nos ha sido dada como tal, hay muy poco que argumentar o aun discutir.

Mi propia opinión es que los escritos de Marcos fueron influenciados por el apóstol Pedro. A la mitad de este capítulo, Marcos tenía que escribir su propio y rápido registro de los eventos del versículo 9 en adelante. Su cambio brusco de una escena a otra es el estilo de Marcos.

El punto principal es — los últimos versículos dan *esperanza*, *seguridad*, *ayuda*, y *consuelo*. Éstos son parte de la Palabra de Dios. Acéptelos como tales.)

¿CUÁNTO RECUERDA USTED?

P. *¿Cómo son llamados los tres primeros evangelios?*

P. *¿Cuál es el otro nombre de Marcos?*

P. *¿A quién le escribió Marcos primordialmente?*

P. *¿Cómo presenta Marcos a Cristo?*

P. *¿Cuál es la palabra clave en Marcos? ¿y el versículo clave?*

SU TAREA PARA LA PRÓXIMA SEMANA

1. Lea el libro completo de Lucas — cuatro capítulos o menos diariamente.
2. Repase sus notas de Mateo y Marcos.
3. Marque su Biblia.
4. Esté presente para el estudio de Lucas el próximo día del Señor.

Lección 30
El libro de Lucas

(Donde se proveen líneas, por favor lea y escriba todo el pasaje o la verdad principal del pasaje.)

1. **Lucas, el hombre**

   En el libro de Mateo, Jesús es presentado como *Rey*. En Marcos, Él es el *siervo*. Ahora que venimos al libro de Lucas, Jesús es presentado como el *Hijo del Hombre*. Recuerde que Mateo escribe a la mente hebrea; Marcos a la mente romana, mientras que Lucas a la mente griega.

   Lucas, el médico, escribió Lucas y también el libro de Hechos. Ambos, Lucas y Hechos, son dirigidos a la misma persona — "Teófilo" (Lucas 1:3, Hechos 1:1). Sabemos menos de Lucas que de ningún otro escritor del Nuevo Testamento. Nunca se refiere a sí mismo en el evangelio — y en el libro de los Hechos, solo se refiere a sí mismo donde las palabras "nos" y "nosotros" son usadas cuando él es una parte del grupo de compañeros de viaje de Pablo.

   Por ejemplo — los cambios de "ellos" a "nosotros" en Hechos 16:10 indican que él vino a ser un acompañante de Pablo en Troas. Note también en Hechos 10:6 — y de ese punto en adelante Lucas estuvo con Pablo hasta el martirio de éste (Colosenses 4:14; II Timoteo 4:11). Sabemos que él era un médico por las palabras de Pablo en Colosenses 4:14 — "Os saluda Lucas el médico amado, y Demas." Vemos indicios de su manera de pensar como un médico en sus propios escritos. "Me ha enviado a *sanar*" — 4:18 (hablado por nuestro Señor). "Médico, cúrate a tí mismo" — 4:23. Algunas referencias relacionado a lo físico son encontradas en 5:12; 5:18; 7:2; 13:11.

2. **El mensaje central**

   "Porque el Hijo del Hombre vino a buscar y a salvar lo que se había perdido" — Lucas 19:10.

   La frase clave del libro es "*Hijo del Hombre*" porque Lucas trata con la humanidad de nuestro Señor.

3. **La estructura del libro**

   EL NACIMIENTO, LA NIÑEZ, Y LA MADUREZ DE JESÚS — capítulo 1 al 4:13

   SU MINISTERIO EN GALILEA — capítulo 4:14 al 9:50

   SU VIAJE A JERUSALÉN — capítulo 9:51 al 19:44

   SU SACRIFICIO Y TRIUNFO — capítulo 19:45 al 24

4. **El nacimiento, la niñez, y la madurez de Jesús — capítulo 1 al 4:13**

   (1) Lucas se sumerge en el nacimiento de Jesús y su informe no tiene paralelo en los otros evangelios. Marcos y Juan nada dicen acerca de Su nacimiento en Belén. Mateo da un informe de Su nacimiento pero él no describe, como lo hace Lucas, Su nacimiento, Su niñez, y madurez del Señor; y su informe es solo una cuarta parte que el de Lucas.

   (2) Mateo y Lucas dan una genealogía mostrando a los ancestros del Señor. Mateo comienza su libro con su genealogía pero Lucas no la menciona hasta después del bautismo de Jesús. La razón, pensamos, es que lo más importante para

Mateo es establecer la línea o herencia davídica de Jesús al trono — en cambio, Lucas se preocupa primero con el verdadero nacimiento humano, crecimiento, y masculinidad *perfecta*.

(3) Mateo da la genealogía a través de *José* quien *legalmente* era, no físicamente, el padre de Jesús. Lucas da su genealogía a través de *María,* quien verdaderamente fue la madre de *Su* naturaleza humana.

Mateo comienza con Abraham y sigue hasta David — *realeza*. Lucas regresa a Adán y sigue el rastro de Jesús hasta el punto de Su aparición en la historia de la raza como *humano* — como el Hijo del Hombre. (Juan va más allá de Adán, hasta la eternidad, como veremos en ese estudio.)

(4) Esta parte de Su vida cubre un período de treinta años (3:23). Los primeros dos capítulos cubren los primeros doce años (2:42). "Jesús crecía en sabiduría y en estatura" (2:52). Después del bautismo de Jesús, Él fue tentado y Lucas nos dice "*Jesús, lleno del Espíritu Santo* — fue llevado por el Espíritu al desierto por cuarenta días, y era tentado por el diablo" (4:1-2). Esto es para mostrarnos que nuestro Señor, tentado y probado, fue controlado por el Espíritu Santo. Después de Su bautismo y los informes acerca de ese evento — Él fue puesto, como nosotros lo somos después de una bendición, en una posición de prueba y tentación.

5. **El ministerio en Galilea — capítulo 4:14 al 9:50**

(1) El registro de Lucas del ministerio de nuestro Señor en Galilea es más corto que los de Mateo o Marcos. El énfasis, como vimos en Mateo, es en lo que Jesús *dijo*; en Marcos en lo que Jesús *hizo*, mientras que en Lucas es en *Jesús mismo*.

(2) El ministerio galileo comienza con Jesús en la sinagoga de Nazaret (registrado solo por Lucas) y con énfasis en la naturaleza humana de Jesús mismo.
Lucas 4:18, 21, 22 _____

_____

(3) Solamente en Lucas le encontramos enseñando acerca de la abundancia de pescado y cuando Pedro se da cuenta de Su poder maravilloso (capítulo 5).
En el capítulo 7, solo en Lucas, Él da vida al hijo de la viuda de Naín.
Estos son solo dos ejemplos del énfasis de Lucas en Sus sentimientos humanos.

(4) Jesús escogió a los doce apóstoles (4:14-6:11) y luego los envió como un ministerio multiplicado (9:1-17).
La confesión de Pedro (9:18) marca un cambio y de aquí en adelante Jesús habla de Su rechazo cercano y muerte.

(5) La transfiguración (9:27-36) fue una evidencia divina de Él como el Hijo de Dios. Aquí en Lucas, Él es descrito como el mensajero divino. Note 9:35, "Este es mi Hijo amado; *a él oíd*."

(6) Su último milagro público en Galilea, antes de ir a Jerusalén, fue la liberación del hijo endemoniado (9:37-50).
Nota: es con estos últimos tres eventos que encontramos una referencia a la Cruz:
Lea 9:22 _____

_____

9:31 _____

_____

9:44 _____

_____

6. **Su viaje a Jerusalén — capítulos 9:51 al 19:44**

   (1)   En todos estos capítulos (11) solo hay *cinco* milagros reportados en comparación con veintiún milagros en los pocos capítulos de Su ministerio en Galilea. En esta sección hay un gran número de *dichos, hechos, parábolas, reprensiones* — todo reflejando a ese HOMBRE INCOMPARABLE.

   (2)   Lucas ha preservado para nosotros algunos de los tesoros invaluables de estos dichos e incidentes que no están reportados por ninguno de los otros tres escritores de los evangelios. Lo único que usted tiene que recordar es el arte de responder de nuestro Señor. Anote:

      13:1-5 _____

      13:31-33 _____

      17:20-21 _____

   (3)   Esta sección se divide en dos secciones casi iguales — la que termina con el *primer* lamento de Jesús sobre Jerusalén en 13:34 y el *segundo* lamento en 19:41-44.

      No se olvide que esta sección es acerca de Su viaje a Jerusalén. Para que usted marque el pasaje, lea el capítulo 31:22-33 y escriba el versículo 22:

      _____

      _____

      y versículo 33 _____

      _____

7. **Su sacrificio y triunfo — capítulo 19:45 al 24**

   (1)   Esta última sección comienza con el Señor en el templo y termina con Su *crucifixión, sepultura, resurrección, y ascensión.*

   (2)   Su naturaleza humana es vista a través de toda esta sección en "y era su sudor como grandes gotas de sangre" — (22:44) — en Su oración, Su tortura — pero vemos más de Su deidad en Sus *respuestas*, Su *rendimiento*, Su *resurrección*, Su *ministerio* como el Cristo resucitado y Su *ascensión* — después la gente estaba "siempre en el templo, alabando y bendiciendo a Dios" — (24:53).

8. **Algunas cosas que distinguen a Lucas**

No podría dejar este evangelio sin señalar las diferencias en Lucas comparándolas con los otros escritores del evangelio.

   (1)   LA DEPENDENCIA HUMANA DE JESÚS EN LA ORACIÓN

      Mateo y Marcos también registran la oración en el Getsemaní — pero además de esto, el compromiso de nuestro Señor con la oración ocurre solo dos veces en Mateo (14:23; 27:46), y dos veces en Marcos (6:46; 15:34). En Lucas, la vida de oración de Jesús es mostrada varias veces. Vea:

- Lucas 3:21 — "también Jesús fue bautizado; y orando"
- Lucas 5:16 — "Mas él se apartaba…y *oraba*"
- Lucas 6:12 — "y pasó la noche *orando* a Dios"
- Lucas 9:18 — "mientras Jesús *oraba* aparte"
- Lucas 9:28 — "y subió al monte a *orar*"
- Lucas 9:29 — "Y entre tanto que *oraba*, la apariencia de su rostro se hizo otra"
- Lucas 11:1 — "Jesús *orando* en un lugar"
- Lucas 22:32 — "pero yo he *rogado* por tí" — por Pedro
- Lucas 22:44 — "*oraba* más intensamente"
- Lucas 23:34 — sus primeras palabras en la cruz — una *oración*
- Lucas 23:46 — sus últimas palabras en la cruz — una *oración*

(2) SU ENSEÑANZA ACERCA DE LA ORACIÓN
- Lea Lucas 11:9-10 — (una petición a la medianoche)
- Lea Lucas 18:1 — ("orar siempre, y no desmayar")
- Lea Lucas 18:9-14 — (humildad en oración)
- Lea Lucas 21:36 — ("en todo tiempo orando")
- Lea Lucas 22:46 — ("Levantaos, y orad")

Muchos otros momentos y referencias a la oración están en Lucas que es a veces llamado el Evangelio de la Oración.

(3) TAMBIÉN EN LUCAS ESTÁ LA PROMINENCIA DEL ESPÍRITU SANTO.

Él es mencionado más en Lucas que en Mateo y en Marcos y aún más que en Juan.

Note: Lucas 1:35 — el Espíritu Santo y la concepción de Cristo
Lucas 4:1 — solo Lucas dice "lleno del Espíritu Santo"
Lucas 4:14 — solo Lucas dice "volvió en el poder del Espíritu"
Lucas 4:18 — solo Lucas dice "El Espíritu del Señor esta sobre mí — me ha ungido"
Lucas 11:13 – solo Lucas dice "cuánto más vuestro Padre celestial dará el Espíritu Santo" (Vea *la diferencia en Mateo 7:11.*)

(4) LUCAS ENFATIZA EL MINISTERIO TODO INCLUSIVO DE JESÚS.

Esto puede ser visto en las parábolas que solo están en Lucas — enfatizan los pensamientos del *Hijo del Hombre*:

— los dos deudores — 7:41-50
— el buen samaritano — 10:30-37
— la gran cena — 14:16-24
— la moneda perdida — 15:8-10
— el hijo pródigo— 15:11-32
— el fariseo y el publicano — 18:9-14

El ministerio de Lucas en presentar a Cristo como el Hijo del Hombre es muy evidente. Esto es expresado en las palabras de Simeón en Lucas 2:29-32.

Solo Lucas registra los comentarios de nuestro Señor acerca de la viuda de Sidón y el gentil Sirio, Naamán — (4:26-27).

Solo Lucas dice de los diez leprosos limpiados y uno, un *samaritano*, regresa a dar gracias (17:15-16).

(5) LUCAS REGISTRA LA PROMINENCIA DADA A UNA MUJER POR JESÚS.

Solo Lucas registra cuando Jesús perdona a una mujer "que era pecadora" — 7:37-50.

El cuidado de Marta, quien estaba "afanada y turbada...con muchas cosas" — 10:41

Solo Lucas registra el incidente de sanidad de "una mujer que desde hacía dieciocho años tenía espíritu de enfermedad" — 13:10-17.

Solo Lucas registra la "mujer que tiene diez dracmas" — 15:8.

Solo Lucas registra el incidente de Jesús diciéndole a las mujeres — "Hijas de Jerusalén, no lloréis por mí" — 23:28.

Solo Lucas nos dice de la madre de Juan, Elisabet — 1:5, y de Ana y su adoración al Señor — 2:36-38.

Hay otras referencias de mujeres en Lucas, pero de estos ejemplos usted puede ver el lugar de la mujer en el corazón de Jesús. Hay mucho que no se pudo decir acerca de este libro — y acerca de Lucas. Estudie cuidadosamente las referencias del ministerio de Lucas con Pablo.

¿CUÁNTO RECUERDA USTED?

P.   *¿Cuál era la profesión de Lucas?*

P.   *¿Cuáles libros del Nuevo Testamento escribió él?*

P.   *¿Cuál es la frase clave en Lucas?*

P.   *¿Qué aspecto de Cristo presenta Lucas?*

SU TAREA PARA LA PRÓXIMA SEMANA

1. Lea el Evangelio de Juan — 21 capítulos — 3 capítulos diarios.
2. Repase sus notas del Evangelio de Lucas.
3. Marque su Biblia de sus notas.
4. Esté en clase en el próximo día del Señor para estudiar el Evangelio de Juan.

Lección 31
El libro de Juan

(Donde se proveen líneas, por favor lea y escriba todo el pasaje o la verdad principal del pasaje.)

1. **El libro**

   El Evangelio de Juan trae a un clímax el propósito *completo* de Dios en Cristo. En los otros tres evangelios aprendimos lo que Jesús dijo — lo que hizo, y lo que sintió. Hemos visto los puntos altos de su vida y ministerio —

   - SU NACIMIENTO SOBRENATURAL
   - SU BAUTISMO
   - SU TENTACIÓN
   - SU TRANSFIGURACIÓN
   - SU CRUCIFIXIÓN
   - SU RESURRECCIÓN
   - SU ASCENSIÓN

   En los tres evangelios anteriores hemos aprendido lo *que* Él era y ahora Juan presenta la finalización de *quién* era Él. Los otros tres son una *presentación* de Cristo — Juan es una *interpretación* de Él. Los primeros tres muestran lo *externo* de Jesús y Juan muestra lo *interno* de Jesús. Juan verdaderamente expone lo *divino* — Él es *Dios-Hombre*. Los tres escritores anteriores están interesados principalmente con lo que Jesús decía públicamente, mientras Juan trata con sus conversaciones y pensamientos privados.

2. **El autor**

   Juan, el apóstol, es el autor. Él era el hijo de Zebedeo, hermano de Jacobo (Mateo 4:21). Estos dos fueron apellidados por nuestro Señor "Hijos del trueno" (Marcos 3:17). Juan escribió tres epístolas, el Apocalipsis, y este evangelio. Juan era el amado pastor de Efeso, y después (95 d.C.), fue exiliado a Patmos por el emperador Domiciano donde escribió el libro de Apocalipsis.

3. **La verdad central**

   "Mas a todos los que le recibieron, a los que creen en su nombre, les dio potestad de ser hechos hijos de Dios" (Juan 1:12).

   A TRAVÉS DE TODO EL EVANGELIO TAMBIÉN ESTÁ RESPLANDECIENDO JUAN 20:31: "Pero éstas se han escrito para que creáis que Jesús es el Cristo, el Hijo de Dios, y para que creyendo, tengáis vida en su nombre."

4. **La estructura del libro**

   (1) EL PRÓLOGO — CAPÍTULO 1:1-18
   (2) SU MINISTERIO PÚBLICO — CAPÍTULO 1:19 AL 12:50
   (3) SU MINISTERIO PRIVADO — CAPÍTULO 13 AL 17
   (4) SU SUFRIMIENTO Y MUERTE — CAPÍTULOS 18 Y 19
   (5) VICTORIA SOBRE LA MUERTE — CAPÍTULOS 20 Y 21

5. **El prólogo — capítulo 1:1-18**

(1) En el prólogo hay tantas cosas que captan nuestra atención. Note, no obstante, cuatro nombres o designaciones de nuestro Señor: "VERBO" — "VIDA" — "LUZ" — "HIJO." (Note los versículos 1, 3, 9, 18.)

(2) En relación al Padre, Él es el *Verbo* y el *Hijo*.

Nuestro Señor Jesús es el *Verbo* (versículo 1), la expresión de Dios hacia todo hombre y también la expresión de Dios ante toda la creación (versículos 2 y 3). Jesús no viene del principio, Él era *en* el principio — Él no solo estaba *con* Dios — Él *era* Dios — (versículo 1).

Jesús es el *Hijo*, "en el seno" del Padre…no puede haber paternidad eterna sin filiación eterna.

(3) En relación a *nosotros*, Él es *vida* y luz. De Él irradia toda iluminación, intelectual y espiritual — (versículos 4-9). Estas dos palabras, *vida* y *luz,* van juntas, o corresponden con el *Verbo* y el Hijo.

Como el *Verbo*, Él, Jesús, es el expresador, revelador, iluminador, la *luz*.

Como el *Hijo*, Él, Jesús, es el vivificador, el que imparte vida — Dios en la carne (encarnado).

(4) Junto con estos títulos hay otras dos palabras que usted debe de notar — "gracia" y "verdad" (versículos 14 y 16). El encarnado (el que se hizo carne) está "lleno de *gracia* y de *verdad*" — lleno de "gracia" para *redimir* al hombre y lleno de "verdad" para *revelar* a Dios — porque Él es el Dios-Hombre, revelador, redentor.

(5) Para que usted no se olvide de los hechos del prólogo usted puede recordar el diagrama comparando el versículo 1 con el 14:

Versículo 1	Versículo 14
En el principio era el VERBO	Y aquel VERBO fue hecho carne
y el VERBO era con DIOS	y habitó entre nosotros
y el VERBO era DIOS	lleno de gracia y de verdad

(6) Note especialmente el versículo18 — "A Dios nadie le vio jamás; el unigénito Hijo, que está en el seno del Padre, él le ha dado a conocer" (hecho manifiesto — en un panorama completo o revelación).

(7) Jesús, el Verbo, era en el principio con Dios.
Vea Colosenses 1:15-19. _____

_____

Vea I de Juan 5:7. _____

_____

6. **Su ministerio público — capítulo 1:19 al 12:50**

(1) Juan registra siete señales, o milagros que prueban que Jesús es el Hijo de Dios. Nicodemo dice esto en Juan 3:2:

_____

_____

146

Los siete milagros son:
- Convertir el agua en vino — 2:1-11
- Sanar al hijo de un noble — 4:46-54
- Sanar un hombre en Betesta — 5:1-18
- Alimentar a los 5000 — 6:1-14
- Caminar sobre el agua — 6:15-21
- Sanar a un hombre ciego — 9:1-41
- Resucitar a Lázaro — 11:1-57

(2)   Juan registra el capítulo del "nuevo nacimiento" y la conversación de Jesús con Nicodemo — capítulo 3.

Lea especialmente — del versículo 3 al 18 — Subraye su Biblia.

(3)   Juan registra el incidente con la mujer samaritana en 4:1-42. Él revela que Él es "el agua de vida." ¿Qué hizo la mujer? versículo 39:

_____

_____

(4)   El testimonio cuádruple de Cristo — 5:32-47

En respuesta a lo judíos acerca de sus milagros, Jesús da cuatro testimonios de que Él es el Mesías —

a.   Juan el Bautista — 5:33-35
b.   Sus obras — 5:36
c.   El Padre — 5:37-38
d.   Las Escrituras — 5:39-47

(5)   La sanidad del hombre ciego en el capítulo 9 — Jesús dio el gran discurso sobre el Buen Pastor en el capítulo 10. Lea especialmente los versículos 14 y 27-30.

_____

_____

_____

(6)   La resurrección de Lázaro es la última "señal" (capítulo 11) en el Evangelio de Juan. Él había estado muerto por cuatro días, pero eso no hizo diferencia. Note la referencia de Marta a "la resurrección en el día postrero." Aquí entonces son registradas las grandes palabras de Jesús sobre la resurrección, muerte, y vida — Lea los versículos 25 y 26:

_____

_____

7.   **Su ministerio privado — capítulo 13 al 17**

(1)   Aquí vemos el corazón de Jesús. Él enseña con cada palabra y cada acto a sus discípulos y a nosotros.

Capítulo 13 — humildad — versículo 5; limpieza — versículo 10; amor — versículo 34

Capítulo 14 — consuelo, Su segunda venida — versículos 1-6; promesa del Espíritu Santo — Lea los versículos 16-18 y 26:

_____

_____

_____

Capítulo 15 — permaneciendo en Cristo — versículos 7-9; otra promesa del Espíritu Santo — versículos 26-27:

_____

_____

_____

Capítulo 16 — la obra del Espíritu Santo — versículos 7-11; nueva verdad revelada por el Espíritu Santo — versículos 12-14:

_____

_____

Capítulo 17 — oración de Nuestro Señor — Note los versículos 11, 17, 21, 24.

_____

_____

(2) Note en toda esta sección que Jesús promete la venida del Espíritu Santo, a quien Jesús enviaría después de Su ascensión, como el Consolador que viene del Padre. El Espíritu Santo siempre glorifica a Jesús, no a sí mismo (el Espíritu Santo). El Espíritu Santo es nuestro maestro, nuestro guía, nuestro consolador — (capítulo 13 al 17).

8. **Su sufrimiento y muerte — capítulos 18 y 19**

(1) De la oración del capítulo 17, Jesús va al huerto del Getsemaní (capítulo 18:1 "un huerto") seguido por Su arresto — juicio — azote — crucifixión — muerte. Ninguna de estas experiencias Él trató de retardar o evitar. El "varón de dolores y experimentado en quebranto" fue "obediente hasta la muerte, y muerte de cruz" — Filipenses 2:8.

(2) Su juicio judío ante Anás, el sumo sacerdote — 18:12-14; 19-23
Su juicio romano ante Pilato — 18:28-38
   • ante Herodes — Lucas 23:6-12
   • ante Pilato otra vez — Juan 18:39-19:36

(3) Su muerte — usted debe de recordar estas seis cosas:
   a. Su identidad — 19:19
   b. Sus vestidos — 19:23
   c. Su madre — 19:25-27
   d. Su muerte — 19:28-30
   e. Su muerte verificada — 19:36 (del Antiguo Testamento)
   f. Su cuerpo sepultado — 19:38-42 (Note que Nicodemo es mencionado en el versículo 39)
   Solo Juan registra "*consumado es.*"

9. **Victoria sobre la muerte — capítulos 20 y 21**

(1) Al tercer día la tumba estaba vacía y Él salió de la tumba con un cuerpo espiritual. Él apareció diez distintas veces después de su resurrección — la séptima vez se apareció a Tomás. (Lea Juan 20:28.)

(2) Su última palabra de instrucción fue para Pedro y para nosotros, "Sígueme — hasta que yo venga" — (21:22).

10. **Las mayores diferencias en el Evangelio de Juan**
    (1)   OMISIONES en el Evangelio de Juan
          • No se registra ni una genealogía (como en Mateo y Lucas)
          • No hay registro de Su nacimiento — porque Él era "en el principio"
          • Nada acerca de Su niñez
          • Nada acerca de Su tentación
          • Nada acerca de Su transfiguración
          • No hay registro de Su ascensión
          • No hay gran comisión
          (Lea capítulo 21:25 y vea cuánto no fue escrito.)
    (2)   Las TRES CLAVES al Evangelio de Juan —
          Juan 20:31 _____

          _____

          Juan 16:28 _____

          _____

          Juan 1:12 _____

          _____

    (3)   UN PARALELO EXTRAORDINARIO
          Hay un paralelo extraordinario entre los muebles del tabernáculo y el Evangelio
          de Juan. El acercamiento a Dios es uno y el mismo en ambos. Juan nos dirige
          exactamente en el mismo orden de los siete artículos de muebles, a las grandes
          realidades espirituales que tipifican.

          Él comienza en el capítulo 1 guiándonos al ALTAR DE BRONCE del sacrificio
          — "He aquí el Cordero de Dios," etc. — versículo 29.

          En el capítulo él 3 nos lleva al LAVABO DE LIMPIEZA Y RENUEVO — "que el
          que no naciere de agua y del Espíritu" — versículo 5.

          En los capítulos 4-6 nos lleva a la MESA PARA EL PAN DE LA PROPOSICIÓN
          con su comida y bebida acerca del "agua viva" — 4:14 y "el pan vivo" — 6:51.

          En los capítulos 8 y 9 Juan nos lleva al CANDELERO DE ORO porque dos
          veces oímos a Jesús decir "Yo soy la luz del mundo" — 8:12 y 9:5.

          En los capítulos 14-16 estamos en el ALTAR DEL INCIENSO dorado aprendiendo
          a orar — oraciones como un incienso fragante cuando son respiradas en el
          nombre de Él, nuestro Señor — 14:13-14; 16:23-24.

          En el capítulo 17 — la gran oración de intercesión de Jesús, nuestro Sumo
          Sacerdote, nos lleva a través del "velo" al Lugar Santísimo — todo el capítulo 17.

          En los capítulos 18 y 19 vemos el Calvario — como Jesús es el ARCA DEL
          PACTO y el PROPICIATORIO rociado con Su propia sangre — en el capítulo
          20 promete retornar a Su Padre y nuestro Padre y a su Dios y a nuestro Dios.

          *Para que no olvide esta enseñanza del Antiguo Testamento en referencia a
          Cristo — hicimos este diagrama para usted.*

Muebles del Tabernáculo	Significado Simbólico en el A.T.	Significado Figurativo
1. El altar de bronce	Expiación a través del sacrificio	Expiación de Cristo en la Cruz
2. El lavabo	Renuevo espiritual	Cristo limpiándonos toda "mancha y arruga"
3. La mesa para el pan de la proposición	Alimentación espiritual	Cristo como nuestro pan de vida
4. El candelero de oro	Iluminación	Cristo — nuestra luz
5. El altar del incienso	Pidiendo humildemente	Oración en el nombre de Jesús
6. El arca	Acceso solo a través del sumo sacerdote	Cristo, nuestro acceso a Dios
7. El propiciatorio	Vindicación a través del sacrificio	Cristo es el propiciatiorio — "propiciación" — Romanos 3:25

(4)   LOS SIETE "YO SOY"

Jesús revela Su divinidad — Su naturaleza divina en estos dichos:

1. "Yo SOY el pan de vida" — 6:35
2. "Yo SOY la luz del mundo" — 8:12
3. "Antes que Abraham fuese, yo SOY" — 8:58
4. "Yo SOY el buen pastor" — 10:11
5. "Yo SOY la resurrección y la vida" — 11:25
6. "Yo SOY el camino, la verdad, y la vida" — 14:6
7. "Yo SOY la vid verdadera" — 15:1

Hay tanto que hemos tenido que dejar fuera de la lección — pero yo quiero animarle a leer y a marcar su Biblia del material de esta lección.

¿CUÁNTO RECUERDA USTED?

P. *¿Cómo presenta Juan a Cristo?*

P. *¿Comenzó Jesús en Belén?*

P. *Dé otros tres nombres de Jesús.*

P. *¿Qué quiere decir "encarnado"?*

P. *¿Dónde encontramos la oración de intercesión de Jesús?*

SU TAREA PARA LA PRÓXIMA SEMANA

1. Lea los primeros doce capítulos del libro de Hechos — menos de dos capítulos diarios. Dividiremos el libro de Hechos en dos estudios — dos semanas — el primero, Hechos 1 al 12 y el segundo, Hechos 13 al 28.

2. Repase sus notas en el libro de Juan.

3. Marque su Biblia en el libro de Juan.

4. Prepárese y esté presente el próximo día del Señor para el estudio en el importante libro de los Hechos.

Lección 32
El libro de los Hechos — Parte I
(Hechos 1 al 12)

(Donde se proveen líneas, por favor lea y escriba todo el pasaje o la verdad principal del pasaje.)

1. **El libro**

   Lucas, el escritor del tercer evangelio, es también el autor del libro de los "Hechos de los Apóstoles." Sabemos esto porque la ascensión de nuestro Señor fue la escena final en Lucas (Lucas 24:49-51) y son las palabras con la cual Lucas comienza Hechos (1:10-11). Lucas empieza ambos libros de maneras similares, dirigiéndolos a Teófilo.

   "Los Hechos de los Apóstoles" han sido llamados también *Los Hechos del Espíritu Santo.* Todos los doce discípulos son mencionados en el primer capítulo y son colectivamente mencionados aproximadamente *veintitrés* veces en Hechos — sin embargo, los registros detallados de solo dos son dados en el libro de Hechos — Pedro y Pablo.

2. **El mensaje central (parte 1 y 2 de Hechos)**

   Hechos 1:8 — "pero recibiréis poder, cuando haya venido sobre vosotros el Espíritu Santo, y me seréis testigos en Jerusalén, en toda Judea, en Samaria, y hasta lo último de la tierra." La VERDAD, entonces es, PODER - TESTIFICAR - EN TODO LUGAR.

3. **La estructura del libro**

   El libro de Hechos se divide a sí mismo en dos partes:

   Parte I — capítulo 1 al 12 (esta lección)

   Parte II — capítulo 13 al 28 (próxima lección)

   La estructura de *ambos* es dada para comparasión:

PARTE I — (1 al 12)	PARTE II — (13 al 28)
• JERUSALÉN — el centro	• ANTIOQUÍA — el centro
• PEDRO — carácter principal	• PABLO — carácter principal
• EVANGELIO — a Jerusalén, Judea, Samaria	• EVANGELIO — hasta lo "último" de la tierra, Roma
• PEDRO ENCARCELADO	• PABLO ENCARCELADO

   (La primera parte será la lección de esta semana.)

4. **El ministerio de la resurrección y ascensión de Cristo — capítulo 1**

   Los *cincuenta* días desde la resurrección del Señor hasta el día del Pentecostés están divididos en 40 días y 10 días. Los 40 días del ministerio de la resurrección del Señor (en capítulo 1:3) y los diez días son indicados en 1:4-5. Llegamos a los diez días cuando Jesús se apareció "durante cuarenta días," y Él les dijo a sus discípulos que esperaran; esperaran al poder del Espíritu Santo dentro de no muchos días. Ellos esperaron en el aposento alto hasta que "llegó el día del Pentecostés." PENTECOSTÉS QUIERE DECIR "50."

Él fue visto en Su cuerpo resucitado 40 días.

Él ascendió a la Gloria.

La venida del Espíritu Santo en el quincuagésimo día

(Vea Levítico 23:15-16 después de la fiesta de las primicias)

Hechos 1:4-5 habla de "vosotros seréis bautizados con el Espíritu Santo." Comparando pasaje con pasaje, vemos que las intenciones de Jesús son exactamente lo que la Escritura dice. Por el bautismo con el Espíritu somos unidos con el cuerpo de Cristo — *puestos* en Su cuerpo glorioso, la iglesia.

Vea:	I de Corintios 12:13	Efesios 4:5
	Romanos 6:3-5	Colosenses 2:12
	Gálatas 3:27	I de Pedro 3:21

El Espíritu es el bautizador poniéndonos en "el cuerpo" de Cristo" — "*un edificio*" — "*la esposa*" — al momento de nuestra aceptación de Cristo. Note que el *poder* iba a venir y *entonces* ellos iban a ser testigos — (1:8-9).

Así que, en el capítulo 1 notamos que todo lo que Cristo había prometido y enseñado llega a un clímax.

5. **El Espíritu Santo en el Pentecostés — capítulo 2**

   (1) EL ESPÍRITU DESCENDIÓ — cayó en ellos — versículos 1-3.

   El Espíritu los *llenó* — versículo 4.

   El Espíritu trabajó a través de ellos — versículos 41-47.

   (2) EL DÍA DEL PENTECOSTÉS — capítulo 2

   Solo puede haber *un* Día del Pentecostés — así como solo puede haber un calvario, una resurrección, y una segunda venida. Nunca se repetirá.

   (3) LA DIFERENCIA QUE HIZO EL PENTECOSTÉS

   a. En el Pentecostés, el Espíritu Santo entró en un nuevo templo. El tabernáculo era una tienda de campaña vacía hasta Éxodo 40:34-35:

   _____

   _____

   El templo de Salomón era una estructura vacía hasta I de Reyes 8:10-11:

   _____

   _____

   En el Nuevo Testamento, el Señor Dios está escogiendo un nuevo templo — no hecho de pieles y tapicería — ni de piedras y adornos finos. Este nuevo templo está edificado en el fundamento de Cristo de *piedras vivas* que son creyentes regenerados en el Señor (I Pedro 2:5).

   En el día del Pentecostés *el Espíritu Santo vino a morar en la iglesia de Dios* — todos los que creemos — de la misma manera que la Shekinah, gloria de Dios, había revestido el tabernáculo y el templo con su gloriosa presencia. Así el Espíritu Santo permanece en Su iglesia.

   b. La SEGUNDA diferencia que hizo el Pentecostés es que el Espíritu Santo vino a morar *en* cada creyente, personalmente, individualmente.

Vea Juan 14:17. _____

_____

Vea I de Corintios 6:19. _____

_____

Cada uno de nosotros que es salvo es un *templo lleno* con la persona del Espíritu Santo.

c. Una TERCERA diferencia pentecostal está en el hecho de que el regalo del Espíritu Santo, después de la ascensión de Jesús al cielo, es un *morar personal* en cada creyente y *nunca es retirado*. En el Antiguo Testamento el Espíritu Santo vino y partió como Dios deseó.

d. ¿Por qué estas diferencias antes y después del Pentecostés? *Una respuesta — Jesús lo dijo.* Vea y subraye en su Biblia los siguientes pasajes:

(4) LAS SEÑALES — MILAGROS DEL PENTECOSTÉS — 2:1-8

¿Cuál fue el propósito — que significan — estas señales y milagros del Pentecostés? ¿Debemos de orar por estos dones? ¿Podemos esperar duplicaciones en nuestros días?

Además de los capítulos de la creación y además del período maravilloso de consumación en Apocalipsis — hay *tres períodos* de milagros en la Biblia.

PRIMERO, los días de Moisés en la introducción de la ley

SEGUNDO, los días de Elías y Eliseo en los tiempos de la apostasía de Israel

TERCERO, los días de Jesús y de los apóstoles en la introducción de la nueva dispensación de la gracia

Todos estos períodos tenían algo en común. Simplemente es esto: sin excepción, el propósito de los milagros o señales es el de aut*entificación*. Dios está introduciendo *Su* siervo con *Su* mensaje con *Sus* señales del cielo. Lea Éxodo 4:1-9 y I de Reyes 18:36-37.

Las *señales* de Pentecostés son: (2:1-4)

- *Todos* unánimes — un lugar
- *Estruendo* como de un viento recio
- *Aparecieron* — lenguas — como de fuego
- *Fueron todos* llenos del Espíritu Santo
- *Otras lenguas*, según el Espíritu les daba

La experiencia provino del Espíritu Santo llenándolos. Las lenguas aquí no eran "*lenguas desconocidas*," sino el Espíritu Santo les dio la habilidad de hablar a gente de otras lenguas (como yo hablando chino, una lengua conocida). Estas experiencias serán cubiertas más mientras vamos a través del libro de los Hechos y las Epístolas.

(5) EL SERMÓN DE PEDRO Y LA PRIMERA IGLESIA — 2:14-47

Pedro cita a Joel 2:28-29 y eso se relaciona con esta edad de la gracia. Él cita Joel 2:30-31 y eso se relaciona con la consumación de esta era y el regreso de Cristo. El sermón es simplemente, "Jesús, un hombre aprobado de Dios."

Note el versículo 41 — 3000 almas añadidas.

Note los versículos 42-47 — gozosos, alabando a Dios — y el Señor añadía cada día a la iglesia .

La iglesia es la "ekklesia" en griego, que quiere decir "llamados a salirse."

(6) EL PRIMER MILAGRO APOSTÓLICO DE LA IGLESIA Y EL SEGUNDO SERMÓN DE PEDRO — capítulo 3

Note especialmente los versículos 13-15. _____

_____

_____

6. **Cinco mil salvados — la primera persecución — capítulo 4**

Note en el versículo 4, habían *oído, creyeron, 5000 varones* salvados. Después de su salida de la prisión, Pedro y Juan fueron a la iglesia y oraron — Note el versículo 31.

7. **Las pruebas y victorias de la iglesia primitiva — capítulo 5**

Note las *pruebas* en los versículos 1-11, 17, 27-28, y 33-40; junto con las pruebas — Dios da las victorias en los versículos 12-16; 19-26; 29-32; 41-42.

8. **Martirio de Esteban — un diácono que habló con poder — capítulo 6 al 7**

Lea 7:51-53. Él fue el primer mártir pero se requería su muerte para que Pablo fuera retado por la fe de Esteban. Note las palabras de Esteban en 7:55-56.

_____

_____

Saulo (Pablo) es mencionado en el versículo 58 . _____

_____

9. **La iglesia, como Jesús dijo en Hechos 1:8 — capítulo 8**

Con gran persecución de la iglesia en Jerusalén, la iglesia fue esparcida a Judea y Samaria (8:1 y 4). Pedro, el poseedor de las llaves, impuso manos sobre los creyentes y fueron llenos como en Hechos 1:8 y Hechos 2:38 (prometido a Pedro por Jesús en Mateo 16:19).

10. **La conversión de Saulo — Pablo — capítulo 9**

Él fue salvo en el camino a Damasco — vino a ser un vaso escogido de Dios — versículo 15 — comenzó a predicar inmediatamente.

11. **El evangelio a los gentiles — capítulo 10**

El capítulo es la aprobación de Dios para la salvación de todos, judíos o gentiles. Los versículos 44-48 han sido llamados el "pentecostés gentil." En el Pentecostés, Pedro usó las *llaves del reino* para abrir la puerta del evangelio a los judíos. Aquí Pedro usa las llaves para abrir la puerta del evangelio a los gentiles. Ellos hablaron en lenguas, comprensibles, y no una lengua desconocida.

12. **Antioquía viene a ser el centro de la iglesia gentil — capítulo 11**

La iglesia de Jerusalén demandó conocer acerca de la conducta de Pedro en establecer una iglesia en Cesarea. Él solo dice lo que el Espíritu Santo había revelado. Lea los versículos 14-18.

Bernabé es enviado a Cesarea como pastor por la iglesia de Jerusalén — versículos 22-24, y él quiere que Pablo lo ayude — versículo 25.

Lea ese significante versículo 26. _____

_____

13. **Persecución nuevamente — pero la Palabra se multiplicó — capítulo 12**
   - Santiago, el hermano de Juan, es ejecutado — Pedro encarcelado.
   - La iglesia oró por Pedro — versículo 5.
   - Herodes muere — Dios lo hirió — versículo 23.
   - Pero a pesar de todo esto, la iglesia crecía y se multiplicaba — versículo 24.

Así que, la primera sección de este libro de Hechos termina con el evangelio habiendo sido llevado fuera exactamente como Jesús lo instruyó en Hechos 1:8. El ministerio de Pedro termina, con la excepción de una pequeña defensa de sí mismo en Hechos 15. Pedro fue la elección soberana de Dios a través de quien el don de las llaves del reino fue dado y la gente fuera llena del Espíritu Santo.

La iglesia primitiva en Jerusalén creció rápidamente — Note:
   - Hechos 1:14-15 — 120 en el primer grupo
   - Hechos 2:41 — 3000 almas añadidas (1 día de existencia)
   - Hechos 4:4 — 5000 varones más mujeres y niños
   - Hechos 5:14 — más añadidos
   - Hechos 6:1-7 — multiplicados grandemente

La historia nos dice que la iglesia de Jerusalén creció hasta 100,000 después de solo 7 años.

¿CUÁNTO RECUERDA USTED?
   P.   *¿Quién es el autor de Hechos?*
   P.   *¿Quién es el carácter principal en esta primera lección en Hechos?*
   P.   *¿Dio Jesús un plan geográfico para el evangelismo? Si fue así, ¿puede decir el plan?*
   P.   *¿Qué significa Pentecostés?*
   P.   *Nombre una de las muchas diferencias que hizo el Pentecostés.*

SU TAREA PARA LA PRÓXIMA SEMANA
   1.   Lea el resto del libro de los Hechos — capítulo 13 al 28 — solo 16 capítulos.
   2.   Repase el primer estudio de Hechos de su bosquejo.
   3.   Marque su Biblia — especialmente los pasajes que se refieren al "bautismo" y "llenos" del Espíritu Santo.
   4.   Esté presente el próximo día del Señor para completar el libro de Hechos.

Lección 33
El libro de Hechos — Parte II
(Hechos 13 al 28)

(Donde se proveen líneas, por favor lea y escriba todo el pasaje o la verdad principal del pasaje.)

1. **Pablo**

   Esta lección principalmente tratará con la vida y el ministerio de Pablo, el apóstol. En la última lección (capítulo 9) vimos la conversión de Saulo (quien es llamado Pablo — 13:9). Él estaba presente cuando apedrearon y martirizaron a Esteban (7:59-8:3). Su conversión fue causada por lo que él había hecho contra los cristianos y Jesús dijo, "¿por qué me persigues? — Yo soy Jesús, a quien tú persigues — dura cosa te es dar coces contra el aguijón" — 9:4-5.

   Pablo fue preparado providencialmente para su ministerio — el era un judío de nacimiento — un ciudadano romano — educado en la cultura griega y entrenado en la Escritura por el Espíritu Santo y en Jerusalén.

2. **El mensaje central (el mismo que en la Parte I)**

   Hechos 1:8 — especialmente en esta lección "y me seréis testigos — hasta lo último de la tierra."

3. **La estructura de esta lección**

   - ANTIOQUÍA — el centro
   - PABLO — el carácter principal
   - EVANGELIO — a "lo último de la tierra"
   - PABLO ENCARCELADO

   También en esta lección vemos la evangelización de Pablo en sus tres viajes misioneros.

   Esta sección de Hechos puede ser recordada visualmente como sigue:

LA IGLESIA EXTENDIDA — (capítulo 13 al 21:17)			
PRIMER VIAJE MISIONERO 13:1-14:28	JERUSALÉN CONCILIO 15:1-15:35	SEGUNDO VIAJE 15:36-18:22	TERCER VIAJE 18:23-21:17

PABLO COMO PRISIONERO (capítulo 21:18 al 28:31)				
ANTE LA MULTITUD 21:18-22:29	ANTE EL CONCILIO 22:30- 23:30	ANTE LOS GOBERNA-DORES FÉLIX Y FESTO 23:31-25:12	ANTE EL REY AGRIPA 25:13-26:32	ESPERANDO JUICIO EN ROMA 27:1-28:31
EN JERUSALÉN		EN CESAREA		EN ROMA

4. **El primer viaje misionero — capítulo 13:1 al 14:28**
   (1) "Apartadme a Bernabé y a Saulo para la obra a que los he llamado" — 13:2. El Espíritu Santo llamó. Ellos fueron ordenados y enviados a su camino — 13:3.
   (2) El viaje comienza de Antioquía — 13:1
   - a Seleucia — versículo 4 a Salamina en Chipre — versículo 5 —
   - a Pafos — versículo 6 — a Perge — versículo 13 — a Antioquía de Pisidia — versículo 14 —
   - a Iconio — versículo 51 — a Listra — versículo 14:6 — a Derbe — 14:6
   - otra vez en Listra — versículo 14:21 — otra vez en Iconio — 14:21
   - otra vez en Antioquía de Pisidia — 14:21 — a Atalia — 14:25 — otra vez en Antioquía donde comenzaron — versículo 26.

   Ese fue el primer viaje misionero. Las iglesias son las iglesias de la antigua provincia romana de Galacia. De este modo, Pablo escribió para estas iglesias y el libro es el libro a los Gálatas.

5. **El concilio en Jerusalén — capítulo 15:1-35**

   En este capítulo es dada la historia de esa conferencia, pero Pablo nos da el resultado de esa conferencia en Gálatas 1 y 2. El resultado fue este — que Pedro, Jacobo, y Juan predicarían a los judíos, y Pablo, Bernabé, y otros irían a los gentiles — Gálatas 2:1-9.

6. **El segundo viaje misionero — capítulo 15:36 al 18:22**
   (1) Pablo y Bernabeé no estuvieron de acuerdo acerca de Juan Marcos y se dividieron. Pablo escogió a Silas y regresaron a visitar a las iglesias en Galacia y se encuentra con Timoteo (16:1).
   (2) Pablo quería ir al Este (16:6-7) pero el Espíritu Santo no le permitió y fueron al Oeste a Troas, por el mar, y Dios le dio a Pablo la visión del macedonio.

   Lucas, el autor, se les une y ahora usted nota que es "*nosotros*" (versículo 10) de ahora en adelante.
   (3) Ellos cruzaron de Neapolis — 16:11 — a Filipos — 16:12 — a Apolonia 17:1 — a Tesalonica 17:1 — a Berea 17:10 — a Atenas 17:15 — a Corinto 18:1 — a Efeso 18:19 — a Cesarea 18:22 — hasta Jerusalén y regresaron a Antioquía. Ese fue el *segundo* viaje de Pablo.

7. **El tercer viaje misionero — capítulo 18:23 al 21:17**
   (1) Pablo visitó otra vez los lugares de su primer viaje fortaleciendo a las iglesias — 18:23 — y los puntos de su segundo viaje también 20:3. Él va de Efeso a Tiro 21:3 — a Cesarea 21:8 — (el Espíritu Santo prohibe a Pablo ir a Jerusalén por lo pronto) pero en 21:14-17 Pablo va a Jerusalén de toda maneras.
   (2) Este es el tercer viaje en resumen.

8. **Pablo arrestado en Jerusalén — la multitud — capítulo 21:18 al 22:29**
   (1) Hechos 21:18-26 clarifica que ni la carne ni las cosas nos hacen más aceptables para Dios. Pablo también escribió acerca de esto mismo en I de Corintios 7:17-18 y en I de Corintios 9:19-23.
   (2) En 21:27-40 Pablo es acosado y golpeado en el templo. Pablo se identifica con el jefe de los capitanes que le da permiso para hablar a la multitud (versículos 39-40).
   (3) Defensa de Pablo ante la multitud — 22:1-29
   Note: *Desde el capítulo 21 hasta el final del libro Pablo está encadenado.*

9. **Pablo ante el concilio (Sanedrín) en Jerusalén — capítulo 22:30 al 23:30**

    (1)   El Sanedrín era el tribunal judío más alto en esos días (llamado "concilio" en la mayoría de las Biblias). El Sanedrín estaba compuesto de fariseos y saduceos. Los fariseos se apegaban a sus tradiciones además de la ley escrita. Los saduceos solo aceptaban la ley. Note especialmente: 23:8.

_____

_____

    (2)   Note la seguridad del Señor para Pablo — 23:11.

_____

_____

10. **Pablo ante los gobernadores — capítulo 23:31 al 25:12**

    (1)   Félix y Festo eran los gobernadores judíos a quienes Pablo tenía que apelar para juicio.

    (2)   En el capítulo 24 él testifica ante Félix en Cesarea. El resultado fue que Félix lo dejó preso por dos años (versículo 27).

    (3)   En el capítulo 25 Pablo está ante Festo en el tribunal (versículo 6) y se le pide que vaya a Jerusalén y que apele su caso ante el César (versículos 9-10).

11. **Pablo ante el rey Agripa — capítulo 25:13 al 26:32**

    (1)   Festo, el gobernador, mencionó su problema con Pablo al rey Agripa — un experto en costumbres y leyes judías (26:3) y pidió la oportunidad de oír el testimonio de Pablo. Pablo les _predicó_ a los tres, Festo, Bernice, y Agripa, y note que Pablo solo dio su testimonio — 26:1-28.

    (2)   El rey no pudo encontrar culpa en Pablo y lo hubiera liberado si no hubiera apelado ante el César (versículo 32).

12. **Pablo esperando juicio en Roma — capítulo 27:1 al 28:31**

    (1)   El Señor había dicho en Hechos 23:11 que Pablo iba a testificar del Señor en Roma. Aun a través de los peligros del viaje, le fue asegurado a Pablo un arribo seguro. Pablo llega a Roma por la Vía Apia y se le permitió que viviera con un soldado como guardia.

    (2)   Él permaneció allí dos años y predicó a todo el que venía a verle — (28:30-31).

EL LIBRO DE HECHOS TERMINA AQUÍ.

PENSAMIENTOS FINALES

Lucas escribió el libro de Hechos aproximadamente en el año 64 d.C. Casi sin duda Pablo fue liberado poco después de su primer encarcelamiento. Durante sus encarcelamientos Pablo escribió Filipenses, Efesios, Colosenses, y Filemón.

Aparentemente, no se puede poner las epístolas pastorales en el libro de Hechos (I y II de Timoteo y Tito), pero sabemos de II de Timoteo 4, poco antes de su martirio, que él escribió la segunda carta a Timoteo. Él estuvo allí en el calabozo aproximadamente en el año 68 d.C. Pudo haber escrito I de Timoteo en la prisión o poco antes de su último viaje a Jerusalén.

El registro termina al final de Hechos y no tiene conclusión porque los Hechos del Espíritu Santo continúan trabajando en, y a través de nosotros, Su cuerpo, la iglesia, para concluir con la venida de Cristo por Su iglesia.

¿CUÁNTO RECUERDA USTED?

P. ¿Cómo fue Pablo providencialmente preparado para su ministerio?

P. ¿Quién fue con Pablo en su primer viaje?

P. ¿Cuál fue el resultado del concilio en Jerusalén en Hechos 15?

P. Lucas el autor, ¿alguna vez acompañó a Pablo en sus viajes?

P. ¿Qué hacía Pablo siempre — ante gobernadores, reyes, o en prisión?

SU TAREA PARA LA PRÓXIMA SEMANA

1. Lea el libro de Romanos — 16 capítulos (un poco más de dos capítulos diarios).
2. Repase sus notas de las dos lecciones de Hechos.
3. Marque los pasajes en su Biblia.
4. Esté presente el próximo día del Señor para el gran libro de Romanos.

Lección 34
El libro de Romanos

(Donde se proveen líneas, por favor lea y escriba todo el pasaje o la verdad principal del pasaje.)

1. **Las epístolas**

   Llegamos ahora a las epístolas del Nuevo Testamento y encontramos primero, que son *nueve* epístolas escritas por el apóstol Pablo a *siete* iglesias gentiles — en ROMA, CORINTO, GALACIA, EFESO, FILIPOS, COLOSAS, y TESALÓNICA.

   Estas epístolas desarrollan la doctrina de la iglesia. Dan instrucción de su propósito único en los propósitos de Dios. La iglesia, usted recordará, era "el misterio escondido desde los siglos en Dios" — Efesios 3:9.

2. **La iglesia**

   "Solo a través de Pablo sabemos que la iglesia no es una organización, sino un organismo, el cuerpo de Cristo; instinto con Su vida, y celestialmente en llamamiento, promesa, y destino. A través de solo él, conocemos la naturaleza, propósito, y forma de la organización de las iglesias locales, y la conducta correcta de tales reuniones."

   "Pablo, convertido por el ministerio personal del Señor en gloria, es distintivamente el testigo de un Cristo glorificado, Cabeza sobre todas las cosas en la iglesia, que es Su cuerpo, así como los once fueron para Cristo en la carne, el Hijo de Abraham y de David" — (Traducido de la Biblia de Scofield).

3. **El libro de Romanos**

   La epístola a los romanos fue escrita por Pablo desde Corinto durante su tercera visita a esa ciudad. Cuando Pablo la escribió, el evangelio había sido predicado a través del mundo romano aproximadamente por 25 años y muchos grupos de cristianos habían venido a existir. Muchos temas habían salido de estos grupos, tales como — *"la gracia de Dios — el evangelio y la ley — el pacto abrahámico"* — y muchos otros temas similares. Pablo aún no había ido a Roma cuando él escribió esta epístola.

4. **El mensaje central**

   Romanos 1:16-17 — "Porque no me avergüenzo *del evangelio* , porque es *poder de Dios para salvación a todo aquel que cree*; al judío primeramente, y también al griego. Porque en el evangelio, la *justicia* de Dios se revela por fe y para fe, como está escrito: Mas el justo por la fe vivirá."

   (Las palabras con letra cursiva indican los grandes temas que deben ser considerados a través de la epístola.)

5. **La estructura del libro**

   - Cómo el evangelio salva — capítulo 1 al 8
   - Cómo el evangelio se relaciona con Israel — capítulo 9 al 11
   - Cómo el evangelio afecta la conducta — capítulo 12 al 16

6. **Cómo el evangelio salva— capítulo 1 al 8**

   (1) Estos primeros ocho capítulos son *doctrinales* porque enseñan las doctrinas básicas del evangelio. Después de una pequeña introducción (versículos 1-15),

Pablo inmediatamente comienza una discusión doctrinal acerca de *"cómo salva el evangelio."*

Del capítulo 1:18 al 3:20 vemos la necesidad del hombre por el evangelio:

PRIMERO, el hombre pagano — (gentil) — 1:18-32

Note los versículos 21-24 especialmente. Note también las veces que usted lee "Dios los entregó" en los versículos 24-28.

SEGUNDO, el hombre moral (hipócrita) — 2:1-16

Esto se refiere a judíos y gentiles — versículos 11-12.

TERCERO, el hombre religioso — (judío) — 2:17 al 3:8

CUARTO, *TODOS* están en pecado — judíos y gentiles — 3:9-20.

Vemos entonces que todos *han* pecado — actos de pecado — y que todos están *en* pecado — una condición interna — 3:23.

(2)   "Pero ahora" — justificación — 3:21-5:21

Donde usted lee la palabra *"justificar"* en las Escrituras, asocie la palabra *"justo"* ya que provienen de la misma raíz del griego.

Note 3:24, 26, 28. En justificación, Dios declara a un pecador justo *en la base de su fe en Jesucristo*.

"Redención" (3:24) significa "rescatar, o salvar, pagar un precio." Así que, Él pagó el precio por nuestra salvación, nuestra justificación.

Vea I de Corintios 6:20. _____

_____

"Propiciación" (3:25) significa simplemente *"satisfacción"* Cristo es nuestra propiciación, un sacrificio satisfactorio si aceptamos Su sangre derramada. Vea Hebreos 2:17. La misma palabra traducida *"el trono de la misericordia"* es la misma que *"propiciación."*

CAPÍTULO 4 — Pablo selecciona un hombre del pasado de Israel para mostrarnos una ilustración de la justificación — el hombre, Abraham. La justificación de Dios es eterna, y Él justificó al hombre antes y después de Cristo. Lea 4:3 y compárelo con Génesis 15:6 y vemos que él fue justificado y tenía 85 años de edad (Génesis 16:16). En Génesis 17:24, se nos dice de la circuncisión a la edad de 99 años. Así que él fue justificado 14 años antes, probando que la justificación es enteramente independiente de, y aparte de ordenanzas. Él no fue justificado por la circuncisión, sino que fue circuncidado como un sello de su fe (4:13). Él fue aceptado por Dios y le fue prometido ser heredero al mundo, no a través de la ley (4:13), sino a través de la fe. Esta promesa fue dada a Abraham 430 años antes de que fuera dada la ley mosaica — Gálatas 3:17.

_____

Abraham creyó — Romanos 4:20-24: _____

_____

CAPÍTULO 5 — los frutos de la justificación son paz (versículo 1) — acceso a Su gracia, gozo en la esperanza (versículo 2) — gozo en las tribulaciones —

paciencia, esperanza (versículos 3-4) — El *regalo gratis* de Dios está reflejado en los versículos 12-21.

Anote el versículo 18. _____

_____

Adán fue la raíz del pecado en el hombre — los pecados son el fruto del problema causado por voluntad propia.

CAPÍTULO 6 — todos los tiempos de los verbos en este capítulo están en *pasado* — ejemplo: el versículo 6 dice, "nuestro viejo hombre fue crucificado." La expresión "viejo hombre — cuerpo del pecado" se refiere a la raza adámica como un todo.

¡Qué hermosas riquezas hay en este capítulo! — recuerde *tres* palabras en este capítulo —

"saber" — versículos 3, 6, 9

"considerar" — versículo 11

"presentar" — versículo 13

CAPÍTULOS 7 Y 8 — Pablo nos muestra cómo el evangelio trata con los problemas del pecado en la experiencia real del creyente — el problema severo de 7:17-20 — "el pecado que mora en mí." Luego el capítulo 8 da la gloriosa respuesta. Pablo muestra que la nueva vida, la ley, y la libertad del Espíritu en el creyente son el amplia respuesta al clamor, "¿quién me librará?" El Espíritu Santo es mencionado no menos de 19 veces en este capítulo.

Lea y anote 8:1. _____

_____

8:14 y 16 _____

_____

Lea otra vez 8:26-27.

Memorice 8:28.

¿Sabe usted que si es salvo está seguro para siempre? Lea 8:35-39. Nada nos puede separar del amor que tenemos en Cristo Jesús. ¡Amén! ¡Amén!

7. **Cómo el evangelio se relaciona con Israel — capítulo 9 al 11**

   (1)   CAPÍTULO 9 — selección de Israel en el pasado

      Pablo declara que el evangelio a todo el mundo no anula el propósito especial de Dios para Israel y él lo prueba con la historia misma de Israel y con la soberanía de Dios:

- Versículos 6-9 — Isaac elegido
- Versículos 10-13 — Jacob elegido (específicamente Israel)
- Versículos 14-23 — la misericordia de Dios con Israel y faraón
- Versículos 24-26 — la misericordia de Dios para los gentiles como se profetizó en Oseas
- Versículos 27-29 — profecía de Isaías

Anote el versículo 27. _____

_____

Versículos 30-33 CONCLUSIÓN DE PABLO — los gentiles habían obtenido justicia a través de la fe — mientras que Israel, a través de la ley, no había obtenido justicia aun después de buscarla (versículo 32).

(2) CAPÍTULO 10 — el regalo para Israel y su rechazo del Mesías

Note — versículos 1-8 — Pablo dice a Israel, "Mas ¿qué dice? Cerca de tí está la palabra, en tu boca y en tu corazón. Esta es la palabra de fe que predicamos" — versículo 8.

Versículos 9-13 — el plan simple de salvación para judíos y gentiles. Escriba el versículo 9. _____

_____

Versículos 14-21 — el llamado a evangelizar y Pablo cita a David, Moisés, e Isaías — prediciendo este triste rechazo.

(3) CAPÍTULO 11 — la futura restauración de Israel

Pablo declara que el evangelio, además de cumplir la promesa a Israel, comfirma el gran prospecto para Israel — que todo Israel será salvo (versículos 25-29). Dios no ha desechado a Israel como nación. A través de la incredulidad de Israel — los gentiles han sido bendecidos. (versículos 11-12). *Subraye el versículo 11.*

La "plenitud de los gentiles" en el versículo 25 se refiere a la finalización del cuerpo de Cristo compuesto de judíos y gentiles — del Pentecostés al rapto.

Israel será salvo — cuando el Libertador (Jesús) venga, y quite el pecado de Jacob (Israel) porque este fue el pacto de Dios con ellos — versículos 25-26. *(Lea estos versículos y subráyelos.)*

Lea la bendición agradable de Pablo en los versículos 33-36.

8. **Cómo el evangelio afecta la conducta — capítulo 12 al 16**

(1) EN EL CAPÍTULO 12 — el ruego a la consagración y a la transformación (versículos 1-2).

En el resto del capítulo vemos la apelación al *servicio* como resultado de los versículos 1 y 2. Esta es la *vida cristiana.*

(2) CAPÍTULO 13 — el cristiano y su deber civil con el gobierno (versículos 1-7) y con los prójimos (versículos 8-14).

(3) CAPÍTULO 14 — el cristiano y los creyentes débiles. No debemos de juzgar ni causar que una persona débil tropiece — (versículos 13-19).

(4) CAPÍTULO 15 — gentiles y judíos cristianos son uno en Cristo.

Anote el versículo 4. _____

_____

Pablo da una reseña de su ministerio planeado para ir a Roma — (versículos 29-32).

(5) CAPÍTULO 16 — las recomendaciones y los saludos de Pablo a 28 individuos por nombre. Al principio de Romanos, Pablo dice, "que sin cesar hago mención de vosotros siempre en mis oraciones" — (1:9). Aquí nombra algunos de ellos, hombres, mujeres, judío, y gentil.

La oración final de Pablo (16:25-27) es una bendición imperiosa en la cual otra vez menciona el evangelio — "según la revelación del *misterio* que se ha mantenido oculto desde tiempos eternos, pero que ha sido manifestado (conocido) ahora…por las Escrituras de los profetas."

CONCLUSIÓN

En el libro de Romanos, Dios está diciendo al judío y al gentil — "Sólo se puede recibir la justicia a través de la fe en Jesucristo." El libro es aplicable en nuestros días porque el corazón humano no ha cambiado. Este es el libro que "sacudió" a Martín Lutero (1:17), quien comenzó la Reforma. Lutero dijo de Romanos, "el libro maestro del Nuevo Testamento — merece ser conocido de memoria — palabra por palabra."

¿CUÁNTO RECUERDA USTED?

P. *¿Por qué fue escrito Romanos?*

P. *¿Cuál es el mensaje central? Responda de memoria si es posible.*

P. *¿Puede recordar usted tres versículos que deben de ser usados para presentar el plan de salvación? Si no, vea Romanos 2:23 — Romanos 6:23 — Romanos 10:9-10.*

P. *¿Qué quiere decir "justificar"?*

P. *¿Qué quiere decir "redención?"*

SU TAREA PARA LA PRÓXIMA SEMANA

1. Lea I de Corintios (16 capítulos) — un poco más de dos capítulos diarios.
2. Repase el libro de Romanos de sus notas.
3. Marque su Biblia de sus notas.
4. Esté presente el próximo día del Señor para el estudio de I de Corintios.

Lección 35
El libro de I de Corintios

(Donde se proveen líneas, por favor lea y escriba todo el pasaje o la verdad principal del pasaje.)

1. **El libro**

   Obviamente esta carta es una respuesta de Pablo a una carta que recibió (I de Corintios 7:1) en la cual hay preguntas acerca de la iglesia en Corinto. La contestación de Pablo es una carta de corrección de errores y confirmación de verdad.

   Pablo escribió I de Corintios desde Efeso (Hechos 20:31; I de Corintios 16:5-8). Este libro trata con discuciones en la iglesia de ese tiempo y — aunque parezca asombroso — muchas de las mismas cosas permanecen en la iglesia hoy. Este libro es una de las partes escenciales de la Escritura que debe de ser enseñada en cada iglesia — para "*doctrina*," "*redarguir*," y "para *corrección*."

2. **Corinto**

   La ciudad de Corinto era "el centro de pecado" del Imperio Romano en los días de Pablo. Estaba localizada aproximadamente a cuarenta millas al Oeste de Atenas. Era el centro comercial del Imperio Romano con tres grandes puertos.

   Hoy en día pueden ser vistas las ruinas de la antigua ciudad de Corinto. Ir allí y mirar el pasado y el escenario lo ayuda a uno a comprender la predicación y enseñanza de Pablo.

3. **El mensaje central**

   La "sabiduría de Dios" — I de Corintios 1:24, 30; 2:4-8

   (Note especialmente 1:30 y 2:7.)

4. **La estructura del libro**

   Salutación y acción de gracias — capítulo 1:1-9

   Corrección acerca de las divisiones en la iglesia — 1:10 — capítulo 6

   Respuestas acerca de los problemas — capítulo 7 al 16

5. **Salutación y acción de gracias — capítulo 1:1-9**

   En estos primeros nueve versículos el Señor Jesucristo es mencionado *seis* veces. Note cómo Pablo afirma la realidad de que la gente en la iglesia de Corinto era *salva*, "santificados"; "llamados a ser santos"; "gracia de Dios que os fue dada en Cristo Jesús"; y una y otra vez Pablo afirma la realidad de su fe. Así que, Pablo no está escribiendo a incrédulos sino está escribiendo a una iglesia a quien Pablo dice que "aún sois carnales" y "niños en Cristo" — (3:1-4).

   Así que, Pablo dice esta cosas gloriosas acerca de su fe y acerca de la gracia de Dios "en ellos" antes de empezar a corregirles.

6. **Corrección acerca de las divisiones en la iglesia — capítulo 1:10 al 6**

   (1) Pablo dice primero — "hay entre vosotros contiendas" — 1:11.

   Las contiendas (divisiones, pleito) fueron causadas por gente que exaltaba a cierto hombre en vez de al Señor Jesús.

   NOTE EN VERSÍCULO 12 — algunos seguidores de Pablo

— algunos seguidores de Apolos (Vea Hechos 18:24-28)

— algunos seguidores de Cefas (Pedro)

— algunos seguidores de Cristo

Así que hay cuatro divisiones: (1) EL GRUPO JACTANCIOSO, que seguía a Pablo y se jactaba de su libertad en el evangelio; (2) EL GRUPO DE APOLOS, el intelectual, bamboleado por su personalidad y brillantez; (3) EL GRUPO DE CEFAS, que decía que su líder (Pedro) era la autoridad de los apóstoles; y (4) EL GRUPO DE "CRISTO," que usaba el término "yo soy de Cristo" en una manera que implicaba inferioridad para todos los otros.

¿Parece absurdo? *Todavía existe.*

Pablo los regaña — capítulo 1:18-31. Los hombres que levantan intrigas que causan división en la iglesia están equivocados, porque la salvación en la cruz pone a un lado las cosas imprudentes del hombre. Dios usa "la locura de la predicación" para salvar.

CAPÍTULO 2 — Pablo enseña que la verdadera sabiduría es de Dios. Ningún hombre puede comprender las cosas espirituales hasta que el Espíritu Santo le enseñe. (versículos 11-12).

Ahora lea 2:13-14 y subraye estos versículos en su Biblia. ("comparando cosas espirituales con cosas espirituales" es simplemente — "comparando escritura con escritura.")

CAPÍTULO 3 — Hemos visto tres capítulos completos de enseñanza en la locura de apoyarse equivocadamente en los hombres en vez de depender del Señor. En el capítulo 3:5 — los ministros son "servidores."

Lea 3:6 y escríbalo. _____

_____

(2) El *único* fundamento para edificar — 3:9-23

- El fundamento es Cristo — versículo 11.

- Recompensas son dadas de acuerdo a la clase de fundamento en que uno edifica — versículos 12-15.

- El fuego probará la obra de cada hombre — oro, plata, y piedras preciosas soportarán la prueba; madera, heno, y hojarasca son quemadas.

En otras palabras, si un cristiano edifica sobre cosas espirituales (representadas como oro, plata, y piedras preciosas) él recibirá una recompensa (versículo 14); pero si uno edifica en su propia gloria, propia satisfacción (madera, heno, hojarasca) su obra se quemará; "si bien él mismo será salvo, aunque así como por fuego."

Las recompensas son dadas al salvo; son ganadas en el servicio del Señor. La pérdida de recompensa no significa la pérdida de salvación.

(3) CAPÍTULO 4 — Los ministros de Cristo son *"administradores de los misterios de Dios."* Ellos deben ser ejemplos de humildad y fe (4:9-10).

(4) CAPÍTULO 5 — Escándalos en la iglesia de Corinto (5:1-6:20). La maldad del incesto (versículo 1) con una madrastra — la iglesia lo ignoró. En los versículos 4-5 Pablo quiere decir que lo *"pongan fuera de comunión hasta que se arrepienta"* — destrucción de la naturaleza pecaminosa — no aniquilación.

"Limpiaos, pues, de la vieja levadura" — deshacerse del pecado — versículo 7.

(5)　CAPÍTULO 6 — Las diferencias entre creyentes deben de ser arregladas entre los mismos creyentes. Los creyentes no deben de llevar a otros creyentes a la corte de la ley para ser juzgados por incrédulos — (versículo 6).

Anote el versículo 11. _____

_____

Versículos 19-20 — somos el templo del Espíritu Santo.

7.　**Respuestas acerca de los problemas — capítulo 7 al 16**

(1)　Las respuestas de Pablo indican en 7:1 — *"En cuanto a las cosas de que me escribisteis."*

La primera respuesta es *acerca del matrimonio.* El pasaje es claro — una esposa para un hombre — si uno es incrédulo, el cónyuge creyente debe quedarse y tratar de ganar al otro (versículos 10-40).

(2)　En los capítulos 8, 9, y 10 vemos que van juntos y *contestan las preguntas acerca de la conducta y libertad cristianas.*

Note 8:1, 8, 9 y especialmente el versículo 13.

Estos capítulos tratan con la conducta cristiana y su efecto en los cristianos débiles. Cinco veces en estos tres capítulos encontramos la expresión de consideración por el hermano débil:

- 8:9 — *"para los débiles"*
- 8:13 — *"para no poner tropiezo a mi hermano"*
- 9:22 — *"para ganar a los débiles"*
- 10:24 — *"ninguno busque su propio bien, sino el del otro"*
- 10:32 — *"no seáis tropiezo"* a nadie

NOTE 10:13 Y TRATE DE MEMORIZAR ESTE VERSÍCULO.

(3)　CAPÍTULO 11 — Pablo contesta *acerca de la mujer y la mesa del Señor.*

En 11:5 encontramos un versículo que ha sido enormemente malinterpretado. El principio del lugar de la mujer es establecido en el versículo 3:

- La cabeza del hombre es Cristo.
- La cabeza de la mujer es el hombre.
- La cabeza de Cristo es Dios.

La aplicación del principio está en los versículos 4-6. La mujer ciertamente "profetizó" (esto es enseñar, hablar, exhortar, confortar) en esa iglesia de Corinto. En este pasaje la preocupación de Pablo es únicamente la de *la cabeza cubierta* tomando parte en la alabanza en público . El versículo 10 es la "señal de autoridad" que la mujer tenía que usar para tener el derecho de hablar u orar.

Pablo era de hecho un campeón para las mujeres y ha sido malinterpretado terriblemente.

La mesa del Señor es el tema de los versículos 17-34. La Cena del Señor es registrada en detalle por los cuatro escritores de los evangelios — así que, es importante para todos los creyentes.

En los versículos 17-22 la iglesia primitiva tenía una comida antes de celebrar la Santa Cena. La comida era llamada un "agape," una fiesta de amor. Desórdenes habían surgido y ahora Pablo ordena que esos desórdenes sean terminados.

En los versículos 23-26 — a Pablo se le dieron estas instrucciones directamente del Señor (versículo 23). Pablo deletrea el significado y la simplicidad de la Cena del Señor — "*haced esto en memoria de mí*" — "*la muerte del Señor anunciáis hasta que él venga.*"

(4)　CAPÍTULOS 12, 13, 14 — *acerca de los dones espirituales*

Los tres capítulos deben de ser tomados como uno. Hay dones dados a cada hombre según lo que *Él* quiere.

EN EL CAPÍTULO 12 —

- Diversidad de dones pero un Espíritu — versículos 4-11
- Muchos miembros pero un cuerpo — versículos 12-27
- Muchos tipos de servicio pero una iglesia — versículos 28-31

EN EL CAPÍTULO 13 — "*Mas yo os muestro un camino aún más excelente*" (12:31).

Sin amor, todo el capítulo 12 sería como metal que resuena. Con todos los dones, si uno no tiene amor piadoso, somos inútiles.

EN EL CAPÍTULO 14 — "*seguid el amor*" — (versículo 1)

Este es el famoso capítulo acerca de las "lenguas" y no discutiremos el punto — solo declaramos la realidad en relación a los capítulos 12 y 13.

El don importante es profecía — (versículo 1). La palabra "*desconocida*" está en letra cursiva y significa que no está en el texto original. No hay tal cosa como lengua "desconocida." Las lenguas son idiomas existentes, no aprendidos previamente, pero la habilidad de hablar otro lenguaje fue dada a la iglesia apostólica solo para la gloria de Dios y no para el hombre — (versículo 4).

La enseñanza moderna de hoy sobre de las lenguas es que es una señal del "bautismo del Espíritu Santo" que no es la enseñanza de Pablo en I de Corintios 12:13.

Los versiculos mas discutidos aqui son el 34tro y 35co. Si se toman en contexto, estos se refieren a confusion versus paz y orden. Estos nos hablan de un problema que existe especificamente en Corintios. Era prohibido para las mujeres de hablar o interrumpir un servicio o culto de alabanza. Las esposas tenian que observar las costumbres locales y esperar a que terminara la reunion para preguntar cualquier cosa que no entendieron durante la reunion.

El énfasis del capítulo 14 es la profecía, edificando a la iglesia, convenciendo incrédulos — (versículos 22-25).

Lea el versículo 40. _____

_____

(5)　CAPÍTULO 15 — *acerca de la resurrección*

Pablo comienza con la *cruz* — versículos 3-4 "Cristo murió, por nuestros pecados, sepultado, resucitó."

Pruebas de Su resurrección — versículos 5-19

NOMBRE A LOS QUE LE VIERON:

(1) _____　(2) _____

(3) _____　(4) _____

(5) _____　(6) _____

El orden de la resurrección — versículos 20-28. El orden se explica por sí mismo.

El patrón o las características de nuestra resurrección. Versículos 42-50 — *Son siete:*

> (1) SEMBRADO EN "CORRUPCIÓN"; RESUCITADO EN "INCORRUPCIÓN" — versículo 42
>
> (2) SEMBRADO EN "DESHONRA"; RESUCITADO EN "GLORIA" — versículo 43
>
> (3) SEMBRADO EN "DEBILIDAD"; RESUCITADO EN "PODER" — versículo 43
>
> (4) SEMBRADO EN UN "CUERPO ANIMAL"; RESUCITADO EN UN "CUERPO ESPIRITUAL" — versículo 44
>
> (5) SEMBRADO EN UN "CUERPO TERRENAL"; RESUCITADO EN UN "CUERPO CELESTIAL" — versículo 49
>
> (6) SEMBRADO EN UN CUERPO DE "CARNE Y SANGRE"; RESUCITADO EN UN CUERPO TRANSFORMADO — versículos 50-52
>
> (7) SEMBRADO EN UN CUERPO "MORTAL"; RESUCITADO EN UN CUERPO "INMORTAL" — versículo 53
>
> EL RETO SOBRESALIENTE DE PABLO — versículo 58

(6) CAPÍTULO 16 — *acerca de la colección*

Note — cuándo — dónde — cuánto — versículo 2.

El resto del capítulo es personal y la exhortación y bendición final de Pablo.

(Nota — dar al Señor es un "regalo" — Romanos 12:8. Debe de ser un servicio voluntario para cada creyente.)

¿CUÁNTO RECUERDA USTED?

P. Pablo escribió primero acerca de _____ en la iglesia.

P. ¿Cuál era una de las mayores divisiones en Corinto?

P. ¿Cuál era la segunda razón por la cual Pablo escribió esta carta?

P. Nombre solo tres cosas que destacan en su mente acerca de I de Corintios.

SU TAREA PARA LA PRÓXIMA SEMANA

1. Lea el libro de II de Corintios (13 capítulos — menos de dos capítulos diarios).
2. Repase sus notas de I de Corintios.
3. Marque su Biblia de sus notas.
4. Esté presente para II de Corintios el próximo día del Señor.

Lección 36
El libro de II de Corintios

(Donde se proveen líneas, por favor lea y escriba todo el pasaje o la verdad principal del pasaje.)

1. **El libro**

   La primera carta de Pablo a la iglesia de Corinto fue escrita desde Efeso (II Corintios 1:8) mientras *esta* carta fue escrita desde Filipos. Pablo había enviado a Tito a Corinto porque él no podía ir. Tito debía de encontrar a Pablo y a Timoteo en Troas con un informe acerca de la iglesia en Corinto, pero Tito no llegó (II Corintios 2:12-13). Cuando Tito no vino, Pablo y Timoteo continuaron hacia Filipos donde Tito trajo buenas nuevas de Corinto (II Corintios 7:5-11). Pablo comparte más de su historia personal y de sus propios sentimientos en esta carta que en cualquier otro de sus escritos.

2. **El mensaje central**

   "El consuelo de Dios a través de Cristo" — (1:3; 13:11)

3. **La estructura del libro**

   * EL CONSUELO DE DIOS — capítulo 1 al 7
   * OFRENDA CRISTIANA — capítulos 8 y 9
   * DEFENSA DE PABLO DE SU APOSTOLADO — capítulo 10 al 13

4. **El consuelo de Dios — capítulo 1 al 7**

   (1) CAPÍTULO 1 — el sufrimiento de Pablo en Efeso (Asia) fue grave. Su condición era tal que *"tuvimos en nosotros mismos sentencia de muerte, para que no confiásemos en nosotros mismos, sino en Dios"* — (1:9).

   En los versículos 3-7 las palabras *"consolar"* y *"consolación"* son usadas 10 veces en cinco versículos. Es la misma palabra usada para el Espíritu Santo — "EL CONSOLADOR."

   Pablo usa sus propios sufrimientos como testimonio a Corinto de que Dios sostiene y consuela para que él pueda consolar a otros — (versículos 8-14). Su deseo y plan es ir a Corinto pero Dios cambió sus planes. Lea los versículos 15-24.

   NOTA: • el Espíritu Santo *"confirma"* al creyente — versículo 21

   • el Espíritu Santo *"unge"* al creyente — versículo 21

   • el Espíritu Santo *"sella"* al creyente — versículo 22

   • el Espíritu Santo es las *"arras"* — la *"promesa"* de que aún hay más por venir— versículo 22

   (2) CAPÍTULO 2 — una referencia a una persona pecadora de I de Corintios 5 está en los versículos 5-13. Pablo había ordenado disciplina. Ahora encontramos que la persona se había arrepentido y Pablo ahora les aconseja que le restauren en la comunión (versículo 8). El rechazo a perdonar daría ventaja a Satanás (versículo 11).

   En los versículos 14-17 — la vida cristiana triunfante está bosquejada. (*Subraye el versículo 14.*)

(3)   CAPÍTULOS 3 Y 4 — vemos el ANTIGUO pacto contra el NUEVO.

- el Antiguo pacto era de "*letra*" — (ley) — el Nuevo es el del Espíritu escrito en "*tablas de carne del corazón*" — versículos 3 y 6.
- el Antiguo pacto "mata" — el Nuevo *vivifica* — versículo 6.
- el Antiguo pacto era uno de "*condenación*" — el Nuevo, de *justificación* — versículo 9.
- el Antiguo pacto aunque "*cumplido*, FUE *glorioso*" — el Nuevo ES glorioso ("lo que permanece") — versículo 11.
- el Antiguo pacto en la *cara de Moisés* — el Nuevo brilla en la *cara de Jesucristo* — (3:13 y 4:6).
- el símbolo del Antiguo pacto era un *velo* — para el Nuevo es un *espejo* (3:13-18). Escriba el versículo 17:

_____

_____

_____

Así que vemos las diferencias entre el Antiguo y el Nuevo pacto. Somos hechos espejos para reflejar la gloria del Señor (note 4:3-6) Escriba el versículo 6:

_____

_____

Qué consuelo debemos de encontrar en 4:7-10. Solo somos vasos de barro (versículo 7) y los vasos tienen que ser quebrados para que la luz brille afuera — "para que la excelencia del poder sea de Dios, y no de nosotros."
Note ahora los versículos 8-9:

"atribulados — mas no angustiados"

"en apuros — mas no desesperados"

"perseguidos — mas no desamparados"

"derribados — pero no destruidos"

Luego en el versículo 16 — "nuestro hombre exterior se va desgastando — el interior se renueva día a día." ¡Qué consuelo! Sufrir en esta vida por Cristo "produce un eterno peso de gloria" — (versículos 17-18).

(4)   CAPÍTULO 5 — CONSUELO EN LA MUERTE

La muerte física significa la salida del cuerpo (tabernáculo). Los cuerpos que tenemos son temporales y sufren (versículo 15). La muerte significa que dejamos estos cuerpos y estamos *inmediatamente* en la presencia del Señor.

Anote el versículo 8. _____

_____

En los versículos 9-13 el creyente aparece ante el tribunal de Cristo para recibir *recompensas* — o no recompensas. La salvación fue establecida al tiempo que uno aceptó a Cristo — este no es el juicio del pecado sino de las obras hechas. En los versículos 14-21 — la meta del ministerio de Pablo era que los hombres fueran reconciliados con Dios.

Note el versículo 17 y *subráyelo en su Biblia* — también los versículos 20-21.

(5)   Capítulo 6 — Pablo enlista 18 experiencias de prueba en el ministerio en los versículos 4-7. (¿Puede encontrarlas?)

Luego enlista 9 contrastes — cubriendo toda la vida en los versículos 8-10. (Encuéntrelos.)

En los versículos 11-18 usted lee una apelación personal a los cristianos en Corinto para ser separados del mundo.

Note el versículo 14 y escríbalo aquí. _____

_____

(6)   Capítulo 7 — el consuelo de Dios en el corazón de Pablo es encontrado en los versículos 4, 6, 7, 13.

Note el versículo 10 y subráyelo.

5.   **Ofrenda cristiana — capítulos 8 y 9**

Estos dos capítulos nos dan instrucciones detalladas para la ofrenda cristiana.

Versículos 1-6 — dar es una gracia. Dios lo desea a usted antes que a su ofrenda (versículo 5).

Versículos 7-15 — principios de ofrenda cristiana — NO REGLAS.

Note:

- Debemos de dar *proporcionalmente* — versículos 12-14.
- Debemos de dar *generosamente* — 9:6.
- Debemos de dar *alegremente* — 9:7.

Anote 8:9: _____

_____

_____

Mire Lucas 6:38. _____

_____

Dar es un "obsequio" — Romanos 12:8. _____

_____

6.   **Defensa de Pablo de su apostolado — capítulo 10 al 13**

En esta sección Pablo es forzado a contestar en referencia a su propio apostolado.

La "gloria" de Pablo estaba en el Señor y no para su propia edificación — 10:8.

Vea 10:12 y subráyelo.

La defensa de Pablo en el CAPÍTULO 11 es muy personal. Él se sostuvo a sí mismo (11:9). Su vida es dada en detalle gráfico en 11:16-33. ¿Qué haría usted si estas cosas le sucedieran? Note los versículos 22-28.

En el CAPÍTULO 12:1-10 vemos la vida interna de este gran campeón de la fe. En los versículos 2-7, Pablo dice, "hace catorce años…fue arrebatado al tercer cielo — oyó palabras inefables — y para que la grandeza de las revelaciones no me exaltase — me fue dado un aguijón en mi carne, un mensajero de Satanás que me abofetee."

Solo piense, Pablo no había mencionado esto por catorce años. Tres veces había rogado al Señor que el "aguijón" fuera removido pero Dios tenía un mejor plan.

Anote 12:9: _____

_____

_____

RECUERDE: "MI" — significa Dios

"GRACIA" — favor inmerecido

"ES" — el presente

"SUFICIENTE" — más que suficiente

Pablo gozosamente "me gloriaré mas bien en mis debilidades, para que repose sobre mí el poder de Cristo."

Finalmente en el CAPÍTULO 13 — "Examinaos a vosotros mismos si estáis en la fe; probaos a vosotros mismos" — versículo 5. Pablo concluye esta carta donde empezó — "el consuelo de Dios" — versículo 11. Luego la bella bendición que es tan conocida — versículo 14.

¿CUÁNTO RECUERDA USTED?

P.   *¿Cuál es el mensaje central de II de Corintios?*

P.   *¿Por qué Dios permite sufrimiento y tribulación? (Lea 1:3-4)*

P.   *¿A dónde van los cristianos al morir?*

P.   *¿Qué enseña Pablo acerca de la separación para los cristianos?*

P. *Dar es una_____ ¿Qué quiere Dios, a su dinero o a usted?*

SU TAREA PARA LA PRÓXIMA SEMANA

1.   Lea el libro de Gálatas (seis capítulos).

2.   Repase sus notas en II de Corintios.

3.   Subraye en su Biblia los versículos más significativos para usted.

4.   Esté presente el próximo día del Señor para el estudio del libro de los Gálatas.

Lección 37
El libro de Gálatas

(Donde se proveen líneas, por favor lea y escriba todo el pasaje o la verdad principal del pasaje.)

1. **El libro**

   En este libro el apóstol Pablo está luchando para preservar la pureza del evangelio de aquellos que presentarían "un evangelio diferente: No que haya otro, sino que hay algunos que os perturban y quieren pervertir el evangelio de Cristo."

   Notamos en el capítulo 4, versículo 13, "os anuncié el evangelio al principio," que él había visitado Galacia dos veces antes de que escribiera la epístola. El registro en el libro de Hechos nos dice que Pablo fue primero a Galacia en su segundo viaje misionero (Hechos 16:6) y que él fue una segunda vez ahí durante su tercer viaje misionero, unos tres años más tarde (Hechos 18:23).

   Los gálatas mismos eran gente fogosa y emocional. Ellos eran una rama de Galia originalmente del Norte del mar Báltico. J. Vernon McGee dice, "El Libro de los Gálatas es un mensaje solemne, áspero, severo. No corrige conducta como las cartas a los Corintios, pero es correctivo.

   "Esta es la única vez en todos los escritos de Pablo en el cual él no expresa su gratitud. Esta es la única iglesia a quien no pide oraciones. No hay palabra de encomio ni alabanza y no hay mención de su posición en Cristo. Nadie con él es mencionado por nombre.

   "El corazón del apóstol Pablo está tendido al descubierto; hay emoción profunda y sentimiento fuerte. Esta es la epístola de lucha de Pablo.

   "Gálatas es la declaración de emancipación del legalismo de cualquier tipo. Esta fue la epístola favorita de Martín Lutero y estaba en el mástil de la Reforma.

   "Es la declaración más fuerte de defensa de la Doctrina de la Justificación por fe dentro y fuera de la Escritura."

2. **El mensaje central**

   "Estad, pues, firmes en la libertad con que Cristo nos hizo libres" — Gálatas 5:1.

3. **La estructura del libro**
   - INTRODUCCIÓN — capítulo 1:1-10
   - PERSONAL — un testimonio — capítulos 1 y 2
   - DOCTRINAL — justificación por fe — capítulos 3 y 4
   - PRÁCTICA — libertad en Cristo — capítulos 5 y 6

4. **La introducción — capítulo 1:1-10**

   Pablo da un saludo impávido, primero porque él califica su apostolado el cual no fue *de* hombre, esto es, no legalista. Ni fue *por* hombre — significando que no fue ritualista. Sino que su apostolado fue "a través de Jesucristo." Jesús lo llamó y lo apartó para el oficio — Hechos 9:15-16. El saludo aquí es muy impávido, corto, y formal.

   Usted notará que en los versículos 6-10 Pablo declara el tema — hay un solo evangelio y Pablo les advierte que no escuchen a lo que era llamado "un evangelio diferente." Los judaizantes habían buscado añadir la ley a la gracia — FE MÁS LEY — en otras palabras. Pablo dice que esto es *pervertir el evangelio de Cristo* — versículo 7.

5. **Personal — un testimonio — capítulos 1 y 2**

Cuando usted lee estos dos capítulos por primera vez, usted quizá tenga la idea de que Pablo está defendiendo su apostolado. Aquí, Pablo está probando su sinceridad y la autenticidad del evangelio que él predicó. Él ya les había dicho en el versículo 1 que su apostolado no era de hombre ni a través del hombre y usted notará en los versículos 11 y 12 que lo que él predicó vino por *revelación directa* del Señor Jesucristo. Después de que él había recibido esta *revelación directa* y comisión, él no había consultado "en seguida con carne y sangre" — versículo 16. Ni había subido a Jerusalén para ver a los que fueron apóstoles antes que él; sino que fue a Arabia — versículo 17. (Escriba el versículo 16.)

_____

_____

Después de tres años fue a Jerusalén para ver a Pedro y quedarse con él 15 días (versículo 18), pero no vio a ninguno otro de los apóstoles excepto a Jacobo (versículos 18-19). Así que, el propósito aquí en este primer capítulo *es mostrar que el evangelio que él predicó era genuino como pertenece a su origen porque no vino de hombre, sino que fue una revelación directa de Jesucristo.*

En el capítulo 2 Pablo fue a Jerusalén junto con Bernabé y Tito (versículos 1-10). Habían pasado 14 años desde su primera visita a Jerusalén. Él llevó a Bernabé y a Tito, y allí tuvieron un acuerdo entre él y los presentes (versículos 6-10). Su acuerdo trató con la doctrina central de la salvación — *exclusiva y totalmente por* GRACIA — porque cuando Pedro y otros, más tarde en Antioquía, cometieron conducta judaica, Pablo lo reprendió en la misma base de ese acuerdo común (versículos 11-21). Aquí, entonces, encontramos en estos dos capítulos la i*dentidad básica del evangelio* predicada por Pablo, Pedro, y otros apóstoles.

De especial atención es el hecho de que Pablo reprende silenciosamente a Pedro por permitir que los judaizantes lo presionaran de tal manera que evitaba a todos los gentiles creyentes a la llegada de algunos judíos influyentes de Jerusalén. Verdaderamente esto es muy difícil de interpretar para la iglesia de Roma porque Pablo, un constructor de tiendas, estaba reprendiendo a Pedro, quien se supone que era el "primer Papa."

Note el capítulo 2, versículo 20 *y subráyelo en su Biblia.*

6. **Doctrinal — justificación por fe — capítulos 3 y 4**

Aquí Pablo expresa una actitud de completa sorpresa porque él habla como si fuera increíble para él que uno pudiera regresar de la gloriosa libertad y el maravilloso evangelio a la atadura del legalismo. Sus primeras palabras son *"¡Oh gálatas insensatos! ¿quién os fascinó?"* como si solo pudiera atribuir lo que había pasado a algún extraño hechizo hipnótico. También se encuentra la palabra "necios" nuevamente en el versículo 3.

A través de estos dos capítulos Pablo está mostrando la superioridad del evangelio sobre el judaísmo:

- de fe SOBRE obras (3:2)
- del Espíritu SOBRE la carne (versículo 3)
- de ser justificado SOBRE ser atado por la ley (versículos 8 y 11)
- de ser bendito SOBRE ser maldito (versículos 9 y 10)

- de la "promesa" en Abraham SOBRE el mandamiento a través de Moisés (versículos 12-14)
- del pacto abrahámico SOBRE el pacto mosaico (versículos 16-22), y podríamos continuar más.

Una de las lecciones importantes para todos los creyentes de hoy es comprender la ilustración legal de Pablo comenzando en el capítulo 3, versículo 6. Abraham recibió su justicia por fe en Dios mucho antes de que la ley fuera dada (3:6, 17). Dios le dijo a Abraham en Génesis 12:3 que los gentiles también recibirían la justicia por fe (capítulo 3:8 y 9). Dios no solo perdona a los pecadores por fe, pero también los preserva por fe porque "el justo por la fe vivirá" (3:11).

Esta declaración es tomada de Habacuc 2:4 y es usada aquí también como en Romanos 1:17 y Hebreos 10:38.

En el versículo 10 se nos dice que si la ley del Antiguo Testamento es quebrantada ("maldito todo aquél que no permaneciere en *todas* las cosas escritas en el libro de la ley, para hacerlas") toda la ley es quebrantada.

La ley fue dada a Israel 430 años *después* de que la promesa (justificación por fe) fue dada. Estudiamos este período de tiempo cuando estudiamos Génesis y usted recordará de ese estudio que los 430 años son el tiempo de la confirmación de Dios de Su promesa a Jacob hasta que la ley en el Sinaí fue dada. El dar la ley fue una inserción debido al pecado. "*Fue añadida a causa de las transgresiones.*" Fue ordenada por ángeles en la mano de un mediador (3:19).

Así que actuó como el maestro de Israel porque "la ley ha sido nuestro ayo, para llevarnos a Cristo" (3:24). La ley, en un sentido, debe de "sacudirnos" a una percepción de nuestra necesidad de Cristo para que seamos justificados por fe en Él (3:24). Así que la entrega de la ley no anuló la promesa abrahámica. El capítulo termina con un énfasis especial: "pues todos son hijos de Dios por la fe en Cristo Jesús" — versículo 26. "Y si vosotros sois de Cristo, ciertamente linaje de Abraham sois" — versículo 29.

Note especialmente los versículos 27 y 28 del capítulo 3. Cristo unió a *todos* los pecadores arrepentidos en Su cuerpo porque "ya no hay judío ni griego; no hay esclavo ni libre; no hay varón ni mujer; porque todos vosotros sois uno en Cristo Jesús."

En el capítulo 4, Pablo continúa con lo que comenzó en el capítulo 3. En los versículos 1-7 él garantiza nuestra adopción total como hijos de Dios. Usted notará en los versículos 6 y 7 que entramos en los privilegios de ser hijos adultos en un sentido espiritual real porque "Dios envió a vuestros corazones el Espíritu de Su hijo …así que ya no eres esclavo, sino hijo; y si hijo, también heredero de Dios por medio de Cristo."

Note especialmente los versículos 4 y 5 porque aquí encontramos que estos versículos nos explican cómo somos redimidos de la ley.

Pablo da una ilustración alegórica en los versículos 21-31. Él simplemente está usando los eventos de la doctrina del Antiguo Testamento para mostrar su propósito.

LOS HECHOS DE LA ALEGORÍA DE PABLO:

Abraham tenía dos hijos y dos esposas. Uno, Ismael, fue nacido de Agar. El otro, Isaac, nació *sobrenaturalmente* de Sara — versículos 22-23.

LA APLICACIÓN DE LA ALEGORÍA DE PABLO ES:

Agar representa la LEY mientras que Sara habla de GRACIA.

Isaac se refiere al espíritu y a aquéllos que mirarían a Jesús para que de este modo vinieran a ser hijos libres.

Agar representa el MONTE SINAÍ mientras que Sara representa el MONTE DE LOS OLIVOS — versículo 25.

Para un creyente el mezclar "LEY Y GRACIA" es sufrir persecución y ridiculez como Isaac con Ismael (versículos 28-29).

7. **Práctica — libertad en Cristo — capítulos 5 y 6**

En los últimos dos capítulos tenemos la exhortación de Pablo a los gálatas. Es tan abundante que no podemos tomarlo versículo por versículo, sino solo los puntos principales. Primero, el versículo 4 ¿significa caer de la gracia? El versículo no significa que habían perdido su salvación porque Pablo llama a estos mismos gálatas "hermanos" nueve veces y también les llama "hijos de Dios" en 3:26 y 4:6, y "herederos según la promesa" en 3:29. La palabra griega para "caer" es encontrada en Hechos 27:17, 26, 29, y 32 donde se refiere a un barco sin control. Este es el significado aquí en Gálatas. Significa "*apartarse*" o en nuestros días sería "*apostasía.*"

NOTE EL VERSÍCULO 13 Y SUBRÁYELO.

Después de que usted haya leído el versículo 13 note como Pablo enlista 17 obras de la carne que resultan de un uso ilegal de la ley (versículos 19-21). ¿Puede usted encontrar las 17 obras de la carne?

EL FRUTO DEL ESPÍRITU — VERSÍCULOS 22 y 23

El Espíritu siempre produce fruto vivo, que es —

1. AMOR — interés divino por otros
2. GOZO — entusiasmo interno
3. PAZ — una confianza y quietud
4. PACIENCIA — perseverancia
5. BENIGNIDAD — benevolencia
6. BONDAD — amor en acción
7. FE — cosas que no se ven
8. MANSEDUMBRE — fuerza contenida
9. TEMPLANZA — control propio

Hay responsabilidades y libertades que tenemos como creyentes y usted las encontrará enlistadas en el capítulo 6. Tenemos libertad de un servicio y un amor hacia aquéllos en necesidad. Usted encontrará esto enfatizado en los primeros versículos del capítulo 6.

Aun los últimos versículos están llenos de palabras llamativas de los labios de Pablo, pero llamamos su atención solo a los dos *últimos versículos*. "De aquí en adelante nadie me cause molestias; porque yo traigo en mi cuerpo las marcas del Señor Jesús." Las marcas del Señor Jesús que Pablo tenía en su cuerpo eran las marcas de personas quienes habían sido selladas como esclavos (una marca de propiedad), soldados (una marca de alianza), devotos (como una marca de consecuencias), criminales (como una marca de exposición), y el aborrecido (como una marca de reproche).

PABLO TENÍA TODAS LAS CINCO. Él había sido maltratado y amoratado de tal manera que en su cuerpo tenía cicatrices permanentes. Él había sido apedreado en Listra, arrastrado fuera de la ciudad y dejado por muerto. Había sido azotado cinco veces por los judíos y tenía tres azotes de los soldados romanos. Él había sido atacado por la multitud y emboscado por enemigos.

Todo esto dejó marcas en el cuerpo de Pablo. Pero ¿por qué menciona estas marcas al final de la carta a los Gálatas? Una razón es indicada por el hecho de que "yo" es enfático: "porque yo traigo en mi cuerpo las marcas del Señor Jesús." Pablo aquí describe un contraste entre sí mismo y los maestros judaizantes quienes estaban trastornando a los creyentes gálatas. Estos hombres eran grandes oradores pero no llevaban ni una marca de cicatrices del Señor Jesús en sus personas como Pablo.

UNA SEGUNDA RAZÓN por la que Pablo menciona estas marcas es encontrada en el énfasis de que son la marca del "Señor Jesucristo." Él está *mostrando un contraste entre* las marcas de Jesús y la marca de Moisés que es la circuncisión. La circuncisión es la marca de Moisés y habla de servidumbre a un sistema legal. Las marcas del Señor Jesús son aquellas de un servicio alegre, libre, y voluntario.

UNA TERCERA RAZÓN por la que Pablo habla de estas marcas es encontrada en las palabras "de aquí en adelante nadie me cause molestias." Todo el problema había venido, hasta ahora en este libro, de los falsos maestros que estaban pervirtiendo la fe joven de los convertidos de Pablo. En estas palabras Pablo está diciendo que si cualquiera de estos falsos maestros tiene sentido de honestidad u honor, cuando menos dejará sus trucos tratando de destruir la fe que Pablo ha predicado.

Debemos de llevar las marcas del Señor Jesús en nosotros mismos y nunca estar avergonzados de llevar algún reproche por Cristo — nunca tener miedo de llevar algunas marcas en nuestros cuerpos.

¿CUÁNTO RECUERDA USTED?

P.   *¿Cuál es el mensaje central del libro?*

P.   *Los gálatas eran una "rama" de* _____.

P.   *¿Contiene la epístola a los Gálatas alguna palabra de alabanza, gratitud, o encomio?*

P.   *¿Cómo llamó Pablo a los gálatas?*

P.   *¿Qué llevó Pablo en su cuerpo?*

SU TAREA PARA LA PRÓXIMA SEMANA

1.   Lea los seis capítulos del libro de Efesios.
2.   Repase su estudio del libro de los Gálatas.
3.   Subraye en su Biblia esos versículos importantes de Gálatas.
4.   Esté preparado para el estudio del libro de los Efesios el próximo día del Señor.

Lección 38
El libro de Efesios

(Donde se proveen líneas, por favor lea y escriba todo el pasaje o la verdad principal del pasaje.)

1. **Trasfondo**

   Efesios fue escrito desde Roma y es la primera en el orden de las epístolas de la prisión. A Pablo le fue prohibido por el Espíritu Santo entrar a Asia, donde Efeso era el centro (Hechos 16:6). Él fue llamado en una visión para ir a Macedonia. Él fue dirigido por el Espíritu a Europa, tan lejos como Corinto, después de lo cual él regresó por el camino a Efeso (Hechos 18:19). Él estuvo tan impresionado que prometió regresar y lo hizo en su tercer viaje misionero. Se quedó allí dos años — más tiempo que en ningún otro lugar (Hechos 19:8-10).

   LEA I DE CORINTIOS 16:8-9.

   Pablo amaba esta iglesia aun cuando enfrentó gran oposición (Hechos 19). Su última reunión con los ancianos de Efeso fue una despedida conmovedora (Hechos 20:17-38).

2. **El mensaje central**

   "Bendito sea el Dios y Padre de nuestro Señor Jesucristo, que nos bendijo con toda bendición espiritual en los lugares celestiales en Cristo, según nos escogió en él antes de la fundación del mundo" — Efesios 1:3-4.

3. **La estructura del LIbro**

   Doctrinal — nuestro llamado celestial — capítulo 1 al 3

   Práctica — nuestra conducta terrenal — capítulo 4 al 6

4. **Doctrinal — nuestro llamado celestial — capítulo 1 al 3**

   (1) LA IGLESIA ES UN CUERPO — capítulo 1.

   Pablo comienza con un gran derramamiento de *alabanza* por nuestras posesiones en Cristo — versículos 1-14.

   (a) Estamos "*en* Cristo" — versículo 1.

   (b) "Nos *bendijo* con toda bendición espiritual" — versículo 3.

   (c) "Nos *escogió* en él" — versículo 4.

   (d) "*Adoptados* hijos suyos por medio de Jesucristo" — versículo 5

   (e) Somos "*aceptos* en el Amado" — versículo 6.

   (f) Tenemos "*redención* por su sangre" — versículo 7 ("redención" significa "somos comprados por un precio").

   (g) Tenemos el "perdón de pecados" — versículo 7.

   (h) "Dándonos a *conocer* el misterio de su voluntad" — versículo 9

   (i) "De reunir t*odas* las cosas en Cristo" — versículo 10

   (j) "*Tuvimos herencia*" — versículo 11.

   (k) Somos "para *alabanza* de su gloria" — versículo 12.

   (l) Somos "*sellados* con el Espíritu Santo" — versículo 13.

   (m) Se nos garantiza esto: "las *arras* de nuestra herencia *hasta la redención* de la posesión   adquirida" — versículo 14.

PABLO CONTINÚA EN ORACIÓN POR CONOCIMIENTO Y PODER — versículos 15-23.

(a) "os dé espíritu de sabiduría y de revelación en el conocimiento de él" — versículo 17

(b) "para que sepáis cuál es la esperanza a que él os ha llamado" — versículo 18

(c) "la supereminente grandeza de su poder para con nosotros los que creemos" — versículos 19-20. Esto es el poder que "operó en Cristo, resucitándole de los muertos y sentándole a su diestra en los lugares celestiales."

El Cristo exaltado está sobre todo y es la cabeza sobre la iglesia, que es Su cuerpo. Pablo da gracias que nosotros, la iglesia, somos la plenitud (complemento) de Él — versículos 22-23.

(2) LA IGLESIA ES LA CASA DE DIOS — capítulo 2.

La nueva condición en Cristo — versículos 1-10

En los tres primeros versículos vemos nuestra condición antes de que fuéramos salvos:

(a) Estábamos "muertos en…delitos y pecados" — versículo 1. Estábamos muertos espiritualmente — separados de Dios.

(b) "Anduvisteis en otro tiempo, siguiendo la corriente de este mundo — hijos de desobediencia" — "el espíritu que ahora opera en los hijos de desobediencia" — versículo 2.

(c) Vivíamos "en los deseos de nuestra carne, haciendo la voluntad de la carne y de los pensamientos, y éramos por naturaleza hijos de ira" — versículo 3.

Pero en el versículo 4 hay un descanso y comienza con la palabras *"Pero Dios."* Nuestra *nueva condición* es declarada en cuatro características:

(a) "Nos dio vida juntamente con Cristo" — versículo 5 — grande contraste con el versículo 1.

(b) Dios "nos resucitó, y asimismo nos hizo sentar en los lugares celestiales *con* Cristo Jesús" — versículo 6. Somos poseedores presentes de esa vida en Cristo Jesús.

(c) "para mostrar en los siglos venideros las abundantes riquezas de su gracia en su bondad para con nosotros en Cristo Jesús" — versículo 7.

(d) "Porque por gracia sois salvos por medio de la fe — porque somos hechura suya, creados en Cristo Jesús para buenas obras" — versículos 8-10. *(Gracia divina, ningun mérito humano.)*

Ahora Pablo da nuestra nueva relación desde que cambiamos nuestra vieja condición — versículos 11-22. Pablo repasa algunas cosas de nuestro pasado en los versículos 11-12. Éramos EXTRANJEROS — SIN CRISTO — EXTRAÑOS — SIN ESPERANZA — SIN DIOS.

En el versículo 13 Pablo dice otra vez, "PERO AHORA," y aquí está la nueva relación en Cristo:

(a) "Hechos cercanos por la sangre de Cristo" — versículo 13.

(b) "Él es nuestra paz — derribando la pared intermedia de separación" — (judíos y gentiles) — versículo 14.

(c) "Aboliendo las enemistades — haciendo la paz" — versículo 15

(d) Él hizo "en sí mismo u*n* nuevo hombre" — versículo 15 — así destruyendo la distinción entre judío y gentil si estamos en Cristo — Su cuerpo.

En los versículos 19-22 vemos que somos el templo de Dios — la casa de fe. Note estas cosas:

(a) Somos "conciudadanos" — versículo 19.

(b) Somos "de la familia de Dios" — versículo 19.

(c) Estamos "edificados sobre el fundamento" — versículo 20.

(d) Somos "el edificio, bien coordinado — va creciendo para ser un templo santo en el Señor" — versículo 21.

(e) Somos morada del Espíritu — versículo 22.

(3)　LA IGLESIA ES UN MISTERIO DIVINO — capítulo 3.

Llegamos ahora a uno de los pasajes profundos de la Biblia. En la primera parte Pablo revela el misterio divino — versículos 1-12.

(a) El misterio fue revelado y encomendado a Pablo — versículos 1-3.

(b) El misterio no se dio a conocer a los santos del Antiguo Testamento — versículo 5.

(c) El misterio entonces es totalmente revelado en los versículos 6-10.

"Que los gentiles son coherederos y miembros del mismo cuerpo, y copartícipes de la promesa en Cristo Jesús por medio del evangelio" — versículo 6.

En el Antiguo Testamento, la salvación gentil era conocida pero no de esta manera — (salvación sin ser judío por proselitismo).

Vea Isaías 11:10. _____

_____

Isaías 42:6 _____

_____

Isaías 60:3 _____

_____

La nota de la Biblia de Scofield dice de Efesios 3:6 que "El misterio escondido en Dios era el propósito divino de hacer al judío y al gentil totalmente una nueva cosa — la iglesia, que es Su (de Cristo) cuerpo, formada por el bautismo del Espíritu Santo (I de Corintios 12:13) y en el cual la distinción terrenal del judío y gentil desaparece (Efesios 2:14-15; Colosenses 3:10-11). La revelación de este misterio, que fue dicha pero no explicada por Cristo (Mateo 16:18), fue encomendada a Pablo. SOLAMENTE en sus escritos encontramos la *doctrina, posición, caminar*, y *destino* de la iglesia." (Traducido de la nota de Scofield sobre Efesios 3:6.)

ASÍ QUE, EL MISTERIO ENTONCES ES "LA IGLESIA" — EL CUERPO DE CRISTO — TODOS LOS QUE SOMOS SALVOS.

Los profetas del Antiguo Testamento nunca pudieron ver esta dispensación de la iglesia. (Vea los versículos 9 y 10 nuevamente.)

En esta presente era, un pueblo electo debe de ser llamado a salir (salvo), sin importar su nacionalidad, a formar la iglesia.

En la segunda parte de este capítulo Pablo ora por tres cosas en los versículos 13-21:

(a) "Para que os dé, conforme a las riquezas de su gloria, el ser fortalecidos con poder en el hombre interior por su Espíritu" — versículo 16.

(b) "a fin de que, arraigados y cimentados en amor" — versículo 17.

(c) "seáis plenamente capaces de comprender — la anchura, la longitud, la profundidad y la altura — para que seáis llenos de toda la plenitud de Dios" — versículos 18-19.

Vea Colosenses 1:19. _____

_____

Colosenses 2:9-10 _____

_____

¡La doxología de Pablo es gloriosa! Lea y subraye 3:20-21.

5. **Práctica — nuestra conducta terrenal — capítulo 4 al 6**

(1) Capítulo 4 — Tenemos que *ser dignos* de nuestro llamamiento — guardando la unidad de paz en el Cuerpo. Somos unidos por siete grandes estabilizadores:

(a) UN CUERPO (el cuerpo de Cristo — la iglesia — I de Corintios 12:12)

(b) UN ESPÍRITU (el Espíritu Santo — vea I de Corintios 12:4)

(c) UNA ESPERANZA (bienaventurada — Tito 2:13; eterna — Tito 3:7)

(d) UN SEÑOR (el Salvador — I de Corintios 12:5)

(e) UNA FE (I de Corintios 16:13; II Timoteo 4:7)

(f) UN BAUTISMO (en el cuerpo de Cristo — I de Corintios 12:13)

(g) UN DIOS (el Padre — I de Corintios 12:6)

Compare 4:7-10 con Salmo 68:18.

Los dones del ministerio de Cristo para la iglesia — versículo 11

_____

_____

El propósito de los dones — versículos 12-16

En los versículos 17-32 — vemos cómo debemos de andar y hablar como "nuevos hombres."

Note también que esta sección p*ráctica* repasa la sección doctrinal (capítulos 1-3). EJEMPLO: En 1:13 se nos enseña que el Espíritu Santo nos se*lla*. Ahora en 4:30 se nos dice "no contristéis al Espiritu Santo."

(2) LA IGLESIA SERÁ LA NOVIA — capítulo 5.

(a) Debemos de estar separados — versículos 1-13.

(b) Debemos de servir — versículos 14-17.

Anote el versículo 16. _____

_____

(c) Debemos de ser llenos del Espíritu — versículo 18.

(d) Debemos de ser felices y agradecidos — versículos 19-20.

(e) Dios escogió la relación humana — el amor de un hombre por su esposa — para ilustrar el amor de Cristo por la iglesia — versículos 21-25.

Anote el versículo 25. _____

_____

(f) Su amor es consumado en el rapto — versículos 26-27.
Note el versículo 26 — "habiéndola purificado por el lavamiento del agua por la Palabra."

(g) Note el versículo 32 — el misterio es establecido.

(3) LA IGLESIA ES UNA GUERRERA EN ESTE MUNDO — capítulo 6.

(a) Hay una manera ordenada de preparar a los hijos. Los padres tienen una responsabilidad espiritual — versículo 14.

(b) Siervos y amos deben servir así como al Señor — para Dios "no hay acepción de personas" — versículos 5-9.

(c) El equipo que debemos de tener — versículos 10-17. Note las piezas de la armadura:

- "el cinto de la verdad" — versículo 14
- "la coraza de justicia" — versículo 14
- "las sandalias del evangelio" — versículo 15
- "el escudo de la fe" — versículo 16
- "el yelmo de la salvación" — versículo 17
- "la espada del Espíritu, *que es la palabra de Dios*" — versículo 17

(d) Finalmente tenemos que orar y velar y hablar con denuedo — versículos 18-19. ¡Qué carta gloriosa! Cada versículo es abundante. Hemos ido más allá de nuestro espacio — pero todavía hemos dejado mucho afuera.

¿CUÁNTO RECUERDA USTED?

P.   *¿Cuáles son las dos divisiones principales del libro?*

P.   *¿Puede usted nombrar cinco posesiones que tenemos en Cristo?*

P.   *¿Cómo describe Pablo el amor de Cristo por su iglesia?*

P.   *¿Fue la iglesia dada a conocer en el Antiguo Testamento?*

SU TAREA PARA LA PRÓXIMA SEMANA

1. Lea el libro de Filipenses — solo 4 capítulos.
2. Repase el abundante estudio de Efesios.
3. Marque su Biblia de sus notas.
4. Esté presente el próximo día del Señor para el estudio de Filipenses.

Lección 39
El libro de Filipenses

(Donde se proveen líneas, por favor lea y escriba todo el pasaje o la verdad principal del pasaje.)

1. **Trasfondo del libro**

   Esta epístola de Pablo fue escrita en el 62 d.C., mientras Pablo era un prisionero en Roma. Sabemos esto por la referencia a "la casa de César" en 4:22. La iglesia nació de la visión que Pablo recibió en Troas en Hechos 16:6-13 — "Pasa a Macedonia y ayúdanos." Filipos era la ciudad principal de Macedonia y fue la primera ciudad europea en recibir el evangelio.

   Esta carta fue escrita aproximadamente diez años después de la visita de Pablo allí. La primera convertida en Europa fue una mujer, Lidia, una vendedora de púrpura, de Tiatira. Él sacó un demonio de una niña esclava — y el carcelero filipense se convirtió. Estos tres fueron los primeros en creer y eran el potencial de esa iglesia (Hechos 16:14-34).

   Al saber del encarcelamiento de Pablo, la iglesia de Filipos envió a Epafrodito a Roma para llevar su amor y regalos para él (4:18). Epafrodito se enfermó gravemente en su viaje a Roma y Pablo estaba agradecido por la misericordia de Dios en restaurarle su salud (2:25-30). Cuando envío de regreso a Epafrodito, Pablo envío su epístola con él.

2. **El mensaje central**

   "Porque para mí el vivir es Cristo, y el morir es ganancia" — (1:21).

   (El "*gozo en Cristo*" fácilmente sería otro mensaje central — Note: 1:4, 18, 25; 2:16, 17, 18, 28; 3:1, 3; 4:1, 4.)

3. **La estructura del libro**
   - Cristo, EL PROPÓSITO DE LA VIDA — capítulo 1
   - Cristo, NUESTRO MODELO PARA VIVIR — capítulo 2
   - Cristo, NUESTRA META EN LA VIDA — capítulo 3
   - Cristo, NUESTRO PODER (FORTALEZA) EN LA VIDA — capítulo 4

4. **Cristo, el propósito de la vida — capítulo 1**

   El *versículo clave* del capítulo 1 es versículo 21, "Porque para mí el vivir es Cristo, y el morir es ganancia."

   Los primeros siete versículos son una salutación y son tan preciosos para el cristiano. Note el versículo 3 y subráyelo.

   Memorice y subraye el versículo 6. TODOS LOS CREYENTES DEBEN DE SABER ESTE VERSÍCULO.

   Encontramos siete expresiones de que Cristo es el propósito de la vida en el capítulo 1:

   (1)   El cristiano debe de tener *los sentimientos de Cristo* — "Os amo a todos vosotros con el entrañable amor de Jesucristo" — versículo 8.

   (2)   Debemos de tener *los mismos intereses que Cristo* — "Las cosas que me han sucedido, han redundado más bien para el progreso del evangelio — Cristo es anunciado; y en esto me gozo" — versículos 12-18.

   (3)   El mismo *Espíritu de Jesucristo* es nuestro — "Porque sé que por vuestra oración

y la suministración del *Espíritu de Jesucristo*, esto resultará en mi liberación" — versículo 19. Su vida interna es nuestra.

(4) Nuestro supremo interés debe de ser Cristo porque Él *es nuestra vida* — "será magnificado Cristo en mi cuerpo, o por vida o por muerte" — versículo 20.

(5) *Cristo es*, y debe de ser, nuestro *profundo deseo* — versículos 21 y 23. Pablo anhela a Cristo "lo cual es muchísimo mejor."

(6) *Nuestra conducta debe de ser controlada por Cristo* — "Solamente que os comportéis como es digno del evangelio de Cristo" — versículo 27.

(7) *Quizá suframos por Cristo* — *el distintivo del cristiano* — debemos de ser fuertes y complacientes — "sino también que padezcáis por él" — versículo 29. (Lea los versículos 27-30.)

Vea Juan 16:33b. _____

_____

5. **Cristo, nuestro modelo para vivir — capítulo 2**

El versículo clave del capítulo 2 es el versículo 5 — "Haya, pues, en vosotros este sentir que hubo también en Cristo Jesús."

(1) EL SENTIR DE CRISTO

Aquí en este capítulo vemos el "*sentir de Cristo*" que debe de ser el factor que controla el sentir del cristiano:

Note: versículo 2 — "SINTIENDO LO MISMO"

             versículo 2 — "UNÁNIMES"

             versículo 3 — "HUMILDAD"

             versículo 5 — "HAYA, PUES, EN VOSOTROS ESTE SENTIR —" la impartición del sentir de Cristo por el Espíritu Santo.

(2) NUESTRO SEÑOR SE HUMILLA A SÍ MISMO — versículos 5-8 (siete pasos):

(a) "siendo en forma de Dios, no estimó el ser igual a Dios" — Él era Dios, el Hijo, a pesar de todo.

(b) "se despojó a sí mismo"

(c) "tomando forma de siervo" — Él vino del linaje de David — pero Isaías 11:1 dice, "Saldrá una vara del tronco de Isaí." ¿Por qué? porque al tiempo de Su nacimiento, Isaí, el padre de David, era un campesino — "tomó forma de siervo."

(d) "hecho semejante a los hombres" — vea Juan 1:14.

(e) "se humilló a sí mismo" — Vea I de Pedro 2:21-24.

(f) "haciéndose obediente hasta la muerte" — Vea Juan 10:18.

(g) "y muerte de cruz"

(3) LA EXALTACIÓN DE CRISTO POR DIOS, EL PADRE — versículos 9-11

Este es el trabajo del Padre — que "toda lengua confiese que Jesucristo es el Señor."

(4) EL SENTIR DE PABLO — versículos 12-18

Note los versículos 12-13. No debemos de "trabajar" por la salvación. Pablo dice aquí que la vida cristiana no es una serie de "subidas y bajadas" sino de "entradas y salidas." Dios trabaja *adentro*; y nosotros *afuera*. (Ahora lea el versículo 13 otra vez.)

Pablo les recuerda — "Haced todo sin murmuraciones y contiendas" — versículo 14.

"*Asidos de la palabra de vida*" — debe de ser nuestro lema.

(5)   EL SENTIR DE TIMOTEO — versículos 19-24
        • Pablo planea enviar a Timoteo a Filipos — versículo 19.
        • Timoteo tenía el mismo ánimo de Pablo — versículo 20.
        • Timoteo comparado con otros — versículos 21-23
(6)   EL SENTIR DE EPAFRODITO — versículos 25-30
        "Porque por la obra de Cristo estuvo próximo a la muerte."
        Él tenía una meta — el Señor Jesús.

6. **Cristo, nuestra meta en la vida — capítulo 3**
    El versículo clave en el capítulo 3 es el versículo 10. "A fin de conocerle — ."
    (1)   Pablo advierte de esos que guiarían por mal camino. Versículos 1-3 — "Guardaos
           de los perros, guardaos de los malos obreros, guardaos de los mutiladores del
           cuerpo." Eran como perros voraces hacia el evangelio y eran malvados y creían
           en la "mutilación" — la circuncisión necesaria para la salvación. La circuncisión
           real dada por Dios está en:
           Colosenses 2:11 _____

           _____

    Pablo dice, "no teniendo confianza en la carne."
    (2)   Si alguno tenía razón de gloriarse en la carne era Pablo — versículos 4-6. Note
           lo que Pablo estima "como pérdida" felizmente por servir a Cristo:
           • "CIRCUNCIDADO AL OCTAVO DÍA" — israelita por nacimiento
           • "DEL LINAJE DE ISRAEL" — sus padres eran hebreos
           • "DE LA TRIBU DE BENJAMÍN" — la tribu que le dio a Israel el primer rey
           • "HEBREO DE HEBREOS" — guardaba las costumbres hebreas
           • "EN CUANTO A LA LEY, FARISEO" — la perspectiva estricta de la ley
           • "EN CUANTO A CELO, PERSEGUIDOR DE LA IGLESIA" — un
             fariseo ferviente
           • "EN CUANTO A LA JUSTICIA EN LA LEY, IRREPRENSIBLE" — Pablo
             guardaba todas las prácticas de la ley
    (3)   El premio que Pablo ganó — versículos 7-21 (pérdidas y ganancias).
           (a) Él ganó nuevo CONOCIMIENTO — versículos 7-8.
           (b) Él ganó nueva JUSTICIA — versículo 9.
           (c) Él ganó nuevo PODER ("poder de Su resurrección") — versículo 10.
           (d) Él ganó una nueva META — versículos 11-17. Note especialmente: "pero
               una cosa hago" — versículo 13.
           Vea Marcos 10:21 para contraste. _____

           _____

           Note también — "extendiéndome a lo que está delante." Vea I de Corintios
               9:24-27.
           El premio está en el versículo 14 — Cristo es el premio; Pablo les suplica para
           que tengan la misma meta — versículos 15-19.
           (e) Él ganó una *nueva esperanza* — versículos 20-21.
               "Esperamos al Salvador, al Señor Jesucristo; el cual transformará el cuerpo
               de la humillación nuestra — ."
               Vea I de Corintios 15:51-54.

También I de Juan 3:2 _____

_____

7. **Cristo, nuestro poder (fortaleza) en la vida — capítulo 4**

El versículo clave es el versículo 13 — "Todo lo puedo en Cristo que me fortalece."

(1) GOZO, la fuente de poder — versículos 1-4

Los filipenses eran un gozo para Pablo — versículo 1.

Dos mujeres tenían una protesta y Pablo dice que deben de tener el mismo sentir (reconciliarse) — versículo 2.

Note la importancia de la mujer en la iglesia — versículo 3.

Gozo es un mandamiento — "Regocijaos en el Señor siempre" — versículo 4.

(2) ORACIÓN — el secreto del poder — versículos 5-7

"Por nada estéis afanosos, sino sean conocidas vuestras peticiones delante de Dios en toda oración y ruego, con acción de *gracias*" — versículo 6.

Esto trae la paz de Dios. Subraye los versículos 6-7.

(3) PENSAR CORRECTO — para fortaleza y paz — versículos 8-9

Note que debemos de pensar en lo que es:

"VERDADERO" — "TODO LO HONESTO" — "TODO LO JUSTO" — "TODO LO PURO" — "TODO LO AMABLE" — "TODO LO QUE ES DE BUEN NOMBRE" — Hacer lo que "APRENDISTEIS" — "RECIBISTEIS" — "OÍSTEIS" — "VISTEIS" — "ESTO HACED."

(4) EL PODER DE CRISTO SATISFACE — versículos 10-12 — "he aprendido a contentarme, cualquiera que sea mi situación."

No se preocupe por las cosas. Cristo es suficiente.

(5) EL PODER DE CRISTO SUPLE — versículos 13-23.

"Todo lo puedo en Cristo que me fortalece" — versículo 13.

Las preposiciones usadas por Pablo en este libro son importantes:

- estar *en* Cristo significa salvación.
- trabajar *a través de* Cristo significa santificación.
- vivir *para* Cristo significa dedicación.
- rendirse *a* Cristo significa consagración.
- estar *con* Cristo significa glorificación.

Pablo termina esta gloriosa carta con un amable recuerdo — "Mi Dios, pues, suplirá todo lo que os falta conforme a sus riquezas en gloria en Cristo Jesús" — versículo 19.

¿CUÁNTO RECUERDA USTED?

P. *¿Dónde estaba Pablo cuando escribió esta epístola?*

P. *¿Puede dar el mensaje central?*

P. *¿Cuál es otro tema prevaleciente en este libro?*

P. *¿Dónde debe usted de buscar ayuda si está hablando con alguien emocionalmente perturbado?*

SU TAREA PARA LA PRÓXIMA SEMANA

1. Lea el libro de Colosenses — (solo 4 capítulos).
2. Repase sus notas en Filipenses.
3. ¿Ha marcado su Biblia — los versículos en Filipenses que usted debe de recordar?
4. Esté en clase el próximo día del Señor para el estudio de Colosenses.

Lección 40
El libro de Colosenses

(Donde se proveen líneas, por favor lea y escriba todo el pasaje o la verdad principal del pasaje.)

1. **Trasfondo del libro**

    Esta epístola fue escrita durante la reclusión de Pablo en Roma, aproximadamente en el 62 d.C. Aunque Pablo nunca visitó Colosas (2:1) él estuvo enseñando 2 años la Palabra en Efeso. Colosas estaba aproximadamente a 90 millas al Este de Efeso. Aparentemente visitantes de Colosas habían escuchado a Pablo y habían conocido a Cristo. Epafras (el pastor de Colosas) y Filemón probablemente eran dos de ellos.

    Colosas solo estaba a 12 millas de Laodicea. Estaba infectada de gnosticismo judaico. Esta filosofía consistía de lo siguiente (*con la respuesta de Pablo en la referencia de la Escritura*):

GNOSTICISMO JUDAICO	RESPUESTA DE PABLO
• La salvación podía ser obtenida solo a través de la sabiduría.	Colosenses 1:28
• Que Dios no creó el universo directamente — sino por la creación de una criatura que a su vez creó a otra criatura, etc. Cristo solo fue otra de estas criaturas.	Colosenses 1:15-19; 2:18
• Ascetismo — evitar el gozo de la vida y practicar abstinencia.	Colosenses 2:16, 23
• Libertinaje — inmoralidad incontrolada	Colosenses 3:5-9

2. **El mensaje central**

    "Porque en él (Jesús) habita corporalmente toda la plenitud de la Deidad" — (2:9).

3. **La estructura del libro**

    DOCTRINAL — "que seáis llenos" — capítulos 1 y 2

    PRÁCTICA — "Poned la mira en las cosas de arriba" — capítulos 3 y 4

4. **Doctrinal — "que seáis llenos" — capítulos 1 y 2**

    (1)　CAPÍTULO 1 — LA PREEMINENCIA DE CRISTO

    　　　(a) LA INTRODUCCIÓN — versículos 1-8

    　　　Note que Pablo une la trinidad de gracias para los creyentes — versículos 4-5.

    - FE — tiempo pasado
    - AMOR — tiempo presente
    - ESPERANZA — tiempo futuro

    Epafras era un siervo amado y ministro de Cristo.

(b) ORACIÓN DE PABLO — versículos 9-14

Note:

- "que seáis llenos del conocimiento de su voluntad" — versículo 9
- "para que andéis como es digno" — versículo 10
- "fortalecidos — para toda paciencia" — versículo 11
- "participar de la *herencia* de los santos" — versículo 12
- "el cual nos ha *librado* de la potestad de las tinieblas" — versículo 13.
- "y *trasladado* al reino de su amado Hijo" — versículo 13
- "en quien tenemos *redención* por su sangre" — versículo 14
- "el *perdón* de pecados" — versículo 14

(Note: las cinco palabras en letra cursiva — expresan la salvación quintuplicada en esta oración.)

(c) LA PERSONA DE CRISTO — versículos 15-18

Pablo da el *retrato completo* de nuestro Señor. Le ayudará a usted recordar si enlistamos las *siete* características.

1. "Él es la imagen (forma visible) del Dios invisible" — versículo 15.
2. "el primogénito de toda la creación" — versículo 15
3. "porque en él fueron creadas TODAS las cosas" — versículo 16.
4. "Y él es antes de todas las cosas" — versículo 17.
5. "y todas las cosas en él subsisten" — versículo 17.
6. "y él es la cabeza del cuerpo que es la iglesia" — versículo 18.
7. "el primogénito de entre los muertos" — versículo 18

Este era el Cristo que había sido predicado a los colosenses. Cristo solamente une todos estos aspectos que Pablo da en su oración — "para que en todo tenga la preeminencia" — versículo 18.

(d) TRES ASPECTOS DE NUESTRO SEÑOR — versículos 19-27

1. "en él habitase toda plenitud…" — versículo 19.
2. "haciendo la paz mediante la sangre de su cruz" — versículo 20.
3. "Su cuerpo — la iglesia — el misterio que había estado oculto" — versículos 24-27.

La "PLENITUD" abarca Su deidad — la "CRUZ" abarca el universo — el "MISTERIO" abarca todas las edades — "Pero que ahora ha sido manifestado a sus santos." Ese "MISTERIO" es "CRISTO EN NOSOTROS, LA ESPERANZA DE GLORIA" — versículo 27.

(2) CAPÍTULO 2 — LOS PELIGROS DE LA FILOSOFÍA Y EL RITUAL

(a) Cristo es la respuesta a la filosofía — versículos 1-15.

Había cuando menos cinco errores que ponían en peligro a la iglesia de Colosas:

1. PALABRAS PROVOCATIVAS — versículo 4
2. FILOSOFÍA — versículo 8
3. LEGALISMO — versículos 14-17
4. MISTICISMO — versículos 18-19
5. ASCETISMO — versículos 20-23

Pablo responde a cada uno de estos errores:

- ¡*Conozca* quién es Jesús! — versículos 3 y 9.
- *Conozca* lo qué Él ha hecho por usted — versículos 13 y 15.
- *Sepa* quién es usted como cristiano — versículos 10 y 12.
- *Sepa* qué debe hacer por Él — versículos 6-7.

(Hay tanta doctrina en estos dos primeros capítulos. El corazón de la epístola está en los versículos 9-10. Y déjeme parafrasearlo; "En Él habita toda la PLENITUD de la deidad corporalmente; y usted está LLENO PLENAMENTE en Él."

5. **Práctica — "poned la mira en las cosas de arriba" — capítulos 3 y 4**

En estos dos capítulos vemos el trabajo del creyente en relación a todas las áreas de la vida. Pablo habla claramente. Las Escrituras hablan por sí mismas:

(1)   En relación al Hijo de Dios — 3:1-4

(2)   En relación a nuestra vida personal — 3:5-12

(3)   En relación a otros creyentes — 3:13-14

(4)   En relación a la Palabra de Dios — 3:16 (Escriba este versículo.)

_____

_____

(5)   En relación al trabajo de Dios — 3:17

_____

_____

(6)   En relación al hogar — 3:18-21 (Note que Pablo menciona *esposas, maridos, hijos, padres.*)

(7)   En relación a su servicio — 3:22-25 (Escriba el versículo 23.)

_____

_____

(8)   En relación a la vida de oración — 4:2-4 (Escriba el versículo 2.)

_____

_____

(9)   En relación al no salvo — 4:5-6 (Escriba el versículo 5.)

_____

_____

(10)   En relación con otros líderes cristianos — 4:7-18

Pablo termina la carta enlistando nueve líderes asociados con su ministerio:

1. TÍQUICO — llevó la carta a Colosas.
2. ONÉSIMO — el esclavo que huyó de Filemón.
3. ARISTARCO — un compañero de prisiones de Pablo
4. JUAN MARCOS — vea Hechos 15:37
5. JUSTO — un consiervo de Pablo
6. EPAFRAS — el pastor de Colosas (encarcelado)
7. LUCAS — el médico y autor de Lucas y Hechos
8. DEMAS — un consiervo que finalmente abandonó a Pablo (II de Timoteo 4:10)
9. ARQUIPO — el que asumió el pastorado en Colosas cuando Epafras fue encarcelado

"Acordaos de mis prisiones" — versículo 18. Pablo, en prisión, escribió esta obra maestra — ¡qué gracia!

¿CUÁNTO RECUERDA USTED?

P. *¿Cómo llegó la Palabra a Colosas?*

P. *¿Por qué fue Epafras a Roma a ver a Pablo?*

P. *¿Cuál es la verdad central de Colosenses?*

P. *El retrato completo de Cristo que Pablo describió está en 1:15-18. ¿Ha marcado estos aspectos en su Biblia?*

SU TAREA PARA LA PRÓXIMA SEMANA

1. Lea I de Tesalonicenses — (solo 5 capítulos).
2. Repase sus notas en Colosenses.
3. Marque su Biblia de sus notas.
4. Esté presente el próximo día del Señor para I de Tesalonicenses.

Lección 41
El libro de I de Tesolonicenses

(Donde se proveen líneas, por favor lea y escriba todo el pasaje o la verdad principal del pasaje.)

1. **Trasfondo**

   La primera carta a la iglesia de Tesalónica fue escrita desde Corinto aproximadamente en el 53 d.C. El trasfondo histórico de la iglesia de Tesalónica es dado en Hechos 17:1-14. Note en este versículo que Pablo no perdió el tiempo en establecer una iglesia allí.

   - Él predicó en la sinagoga de los judíos — versículos 1-2.
   - Él predicó de las Escrituras — versículo 2.
   - Él predicó verdades básicas: Cristo tenía que sufrir y morir; tenía que resucitar de los muertos. Este Jesús a quien Pablo predicó ERA Cristo (estas verdades están en Hechos 17:3).
   - Los resultados inmediatos son dados — versículos 4-5. (Note griegos, mujeres, judíos.)
   - Pablo fue forzado a dejar la ciudad — versículo 10.

   Con Pablo en este segundo viaje misionero estaban Silas y Timoteo. Después de predicar en Tesalónica, él fue obligado a huir y fue a Berea solo para ser perseguido por la oposición de Tesalónica — los judíos incrédulos (Hechos 17:13-14). Pablo tenía que continuar — esta vez hacia Atenas. Después de predicar en Atenas en el Areópago, Pablo fue a Corinto, donde esta epístola fue escrita. Pablo hubiera querido regresar a Tesalónica (2:17-18), pero fue impedido para visitarlos. Él envió a Timoteo a ministrarlos (3:1-5). Después de que recibió palabra de Timoteo acerca de la iglesia (3:6-13) les escribió esta carta.

2. **El mensaje central**

   "Todo vuestro ser, espíritu, alma y cuerpo, sea guardado irreprensible para la venida de nuestro Señor Jesucristo" — (5:23b).

3. **La estructura del libro**

   (1) Mirando atrás — personal e histórica — capítulo 1 al 3

   (2) Mirando adelante — cómo deben vivir — capítulo 4 al 5

4. **Mirando atrás — personal e histórica — capítulo 1 al 3**

   (1) UNA IGLESIA MODELO — capítulo 1

   Note — la iglesia de Tesalónica estaba EN Dios el Padre y EN el Señor Jesucristo — versículo 1.

   "Gracia" y *"paz"* — *Pablo usa ambas palabras en su salutación a todas las iglesias. La palabra "gracia" era el saludo gentil del Oeste, mientras "paz" o "salom" era el saludo judío del Este — versículo 1. Pablo mira en retrospectiva* en el versículo 3 cuando usa la palabra *"acordándonos."* Desde este punto hasta el final del capítulo 3, Pablo está recordando.

   El resto del capítulo 1 está mirando en retrospectiva la conversión de los de Tesalónica.

Versículo 3 — Pablo siempre pone estas gracias cristianas juntas:
"FE — ESPERANZA — AMOR."

Versículo 4 — "vuestra elección" es el acto soberano de Dios en gracia por lo cual Él escogió en Cristo Jesús para salvación de todos aquellos que Él conoció de antemano que le aceptarían. (Vea Romanos 8:29-30.)

Versículo 5 — ellos habían sido salvados "en poder."

Versículos 6-7 — vinieron a ser un "ejemplo."

Versículo 8 — "ha sido divulgada la palabra," o hicieron ECO el evangelio.

Versículos 9-10 — vemos los tres tiempos de las vidas de los creyentes:
PASADO — "convertisteis de los ídolos a Dios" —
PRESENTE — "para servir al Dios vivo y verdadero,"
FUTURO — "y esperar de los cielos a Su Hijo."

Hemos cubierto el capítulo 1, versículo por versículo para mostrarle a usted *dos cosas*:

(a) En este capítulo Pablo enseña a esta iglesia joven SEIS doctrinas importantes — poniendo el ejemplo de que el nuevo cristiano debe de ser enseñado con alguna doctrina sana, específicamente:

    1.   ELECCIÓN — 1:4

    2.   ESPÍRITU SANTO — 1:5-6

    3.   CERTIDUMBRE — 1:5

    4.   TRINIDAD — 1:1, 5, 6

    5.   CONVERSIÓN — 1:9

    6.   SEGUNDA VENIDA DE CRISTO — 1:10

(b) Pablo insiste el tema — "*la venida del Señor*" desde el principio hasta el final. Cada uno de los cinco capítulos termina con una referencia al regreso del Señor. Note en este capítulo el versículo 10 — "y esperar de los cielos a su Hijo — a Jesús — quien nos libra de la ira venidera." (Tribulación) NO esperamos ira sino a Cristo.

(2)   EL SIERVO DEL SEÑOR — capítulo 2

Se continúa la mirada al pasado — y Pablo habla de sí mismo, de Silas, y de Timoteo.

En los versículos 1-6 vemos el MOTIVO y el MÉTODO de Pablo. Él estuvo allí menos de un mes (como tres semanas) y :

- "no resulto *vana*" (sin resultados) — (versículo 1)
- ellos tuvieron "*denuedo*" a pesar de la "*oposición*" (conflicto) — (versículo 2)
- nuestra predicación no fue "*engaño*" — error — (versículo 3)
- aprobado de Dios — (versículo 4)
- Él no usó "*palabras lisonjeras*" — (versículo 5)
- ni "buscamos gloria de los hombres" — (versículo 6)

En los versículos 7-12 leemos de sus CONDUCTAS como predicadores:

- "*tiernos*" como "*nodriza*" — versículo 7 — (un amor de madre)
- "*afectuosos*" y "*queridos*" — versículo 8 — Pablo los amó.
- "*trabajando de noche y de día*" — versículo 9 — de prisa, sin perder tiempo
- "*irreprensiblemente*" — versículo 10 — Pablo pone el ejemplo.
- "*exhortados*" — (ayudados). "*Consolábamos*," "*encargados*" (cautela). "*como el padre a sus hijos.*"

En los versículos 13-16 — el MENSAJE de Pablo, Silas, y Timoteo:

- *"la Palabra de Dios . . . la recibisteis en verdad y la cual actúa en vosotros"* — versículo 13.
- las iglesias en Judea habían sufrido — ellos también — versículo 14.
- Pablo identificó a esos que mataron a Cristo y a los profetas como los que lo perseguían a él prohibiéndole predicar — versículos 15-16.

En los versículos 17-20 — la RECOMPENSA de un cristiano:

- Versículo 17 — Pablo deseaba verlos otra vez en Tesalónica.
- Versículo 18 — Satanás lo estorbó (impidió que fuera).
- Versículo 19 — *"corona de que me gloríe"* — es dada como recompensa para aquéllos que ganan a otros.
- Versículo 20 — el gozo de Pablo era saber que ellos verían a Cristo en Su venida.

(3) EL CUIDADO DE PABLO POR LA IGLESIA JOVEN — capítulo 3

(No iremos versículo por versículo en este capítulo porque es una obra maestra, y habla por sí misma.)

Note: — versículos 1-5 — la preocupación profunda de Pablo por ellos

versículos 6-8 — el buen reporte de Timoteo acerca de ellos

versículos 9-13 — Pablo ora por ellos *"de noche y de día."*

5. **Mirando adelante — cómo debían de vivir — capítulo 4 al 5**

(1) EL CAMINAR Y ESPERANZA DEL CREYENTE — capítulo 4

En los primeros doce versículos, Pablo urge a que tengan pureza en sus vidas cristianas. "Pues la voluntad de Dios es vuestra santificación" — versículo 3.

Santificación es una separación DE lo malo y consagración A la justicia. Es el trabajo completo de Dios, cuando Él glorifique al creyente a la venida de Cristo — (3:13).

La voluntad de Dios debe de ser vista también en I de Tesalonicenses 5:18.

_____

_____

Note especialmente los versículos 11-12 — " *y que* PROCURÉIS *tener tranquilidad," "ocuparos en vuestros negocios,"* trabajar con vuestras manos," *"a fin de que os conduzcáis honradamente."*

AHORA, LA BENDITA ESPERANZA, EL RAPTO DE LA IGLESIA — 4:13-18

Este es uno de los más profundos pasajes. Pablo cubre el rapto, pero la pregunta que él está contestando es acerca de creyentes que mueren antes del rapto (el llamamiento de la iglesia).

Él comienza diciendo, "Tampoco queremos, hermanos, que ignoréis acerca de los que duermen" — significa dormir en Cristo — muerte física. Vea II de Corintios 5:8: _____

_____

_____

El versículo 14 se refiere a esos cristianos en la tumba durmiendo en Jesús y que ellos vendrán con Cristo.

Versículo 15 — "*nosotros que vivimos*" — en otras palabras, todos los cristianos vivos — "*no precederemos* (en vez de impedir) *a los que durmieron.*"

Versículo 16 —   "VOZ DE MANDO" es una orden

"VOZ" — la voz de un grito *como* de un arcángel

"*Trompeta de Dios*" — la voz del Señor es *como* una trompeta (no hay referencia a Gabriel). Es el mismo que en Apocalipsis 1:10:

_____

_____

Esta es LA voz del Señor Jesús — no un trío.

Versículos 16-17 — "los muertos en Cristo" van primero — "luego nosotros los que vivimos seremos arrebatados (raptados)."

Note — "*para recibir al Señor EN EL AIRE.*"

Vea Hechos 1:11 y Mateo 24:30.

Versículo 18 — esto es un aliento para los cristianos.

¡GLORIA A DIOS! HAY UN LLAMADO A SALIRSE — ¡UN RAPTO!

(2)   POR LO TANTO, VELEMOS Y SEAMOS SOBRIOS —capítulo 5.

La primera parte de este capítulo explica el hecho de que "*el día del Señor vendrá así como ladrón en la noche.*" El mundo pensará que está entrando en el milenio pero en realidad estará entrando a una "*destrucción repentina*" — versículo 3. Somos hijos de luz (Filipenses 2:15). Yo creo que el contexto del versículo 9 — "no nos ha puesto Dios para ira" — está enseñando que la iglesia no estará en la tierra durante la Gran Tribulación.

Comenzando en el versículo 11 hasta el final del capítulo vemos 22 COSAS QUE LOS CRISTIANOS DEBEMOS DE HACER:

1. Versículo 11 — "animaos unos a otros"
2. Versículo 11 — "edificaos unos a otros"
3. Versículo 12 — "que reconozcáis a los que trabajan entre vosotros"
4. Versículo 13 — "estima al predicador o maestro"
5. Versículo 13 — "tened paz"
6. Versículo 14 — "que amonestéis a los ociosos"
7. Versículo 14 — "que alentéis a los de poco ánimo" — corazón desmayado
8. Versículo 14 — "que sostengáis a los débiles"
9. Versículo 14 — "que seáis pacientes para con todos" — no perder eltemperamento
10. Versículo 15 — "que ninguno pague a otro mal por mal"
11. Versículo 15 — "seguid siempre lo bueno"
12. Versículo 16 — "estad siempre gozosos"
13. Versículo 17 — "orad sin cesar"
14. Versículo 18 — "dad gracias en todo"
15. Versículo 19 — "no apaguéis el Espíritu"
16. Versículo 20 — "no menospreciéis las profecías"
17. Versículo 21 — "examinadlo todo" — no sean tomados con adulación
18. Versículo 21 — "retened lo bueno"
19. Versículo 22 — "absteneos de toda especie de mal"
20. Versículo 25 — "orad por nosotros"

21. Versículo 26 — "saludad con ósculo santo" — en nuestros días nos estrechamos la mano

22. Versículo 27 — "que esta carta se lea a todos los santos hermanos"

Estos son los 22 mandamientos para que nosotros los llevemos a cabo mientras esperamos Su venida.

NOTA: Pablo termina cada capítulo con una referencia a la venida del Señor — Subráyelas: 1:10; 2:19; 3:13; 4:17; 5:23.

¿CUÁNTO RECUERDA USTED?

P. *¿Dónde y cuándo escribió Pablo I de Tesalonicenses?*

P. *¿Quién estaba con Pablo en Tesalónica?*

P. *¿Cuál es el tema del libro?*

P. *¿Qué ha significado este libro para usted?*

SU TAREA PARA LA PRÓXIMA SEMANA

1. Lea II de Tesalonicenses (3 capítulos) cuando menos dos veces.

2. Repase sus notas de I de Tesalonicenses.

3. Marque su Biblia.

4. Esté presente el próximo día del Señor para II de Tesalonicenses.

Lección 42
El libro de II de Teasalonicenses

(Donde se proveen líneas, por favor lea y escriba todo el pasaje o la verdad principal del pasaje.)

1. **Trasfondo**

   Unos cuantos meses después de que Pablo había escrito su primera carta a los Tesalonicenses, él decidió escribir otra epístola. Pablo había recibido palabra de que había algunos que habían malinterpretado su primera carta. Esto fue parcialmente traído por una carta "falsificada" que supuestamente venía de la mano de Pablo (II de Tesalonicenses 2:2) y que había cambiado "el modo de pensar" de la gente.

   El reporte negativo vino a Pablo de que los cristianos estaban creyendo la palabra falsa de que el rapto de la iglesia ya había ocurrido debido a la persecución que estaban entonces sufriendo. Esto ocasionó que algunos creyentes pensaran que estaban viviendo en el juicio del "día del Señor."

   Antes que continuemos con el resto del libro — sería bueno para nosotros repasar dos frases que quizá lo tengan a usted confundido ahora. Éstas son:

   (1) "EL DÍA DE CRISTO" — se refiere completamente a la bendición y recompensa para el salvo en Su venida. Vea I de Corintios 1:8; I de Corintios 5:5; II de Corintios 1:14; Filipenses 1:6; 10; Filipenses 2:16.

   (2) "EL DÍA DEL SEÑOR" está relacionado con el juicio. Ocurre en los escritos de los profetas del Antiguo Testamento donde se relaciona con el reino futuro prometido. Isaías 2:12; Malaquías 4:5; Joel 2:1-12. Comienza con el principio de la tribulación (Hechos 2:20; II de Pedro 3:10).

2. **El mensaje central**

   "Estad firmes, y retened la doctrina que habéis aprendido" — 2:15.

3. **La estructura del libro**

   (1) Persecución de los creyentes — capítulo 1

   (2) Profecía y corrección — capítulo 2

   (3) Instrucción a los creyentes — capítulo 3

4. **Persecución de los creyentes — capítulo 1**

   La misma salutación es dada como en I de Tesalonicenses. En medio de severa persecución, estaban creciendo y abundando, aumentando en fe y en amor. Ellos eran un ejemplo para otras iglesias. (En los versículos 4 y 6 aparece la palabra "tribulación." Esto no debe de ser confundido con el "período de tribulación" sino que se refiere aquí a pruebas y persecución que los creyentes tenían que soportar — versículos 1-6.)

   En los versículos 7-12 Pablo nos asegura que Dios se encargará del impío. Tenemos que "descansar" porque "cuando se manifieste el Señor Jesús desde el cielo," Él dará "retribución a los que no conocieron a Dios" y que "ni obedecen al evangelio." El versículo 9 es una definición del infierno — (subráyelo y memorícelo). La venida del Señor traerá gloria a Cristo y a la iglesia — versículos 10-12.

5. **Profecía y corrección — capítulo 2**

   Pablo comienza este gran capítulo con énfasis en el rapto — "la venida de nuestro

Señor Jesucristo, y nuestra reunión con él." Este es el mismo énfasis de I de Tesalonicenses 4:13-18.

Los creyentes de Tesalónica tenían un reporte falso, supuestamente de los escritos de Pablo, de que el día del Señor ya había venido, lo que hubiera significado que ellos se habían perdido el rapto.

El versículo 3 dice dos cosas claramente de que el "día del Señor" no vendrá hasta que dos cosas pasen: PRIMERO, el apartamiento — la apostasía; SEGUNDO, la revelación del "hombre de pecado."

Ahora, ese "*hombre de pecado*" es una persona, no un sistema. Note en los versículos 3 y 4 que él es un "hombre," "él," "hijo de perdición" — todo denota a una persona. El "hombre de pecado" es el ANTICRISTO. Él de hecho ocupa el lugar de Dios — como Dios en el templo. Este es:

- el cuerno pequeño de Daniel 7:8; 8:9
- el rey obstinado en Daniel 11:36

_____

_____

- el Anticristo de I de Juan 2:18

_____

_____

- la bestia del mar — Apocalipsis 13:1-10

Versículos 5-8 — el pronombre personal "hasta que ÉL sea quitado" se refiere al Espíritu Santo operando a través de cada creyente quien es el templo del Espíritu Santo. Así que el "hombre de pecado" es detenido, estorbado, por la presencia del Espíritu Santo en Su cuerpo, la iglesia. Él no puede tener control completo "hasta que él a su vez sea quitado del camino" — queriendo decir el rapto de la iglesia. El "hombre de pecado" — "aquel inicuo" (versículo 8) — "se manifestará "entonces" (después de que la iglesia sea llamada a salirse). Y él es a "quien el Señor destruirá."

Versículos 9-12 — el Anticristo hará milagros y tendrá poder, señales, y prodigios mentirosos. Dios enviará fuertes engaños para aquéllos que creen la mentira que han oído el evangelio y "no recibieron el amor de la verdad para ser salvos."

En los versículos 13-17 tenemos una instrucción y un repaso de lo que Cristo ha hecho en nuestros corazones. Note los pasos:

- "Escogido para salvación"
- "La santificación por el Espíritu"
- "Creencia de la verdad" (crecimiento)
- "Para alcanzar la gloria" Vea I Juan 3:2.

_____

_____

6. **Instrucción para los creyentes — capítulo 3**

En este capítulo Pablo transmite alguna instrucción en una manera amorosa y firme. Él usa las palabras "ordenar" o "mandar" cuatro veces (versículos 4, 6, 10, 12). Pablo está deseando que "la palabra del Señor corra" — para que el Señor pueda dirigir sus corazones y puedan hacer la voluntad del Señor (versículos 1-4). Tenían que esperar pacientemente la venida del Señor — (versículo 5). El creyente no se debe de asociar con el desordenado — sino debe de seguir el ejemplo que Pablo había dado (versículos 6-7). En la última sección (versículos 8-18) Pablo recalca las necesidades de la vida diaria. Ellos tienen que trabajar (versículos 8-9); no hay trabajo, no hay comida (versículo 10).

Algunos son entrometidos (versículo 11); ellos deben de trabajar sosegadamente (versículo 12); los creyentes no deben de cansarse de hacer el bien (versículo 13); obedezcan las palabras de *esta* epístola, *señalando* al hombre que no lo hace (versículo 14).

Trate de ganar al hermano caprichoso (versículo 15). La bendición de Pablo está en los versículos 16-18.

Presentamos una tabla de diferencias entre I y II de Tesolonicenses:

I DE TESALONICENSES	II DE TESALONICENSES
Cómo los tesalonicenses recibieron la Palabra de Dios	Menciona su progreso en fe, amor, y paciencia
Enseña el inminente retorno del Señor	Corrige falsas enseñanzas acerca de Su venida
Conforta y anima a los santos	Asegura que el juicio viene sobre los enemigos de Cristo
Tiene que ver con la iglesia	Tiene que ver con Satanás, el Anticristo, elmundo
Presenta un gran pasaje del tiempo final (4:13-18)	Presenta un gran pasaje del tiempo final (2:1-2)
Presenta el día de Cristo — (4:13-18)	Presenta el día del Señor — (2:2)

Las dos fases del tiempo final y el regreso de Cristo:

PRIMERA FASE (RAPTO)	SEGUNDA FASE (REVELACIÓN)
Cristo viene a reclamar a su esposa, la iglesia	Cristo regresa con su novia
Cristo viene en el aire	Cristo regresa a la tierra
La tribulación comienza	El reino milenial es establecido
El traslado es inminente	Una multitud de señales precede
Un mensaje de consuelo es dado	Un mensaje de juicio es dado
El programa para la iglesia es enfatizado	El programa para Israel y el mundo es enfatizado
El traslado es un misterio	La revelación es pronosticada en ambos Testamentos
Los creyentes son juzgados	Gentiles e israelitas son juzgados
Los pactos con Israel no son todavía cumplidos	Todos los pactos de Israel son cumplidos
Solo los creyentes son afectados	Toda la gente es afectada
La iglesia es tomada a la presencia del Señor	Israel es traído dentro del reino

Hay tanto en este pequeño libro. Por favor léalo una y otra vez. Lea los pasajes de referencia que están al margen de su Biblia.

¿CUÁNTO RECUERDA USTED?

P. *¿Por qué escribió Pablo esta segunda epístola?*

P. *El día del Señor está relacionado con*_____.

P. *¿Quién está refrenando el trabajo de Satanás y la revelación del Anticristo?*

P. *¿Qué es el "hombre de pecado" — un sistema o una persona?*

P. *¿Cuándo será revelado?*

SU TAREA PARA LA PRÓXIMA SEMANA

1. Lea el libro de I de Timoteo — 6 capítulos.
2. Repase sus notas de las cartas de Tesalonicenses.
3. Marque los pasajes en su Biblia.
4. Esté presente el próximo día del Señor para el principio de los escritos de Pablo a individuos.

Lección 43
El libro de I de Timoteo

(Donde se proveen líneas, por favor lea y escriba todo el pasaje o la verdad principal del pasaje.)

1. **Trasfondo**

   Llegamos ahora a las epístolas pastorales — esas cartas escritas a individuos que tenían el cuidado de "los rebaños de Dios." Timoteo estaba sirviendo en la iglesia de Efeso cuando Pablo le escribió esta primera epístola. Pablo escribió esta carta después de su liberación de la prisión en Roma la primera vez. La segunda epístola a Timoteo fue escrita durante el segundo encarcelamiento de Pablo en Roma.

   Timoteo es uno de los cristianos más devotos en el Nuevo Testamento. Él fue el amigo más cercano de Pablo hasta el final. Pablo lo llama un "hombre de Dios" (I de Timoteo 6:11). Su nombre aparece veinticuatro veces en el Nuevo Testamento — enlistamos unas cuantas:

   - Hechos 16:1
   - Hechos 17:14-15
   - Hechos 18:5
   - Romanos 16:21
   - I de Corintios 4:17
   - II de Corintios 1:1,19
   - Filipenses 1:1

   Timoteo era nativo de Derbe (Hechos 16:1), el hijo de un padre gentil y una madre judía (Hechos 16: 1-3). Su madre y abuela son mencionadas en II de Timoteo 1:5 — Eunice y Loida. Pablo tenía 35 años cuando Timoteo nació, lo cual significa que al tiempo de escribir esta epístola, Pablo tenía el doble de edad de Timoteo.

   Desde su niñez, a Timoteo le fue enseñado el Antiguo Testamento por su madre (II de Timoteo 1:5 y 3:15). Su nombre significa "honrado por Dios." Él fue altamente recomendado por los cristianos en, y alrededor de Derbe a Pablo, y Pablo respondió y lo aceptó como un colaborador (Hechos 16:1-2). Timoteo fue circuncidado y ordenado al ministerio de la Palabra (Hechos 16:3-5). (Lea la primera parte de Hechos 16.)

   Hechos 16:5 dice: _____

   _____

2. **El mensaje central**

   Que "sepas cómo debes de conducirte en la casa de Dios, que es la iglesia del Dios viviente, columna y baluarte de la verdad" — I de Timoteo 3:15.

3. **La estructura del libro**

   (1)   Legalismo; herejía reprendida; cargo dado — capítulo 1

   (2)   La iglesia y su conducta — capítulos 2 y 3

   (3)   El ministro y su conducta — capítulo 4 al 6

4.   **Legalismo; herejía reprendida; cargo dado — capítulo 1**

   El primer capítulo fue escrito para animar e instruir a Timoteo acerca de cómo encargarse de la falsa doctrina. En el versículo 3 Pablo dejó a Timoteo en Efeso para "encargarles" que no enseñaran otra doctrina excepto la de Cristo, que produce amor y no plática vacía — "vana palabrería" — versículos 5 y 6. La iglesia debe de enseñar sana doctrina de acuerdo al glorioso evangelio de Dios — versículos 10-11.

Después de que Pablo repite su testimonio personal (versículos 11-17) le da a Timoteo UN CARGO (versículo 18) — "milites por ellas la buena milicia." Los detalles del cargo (instrucción) de Pablo a Timoteo comienzan en el capítulo 2 y continúan a través de toda la epístola.

5. **La iglesia y su conducta — capítulos 2 y 3**

(1)   ACERCA DEL ORDEN EN LA IGLESIA — capítulo 2

Aquí Pablo discute los servicios de adoración pública donde existían algunos problemas. La oración es el primer asunto:

- Versículos 1-3 — "súplicas" son peticiones — "peticiones" para interceder en favor de los reyes y esos en autoridad — esta es la voluntad de Dios.
- Versículos 4-5 — su deseo es que todos sean salvos y que crezcan en el conocimiento de la Palabra.
- Escriba y memorice el versículo 5.

_____

_____

- Versículo 7 — Pablo fue ordenado (designado) como un predicador y un apóstol.
- Versículo 8 — cómo deben de orar los hombres — levantar las manos era una costumbre en ese día. "Sin ira" significa que los pecados han sido confesados.
- Versículos 9-10 — "asimismo" significa que la mujer ore pero vistiendo modestamente.
- Versículo 11 — Pablo aconseja *nuevamente* que la mujer no hable en lenguas públicamente. (I Corintios 14:34)
- Versículo 12 — la mujer no debe de estar sobre el hombre en asuntos espirituales. Esto debe de ser un incentivo para los hombres para que sean los líderes espirituales — no poniendo autoridad como un dictador. (Quiero agregar, que si no fuera por las mujeres, pocos hogares tuvieran guianza espiritual. Pablo NO esta hablando contra las mujeres — está tratando de animar a los hombres para que tomen la delantera. Las mujeres enseñaron en la iglesia primitiva — Hechos 18:26; I de Corintios 11:5; Tito 2:3-4.)
- Versículos 13-14 — fue el pecado de Eva que trajo pecado al mundo. Fue el nacimiento de Jesús de una mujer, María, que trajo al Salvador al mundo. Ningún hombre proveyó un Salvador — una *mujer* lo hizo.

(2)   ACERCA DE LOS OFICIOS EN LA IGLESIA — capítulo 3

Un "obispo" es un supervisor— un "anciano" puede ser la misma persona. "Anciano" es la palabra aplicada a la persona; "obispo" es aplicada al oficio. Los versículos 2-7 declaran los requisitos para este oficio. Estos hombres son llamados "pastores" en nuestros días.

Los versículos 8-13 declaran los requisitos de un diácono. En las iglesias actuales, debemos de estudiar nuevamente el capítulo 3 en detalle. El pastor y el diácono tienen los mismos requisitos. Léalos y subraye los requisitos de cada uno.

En los versículos 14-16, Pablo dice que mandó esta carta con anticipación para guiar a Timoteo hasta que él pudiera ir a Efeso. Esta carta sería las "REGLAS

DE ORDEN" para la iglesia en ausencia de Pablo.

El versículo 16 es uno de los grandes versículos de la Biblia. En mejores palabras sería el "misterio de ser como Dios" o el "misterio de la vida cristiana." Solo puede ser vivida debido a la encarnación, Su ejemplo, Su vida, Su muerte. (Escriba el versículo 16.)

_____

_____

6. **El ministro y su conducta — capítulo 4 al 6**

   (1)   EL ANTÍDOTO PARA LA FALSA ENSEÑANZA — capítulo 4

   El Espíritu habló a través de Pablo que en lo últimos días algunos se apartarán de la fe y seguirán toda clase de falsa doctrina (versículo 13).

   Timoteo debe de recordar a los hermanos acerca de esto y enseñar solo SANA DOCTRINA — una señal de un "buen ministro." Timoteo era joven pero el debía de ser un ejemplo "en palabra, conducta, amor, espíritu, fe y pureza" (versículo 12). Él debía de LEER la Palabra, CONSOLAR, y ENSEÑAR (versículos 6-13).

   Timoteo tenía un don especial del Espíritu para hacer estas cosas. Pablo le recuerda que tenga cuidado de sí mismo y de la doctrina — ser fiel (versículos 14-16).

   (2)   RESPONSABILIDADES DE LOS OFICIALES EN LA IGLESIA — capítulo 5 al 6

   Uno de los valores de la Palabra de Dios es que tiene una respuesta para cada necesidad. Los mismos principios deben de ser seguidos en nuestros días. Un ministro tiene que proceder sabiamente y ser justo con cada una de sus ovejas. Los ancianos deben de ser honrados, las viudas cuidadas (5:1-25).

   Los esclavos debían de ser enseñados y tratados bien. En el pasaje 6:6-16 Pablo da una guía para todos nosotros los que somos creyentes. Lea y subraye las cosas que se aplican a nosotros hoy.

   Pablo termina el libro diciéndole a su joven amigo, "guarda lo que se te ha encomendado" (versículo 20).

   Ahora, observemos que esta carta es un "CARGO" (un mandamiento, instrucción.) Pablo quería que Timoteo recordara lo que se le había dicho verbalmente. Note lo siguiente:

   •   "Para que MANDASES a algunos que no enseñen," etc. — (1:3).
   •   "Pues el propósito de este mandamiento (CARGO) es el amor nacido de corazón limpio" — (1:5).
   •   "Este MANDAMIENTO te encargo" — (1:18).
   •   "Esto MANDA y enseña" — (4:11).
   •   "MANDA también estas cosas, para que sean irreprensibles" — (5:7).
   •   "Te ENCAREZCO delante de Dios y del Señor Jesucristo" — (5:21).
   •   "Te MANDO delante de Dios y de Jesucristo" — (6:13).
   •   "A los ricos de este siglo MANDA" — (6:17).

   Ahora vemos que Pablo tenía que escribir esta carta para que ellos *supieran cómo debían de conducirce "en la casa de Dios."* I de Timoteo 3:15 es uno de los versículos que usted debe de recordar de este estudio.

¿CUÁNTO RECUERDA USTED?

P. *¿Dónde estaba sirviendoTimoteo cuando él recibió esta carta?*

P. *¿Quién era la madre de Timoteo? ¿Y la abuela?*

P. *¿Cuál era la preocupación principal de Pablo en esta epístola?*

P. *¿Qué vino a ser esta carta para la iglesia de Efeso?*

SU TAREA PARA LA PRÓXIMA SEMANA

1. Lea II de Timoteo — 4 capítulos.
2. Repase sus notas de I de Timoteo.
3. Marque su Biblia.
4. Esté presente el próximo día del Señor para la segunda epístola a Timoteo.

Lección 44
El libro de II de Timoteo

(Donde se proveen líneas, por favor lea y escriba todo el pasaje o la verdad principal del pasaje.)

1. Esta segunda epístola (carta) a Timoteo fue escrita desde la prisión *Mamertine* en Roma. Pablo escribe su carta más personal, y vemos más de sus pensamientos y sentimientos.

   Pablo habla en esta carta de una gran apostasía que casi cancelará la "fe" y esto está en completa armonía con las palabras de nuestro Señor cuando dijo, "Cuando venga el Hijo del Hombre, ¿hallará fe en la tierra?" — Lucas 18:8. Esto puede ser el resultado de muchos "profesores" pero no "poseedores" de la fe. Los exponentes del "evangelio social," quienes esperan transformar al mundo con mejores programas y conocimiento humano, rara vez se vuelven a este libro porque hace a todos los hombres detenerse y reflexionar.

   Este es el último escrito de Pablo. Él estaba encarando muerte — martirio. Él tenía mucho que decir en poco tiempo. Algunos de los grandes versículos de la Biblia están en este libro.

2. **El mensaje central**

   "Yo sé a quién he creído, y estoy seguro que es poderoso para guardar mi depósito para aquel día" — (1:12).

   También en II de Timoteo 2:15 (debe de saberlo — escríbalo)

   _____

   _____

   _____

3. **La estructura del libro**

   (1)   Pablo, el PREDICADOR — capítulo 1

   (2)   Pablo, el EJEMPLO — capítulo 2

   (3)   Pablo, el PROFETA — capítulo 3

   (4)   Pablo, el PRISIONERO — capítulo 4

4. **Pablo, el predicador — capítulo 1**

   (1)   • El hijo de Pablo en el evangelio era Timoteo — versículo 2.

   • Pablo oró por él día y noche — versículo 3.

   • Pablo deseaba ver a Timoteo — versículo 4.

   • Él tenía completa confianza en Timoteo — versículo 4.

   • Le dijo que avivara su don — versículo 6.

   • Pablo introduce un versículo aquí que cada cristiano debe de memorizarse: versículo 7 _____

   _____

   _____

- Timoteo no debe de avergonzarse del mensaje o de los mensajeros de Crist versículo 8.
- Él recuerda a Timoteo de su llamado — versículo 9.
- Timoteo debe de retener la sana doctrina — versículo 13.
- Tiene que permanecer fiel al ministerio — versículo 14.

(2) Note algunas cosas que Pablo dice de sí mismo:
- un apóstol — versículos 1 y 11
- un predicador — versículo 11
- un maestro — versículo 11
- luego en el versículo 12 él declara lo que cada cristiano debe de SABER DE MEMORIA. Este es un versículo de seguridad y que enseña seguridad en Cristo — note que Pablo dice — "NO ME AVERGÜENZO — porque yo SÉ — mi DEPÓSITO."

Los versículos finales del capítulo 1 revelan que Pablo había sido abandonado por los llamados amigos. Había sido ayudado por uno — Onesíforo — (versículos 16-18).

5. **Pablo, el ejemplo — capítulo 2**

En este capítulo Pablo usa cuatro figuras retóricas para describir la responsabilidad y actividad de un creyente.

(1) Un HIJO — debe de seguir el ejemplo y enseñar a otros para que enseñen a otros — versículos 1-2.

(2) UN SOLDADO — él "sufre penalidades" o dificultades y evita los enredos del mundo — para agradar a Aquél que lo tomó por soldado — versículos 3-4.

(3) UN ATLETA — tiene que luchar por la recompensa. Tiene que permanecer en las reglas — versículo 5.

(4) UN LABRADOR — debe de trabajar primero para participar de los frutos — versículo 6.

(5) UN ESTUDIANTE — versículo 15 — (usted debe de saber).

(6) UN RECIPIENTE — un recipiente debe de estar limpio para poder ser usado — versículos 20-21.

(7) UN SIERVO — un creyente es un siervo, amable, apto para enseñar, paciente — versículo 24.

6. **Pablo, el profeta — capítulo 3**

"También debes saber esto: que en los postreros días vendrán tiempos peligrosos" — versículo 1. Esto significa los últimos días de la iglesia. (Vea I de Timoteo 4:1; II de Pedro 3:3; Judas 18)

En los versículos 2-13 Pablo usa 22 palabras o frases para describir los últimos días:

(1) "amadores de sí mismos"

(2) "ávaros" — obtienen lo que quieren

(3) "vanagloriosos" — jactanciosos

(4) "soberbios" — arrogantes

(5) "blasfemos" — usnado el nombre de Dios en vano

(6) "desobedientes"

(7) "ingratos"

(8)   "impíos" — profanos

(9)   "sin afecto natural"

(10) "implacables" — prometen y no cumplen

(11) "calumniadores"

(12) "intemperantes" — sin control propio

(13) "crueles" — son salvajes

(14) "aborrecedores de lo bueno"

(15) "traidores"

(16) "impetuosos" — atrevidos

(17) "infatuados" — borrachos de orgullo

(18) "amadores de los deleites más que de Dios"

(19) "que tendrán apariencia" — negando el poder de Dios

(20) "siempre están aprendiendo" — nunca pueden discernir la verdad

(21) "seductores" — hechiceros

(22) "engañando y siendo engañados"

En los versículos 14-17 lo único que nos ayudará es la autoridad de la Palabra en los últimos días. Pablo dice, "Pero persiste tú en lo que has aprendido y te persuadiste, sabiendo de quién has aprendido" etc. — versículo 14.

En este pasaje notable — versículo 16 — Pablo exige que:

"toda la Escritura" (cada parte, cada palabra)

"es inspirada" (respirada por Dios)

"útil para ENSEÑAR" (mejor doctrina)

"para redargüir" (convicción)

"para corregir" (poner en orden)

"para instruir" (disciplina)

7. **Pablo, el prisionero — capítulo 4**

    (1)   SU ENCARGO FINAL — versículos 1, 2, 5

- "en su manifestación" (el arrebatamiento de la iglesia)
- "que prediques la palabra"
- "que instes a tiempo y fuera de tiempo"
- "redarguye, reprende, exhorta"
- "pero tú sé (alerta) sobrio en todo"
- "soporta las aflicciones"
- "haz obra de evangelista"
- "cumple tu ministerio"

       (Qué "encargo" o mandamiento para un evangelista)

    (2)   SU ADVERTENCIA FINAL — versículos 3-4

       En los últimos días los hombres no escucharán la doctrina.

       Ellos tratarán de satisfacer sus propios deseos.

       Ellos encontrarán maestros — falsos.

       Se apartarán de la verdad — creerán fábulas.

    (3)   SU TESTIMONIO FINAL — versículos 6-8

       "Porque yo ya estoy para ser sacrificado, y el tiempo de mi partida está cercano. He peleado la buena batalla, he acabado la carrera, he guardado la fe. Por lo demás, me está guardada la corona de justicia, la cual me dará el Señor, juez

justo, en aquel día; y no sólo a mí, sino también *a todos* los que aman *su venida.*"
Esto ha sido llamado el testimonio "del lecho de muerte"de Pablo. Nos dice mucho hoy. Pablo habló estas palabras desde esa prisión en Roma. ¡Qué testimonio! Note que él recibirá una "corona." Para otras referencias a "coronas" ("recompensas") vea lo siguiente:

I de Corintios 9:25 _____

_____

Filipenses 4:1 _____

_____

I de Tesalonicenses 2:19 _____

_____

Santiago 1:12 _____

_____

Apocalipsis 3:11 _____

_____

(4)   SUS ÚLTIMAS PALABRAS — versículos 9-22
Timoteo iba a tratar de visitarlo — versículo 9.
"Demas" — diminutivo de Demetrio — un apóstata — versículo 10
Solo Lucas estaba con Pablo. Él pidió a Marcos que fuera a Roma — versículo 11.
Tíquico era evidentemente un ministro en Efeso — versículo 12.
Él pidió su abrigo para mantenerse caliente en la prisión húmeda de *Mamertine.* Timoteo iba a traer los libros de Pablo y los "pergaminos" — que eran las escrituras del Antiguo Testamento — versículo 13.
Alejandro lo había perseguido — versículos 14-15. (También vea Hechos 19:33.)
"En mi primera *defensa*" (su primer juicio) "el Señor estuvo a mi lado...que todos los gentiles oyesen" — versículos 16-17.
Esto, pienso yo, tomó lugar en el palacio de Nerón. En su último mensaje estuvo solitario — solo el Señor estuvo con él y él predicó el evangelio. Los últimos versículos son saludos personales y la bendición final de Pablo.

¿CUÁNTO RECUERDA USTED?

P.   *¿Dónde estaba Pablo cuando escribió esta carta?*
P.   *¿Puede usted nombrar uno de los pasajes que es el mensaje central?*
P.   *¿A quién quería ver Pablo y que quería que le trajeran?*
P.   *¿Qué piensa usted de este hombre, Pablo?*

SU TAREA PARA LA PRÓXIMA SEMANA

1. Lea Tito y Filemón — 4 capítulos.
2. Avance y lea hasta el libro de Hebreos.
3. Repase sus notas de II de Timoteo.
4. Marque su Biblia de sus notas.
5. Esté presente el próximo día del Señor.

Lección 45
Los libros de Tito y Filemón

(Donde se proveen líneas, por favor lea y escriba todo el pasaje o la verdad principal del pasaje.)

EL LIBRO DE TITO

1. **Trasfondo**

   Tito era un gentil (griego) y uno de los convertidos de Pablo. Esta epístola fue escrita cerca del mismo tiempo que la de I de Timoteo. Tito había probado ser un colaborador leal con Pablo y él había venido a ser muy apegado a Pablo. Vea Gálatas 2:1-3 y usted ve que Tito estaba con Pablo y Bernabé en el concilio de Jerusalén de Hechos 15. Para otras referencias a Tito y Pablo vea:

   II de Corintios 2:13:

   II de Corintios 7:6:

   II de Corintios 8:1-6, 16, 17:

   Al tiempo de esta epístola, Tito estaba en la isla de Creta. Los cretenses eran parientes de los filisteos y ellos tenían la reputación de ser "mentirosos, malas bestias, glotones ociosos" (Tito 1:12). Tito tenía que fortalecer el trabajo en la iglesia que había sido establecida allí.

   En I y II de Timoteo Pablo enfatiza doctrina.

   En Tito, Pablo enfatiza responsabilidad. La doctrina de las dos primeras es adornada por medio del "hacer" en Tito.

   Pablo lo menciona por último en II de Timoteo 4:10 donde Pablo indica que él ha enviado a Tito a Dalmacia (hoy conocida como Yugoslavia).

2. **El mensaje central**

   "Procuren ocuparse en buenas obras" — 3:8 y 14.

3. **La estructura del libro**

   Poner las cosas en orden — capítulo 1

   Adornar la doctrina — capítulo 2

   Continuar las buenas obras — capítulo 3

4. **Poner las cosas en orden — capítulo 1**

   El Nuevo Testamento enseña que cada iglesia debía de ser autónoma (autogobernada). En los primeros días de la iglesia primitiva, estaba la autoridad de los apóstoles en control.

   Esta es todavía la autoridad como se escribe en las epístolas del Nuevo Testamento y enseñan el principio de que cada iglesia local es autogobernada por un plan simple.

   Aquí, Tito iba a corregir "lo deficiente" — versículo 5. Tenía que haber un establecimiento de ancianos — existía una deficiencia porque no habían sido establecidos. Tito iba a corregir esto y a establecer "ancianos en cada ciudad" (en cada iglesia en Creta). Los ancianos debían ser los "atalayas" por la dirección del Espíritu Santo (Hechos 20:28). Ellos eran los pastores locales que tenían que "alimentar el rebaño." (Como enseñamos en I Timoteo 3 — "anciano" y "obispo" designan el mismo oficio. "Anciano" es la palabra aplicada a la persona y "obispo" es aplicada a la función del oficio.)

Aprendemos de esta carta a Tito que tiene que haber una adecuada, pero simple, organización. Debemos de notar que los requisitos para el oficio de "anciano" son *espirituales*, en vez de dones *naturales*.

Pablo menciona *catorce* requisitos — versículos 6-8:

    (1)   Irreprensible

    (2)   Marido de una sola mujer

    (3)   Tenga hijos creyentes (control sobre de ellos)

    (4)   No soberbio (la voluntad de Dios tiene que ser primero)

    (5)   No iracundo

    (6)   No dado al vino

    (7)   No pendenciero (no violento)

    (8)   No codicioso de ganancias deshonestas (no materialista)

    (9)   Hospedador

    (10)   Amante de lo bueno

    (11)   Sobrio

    (12)   Justo

    (13)   Santo (apartado, no contaminado)

    (14)   Dueño de sí mismo (control propio)

Luego Pablo describe las obligaciones de estos líderes — versículos 9-16:

    (1)   Para conocer las verdades de la Palabra de Dios — versículo 9

    (2)   Para exhortar — versículo 9

    (3)   Para convencer — versículo 9

Esto era debido a los habladores y engañadores dentro y fuera de la iglesia. Pablo no usa lenguaje cariñoso sino directo, palabras duras de que algo tenía que ser hecho. Lea los versículos 10-16.

La lección: Se necesita buen liderazgo espiritual para desarrollar una buena membresía espiritual.

   5. **Adornar la doctrina — capítulo 2**

     "La sana doctrina" incluye la enseñanza a todas las edades.

          NOTE: PRIMERO, "ancianos" — hombres y mujeres — versículos 2-3

               SEGUNDO, "mujeres jóvenes" — versículos 4-5

               TERCERO, "hombres jóvenes" — versículos 6-8

               CUARTO, "siervos — para que adornen la doctrina" — versículos 9-10 (nosotros, como siervos del Señor, debemos de hacer lo mismo)

Debemos de adornar la doctrina debido a:

    • "la gracia de Dios" — versículo 11

    • "la manifestación gloriosa de nuestro gran Dios y Salvador Jesucristo" — versículo 13

    • que "se dio a sí mismo por nosotros para redimirnos" — versículo 14

Pablo da una palabra de consejo firme — versículo 15: _____

_____

_____

(Note las palabras "con toda autoridad.")

6. **Continuar las buenas obras — capítulo 3**
   - Debemos de obedecer las leyes de la tierra y estar "dispuestos a toda buena obra," no difamar, sino ser amables, etc. — versículos 1-2.
   - Lo que fuimos una vez y el milagro de nuestra conversión — versículos 4-6. Subraye el versículo 5.
   - Ahora somos herederos de la vida eterna — versículo 7.
   - Las buenas obras deben de ser una parte de cada vida cristiana: Note el versículo 8 — "procuren ocuparse en buenas obras" y otra vez "ocuparse en buenas obras" — versículo 14.
   - No debemos de desperdiciar el tiempo en cuestiones necias, discusiones, y herejías — versículos 9-11.
   - Esta carta es una lección en la vida cristiana práctica. Su admonición final es *"ocuparse en buenas obras."*

EL LIBRO DE FILEMÓN

1. **Trasfondo**

   Esta es una nota personal de Pablo para Filemón escrita desde la prisión en Roma. Es muy íntima y expresa un mensaje para nosotros hoy.

   El trasfondo de estos 25 versículos es fácil de recordar. Onésimo era un esclavo doméstico de Filemón. Él había robado a su amo y huído a Roma. Él pensó que nunca vería Colosas otra vez (ciudad de Filemón — Colosenses 4:9). Mientras estaba en Roma, Onésimo estuvo bajo la influencia de Pablo y fue salvo.

   La carta es una gran ilustración de la verdad de *imputación* (el acto de resolver la cuenta de otro). También nos debe de enseñar el valor de la carta escrita — puede ser un ministerio.

2. **El mensaje central**

   "ponlo a mi cuenta" — versículo 18

3. **La estructura del libro**
   - Salutación — versículos 1-3
   - Alabanza para Filemón — versículos 4-7
   - Petición de Pablo para Onésimo — versículos 8-16
   - Convicción y promesa de Pablo — versículos 17-25

4. **La salutación — versículos 1-3**

   Este es un saludo a Filemón y a su familia en Colosas, "amado Filemón, colaborador nuestro." Timoteo está con Pablo — versículo 1. "Apia" era la esposa de Filemón, mientras que "Arquipo" era su hijo y también el pastor de la iglesia de Colosas. La iglesia se reunía en el hogar — versículo 2.

5. **Alabanza para Filemón — versículos 4-7**

Filemón tenía buena reputación. Su amor era hacia el Señor Jesús; también su fe; por lo tanto, tenía el mismo sentimiento hacia los cristianos. Esta actitud afectaría a otros. La vida de Filemón era un testimonio. Los corazones de los creyentes fueron "refrescados" por Filemón.

6. **Peticiones de Pablo para Onésimo — versículos 8-16**

Pablo llega ahora al propósito de escribir esta carta y es diplomático en su enfoque — versículo 8.

Pablo da la razón de su petición: "por amor" — "Pablo ya anciano" — "prisionero de Jesucristo" — versículo 9.

Su ruego ahora comienza en favor de Onésimo. El esclavo había aceptado a Cristo. Su nombre significa "útil." En años pasados él había sido "inútil," pero ahora es un creyente y es "útil" a Filemón, a Pablo, y a Cristo. Pablo tenía que mandarlo de regreso — versículos 10-12.

Pablo hubiera retenido a Onésimo pero él quería que Filemón decidiera — versículos 13-14.

Desde que Onésimo se había convertido en cristiano, él tenía una nueva relación con Filemón. Ahora, él es más que un esclavo, él es un "hermano amado" — versículos 15-16.

7. **Convicción y promesa de Pablo — versículos 17-25**

Esta es una de las grandes ilustraciones de imputación y substitución. Detrás de la súplica de Pablo, está el ruego de Cristo al Padre por el pecador quien confiará en Cristo como Señor y Salvador. El pecador es recibido de la misma manera que Cristo es recibido. El individuo salvo tiene *Su* derecho al cielo debido a su fe en Cristo. La razón por la que la persona salva es aceptada es porque Cristo llevó en sí mismo los pecados de todos nosotros que creeremos — versículos 17-18.

Vea Santiago 2:23. _____

_____

Esta historia en Filemón y el pasaje en Santiago son ilustraciones de "imputación." Pablo promete pagar la deuda entera. Pablo dice yo te debo. — "yo lo pagaré" — luego agrega que tú me debes — "tú mismo te me debes también" — versículo 19.

Pablo ruega por Onésimo y le dice a Filemón que él espera más de lo que pide — versículos 20-21.

Los últimos cuatro versículos son de oraciones pidiendo permiso para que él fuera alojado por Filemón — concluyendo con saludos para otros.

CONCLUSIÓN

Esta carta enseña la lección de que los problemas sociales son corregidos cuando el corazón es corregido. Onésimo era un esclavo; Filemón su amo. En la base de la fe en Cristo, Filemón estaba obligado a aceptar a Onésimo en Cristo. Onésimo sería "útil."

También aprendemos el valor de una persona — un ladrón, un cobarde, un esclavo. Tales enseñanzas como ésta finalmente abolieron la esclavitud en nuestra tierra.

El libro es abundante en lecciones prácticas de reconciliación.

¿CUÁNTO RECUERDA USTED?

P. *¿Dónde estaba Tito cuando recibió la carta de Pablo?*

P. *¿Cuál es el mensaje central de Tito?*

P. *¿Qué debía de hacer Tito en Creta?*

P. *¿Quién era Onésimo?*

P. *¿Quién era Filemón?*

SU TAREA PARA LA PRÓXIMA SEMANA

1. Lea el libro de Hebreos — 13 capítulos.
2. Repase sus notas en Tito y Filemón.
3. Marque su Biblia.
4. Esté presente el próximo día del Señor para el estudio de Hebreos.

Lección 46
El libro de Hebreos

(Donde se proveen líneas, por favor lea y escriba todo el pasaje o la verdad principal del pasaje.)

1. **Trasfondo**

   Trataremos de escribir esta lección tan simple como sea posible debido a tanta diferencia teológica a través de las edades. Hay muchas, muchas teorías basadas en Hebreos, así que seremos guiados por el Espíritu Santo mientras nos acercamos al libro pensando en el estudiante laico y el maestro laico. La epístola a los Hebreos es exactamente eso — una carta a los hebreos. Fue escrita antes de la destrucción del templo en 70 a.C. (Hebreos 10:11).

   El autor es discutible, pero por las evidencias en la Escritura tiene que haber sido Pablo, el apóstol. El escritor había estado preso (10:34) — escribió desde Italia (13:24) — su compañero era Timoteo (13:23). Pedro identifica a Pablo como el escritor (II de Pedro 3:15-16). Quién sino Pablo diría, "orad por nosotros — que lo hagáis así, para que yo os sea restituido más pronto," (13:18-19). La cosa principal es el hecho de que está en el canon de la Escritura para nosotros.

2. **El mensaje central**

   "Porque con un sola ofrenda hizo perfectos para siempre a los santificados — no hay más ofrenda por el pecado" — Hebreos 10:14 y 18b.

3. **La estructura del libro**

   (1) LA SUPERIORIDAD DE LA PERSONA DE CRISTO — capítulo 1 al 8:5

   - Jesús, mejor que los profetas — capítulo 1:1-3
   - Jesús, mejor que los ángeles — capítulo 1:4-2:18
   - Jesús, mejor que Moisés — capítulo 3
   - Jesús, mejor que Josué — capítulo 4
   - Jesús, mejor que Aarón como sacerdote — capítulo 5:1 al 8:5

   (2) LA SUPERIORIDAD DEL NUEVO Y MEJOR PACTO — capítulo 8:6 al 10:18

   - El Nuevo pacto, mejor que el Antiguo — 8:7-13
   - El Nuevo pacto abre un mejor tabernáculo — 9:1-15.
   - El Nuevo pacto está sellado con un mejor sacrificio — 9:15-28.
   - El Nuevo pacto determina para siempre nuestra salvación — 10:1-18.

   (3) LA SUPERIORIDAD DE LA VIDA EN CRISTO — 10:19-13:25

   - Da seguridad de fe — 10:19-39.
   - Nos da una fe que funciona — capítulo 11.
   - Nos da paciencia y dirección — 12:1-13.
   - Nos da instrucción en nuestro caminar y alabanza — 12:14-13:25.

   ("La estructura del libro" es larga, pero da un bosquejo del libro de Hebreos. Destacaremos las tres secciones principales — no teniendo espacio para un estudio versículo por versículo.)

4. **La superioridad de la persona de Cristo — capítulo 1 al 8:5**

Este libro, escrito a los hebreos cristianos ya que algunos eran tentados a regresar al judaísmo, tiene que ver con la superioridad de Cristo y el Nuevo pacto, sobre el Antiguo, sin minimizar el Antiguo. El Nuevo pacto en Cristo honra al Antiguo cumpliéndolo. Note:

(1) JESÚS, EL HIJO DE DIOS, MEJOR QUE LOS PROFETAS — 1:1-3

Jesús es "el resplandor de su gloria, y la imagen misma de su sustancia" — versículo 3. Es una de las partes grandes de la Escritura.

(2) JESÚS, MEJOR QUE LOS ÁNGELES — 1:4 — 2:18

Los ángeles son mensajeros y espíritus ministradores — mientras que Jesús es el HIJO, el CREADOR, GOBERNADOR de la era venidera

(Note la advertencia en 2:1-4. Los cristianos hebreos son advertidos a obedecer la Palabra de Dios. Subraye el versículo 3.)

(3) JESÚS ES MEJOR QUE MOISÉS — capítulo 3.

Moisés fue un siervo, Cristo es el Hijo amado — el apóstol — el Sumo Sacerdote.

(Note otra advertencia aquí acerca de dudar la Palabra de Dios — 3:7-19.)

(4) JESÚS ES MEJOR QUE JOSUÉ — 4:1-16.

Jesús es mejor que Josué, porque Su descanso es eterno, mientras que el descanso de Josué solo fue temporal. Nuestro descanso está en Jesucristo — tentado en todo como nosotros, pero sin pecado, para que ahora podamos "acercarnos confiadamente" a Él en tiempo de necesidad.

(5) JESÚS ES MEJOR QUE AARÓN COMO SACERDOTE — 5:1 — 8:5.

Aarón fue tomado de entre los hombres y llamado por Dios — (5:1-4).

Jesús fue hecho un sumo sacerdote por Dios el Padre, porque Él era el Hijo de Dios — (5:5).

Su sacerdocio es según el orden de Melquisedec, quien era un rey sacerdote (Génesis 14), quien era un rey de paz y justicia — sin sucesor.

Jesús es el "autor de eterna salvación — declarado por Dios un sumo sacerdote según el orden de Melquisedec" — (5:9-10).

(Nota: Del capítulo 5:11 al 6:20 se aparta del tema. El sacerdocio está resumido en 7:1. Tomaremos la parte entre paréntesis al final de la discusión del sacerdocio.)

Cristo es un sacerdote según el orden de Melquisedec, quien es descrito en 7:1-3. Note que los diezmos fueron pagados a él por Abraham. Melquisedec era un tipo de Cristo, y Cristo fue "un sacerdote para siempre según el orden de Melquisedec" — (7:21).

Los sacerdotes aarónicos murieron pero Cristo continuaría para siempre con un sacerdocio inmutable (7:23-24).

A Jesús le fue dado un sacerdocio global, nuestro intercesor para todos los que vengan a Dios por Él, porque se ofreció a sí mismo como nuestro sacrificio UNA SOLA VEZ (7:25-28).

Jesús es nuestro sumo sacerdote a la diestra de Dios — note en 8:1, "TENEMOS." Jesús fue un cumplimiento de la sombra —simbolizada en el sacerdocio aarónico (8:1-5).

(Ahora volvemos a la *sección entre paréntesis* del 5:11 al 6:20. Esto es una advertencia, otra vez, acerca de apartarse de la Palabra de Dios.) Tenemos que recordar que esto fue escrito para el pueblo judío, la misma clase que encontramos en Hechos 15 en el concilio de Jerusalén. Algunos de ellos discutían que parte de las antiguas costumbres judías era necesario que se guardara en la fe cristiana. Este fue uno de los principales temas de Pedro — que la ceremonia judía no era necesaria. Santiago declaró la misma cosa. (Lea otra vez Hechos 15.)

Ahora al pasaje 5:11-6:20

Había un bajo nivel de entendimiento de cosas espirituales. Había una actitud apática (5:11).

Algunos de esos creyentes judíos debían ya de estar enseñando pero querían seguir con la "botella" y beber leche y no comer buena comida, tal como la carne de la Palabra (5:12).

La gente que se queda con la "botella" nunca madura y no crece más allá de los principios básicos de la salvación (5:13-14).

"Por tanto *vamos* adelante a la perfección" (6:1). Avanze de la mera FUNDACIÓN de las seis verdades traídas del Antiguo Testamento las cuales prefriguraron a Cristo:

(a) "Arrepentimiento de obras muertas"
(b) "Fe hacia Dios"
(c) "Doctrina de bautismos"
(d) "Imposición de manos"
(e) "Resurrección de los muertos"
(f) "Juicio eterno"

AHORA lea y subraye 6:4-5 . Estos son cristianos genuinos — torpes pero no muertos. "Imposible" — para el hombre, pero no para Dios. El autor los describe:

- "los que una vez fueron iluminados"
- "gustaron del don celestial"
- "partícipes del Espíritu Santo"
- "gustaron de la buena palabra de Dios"
- "y los poderes del siglo venidero"
- "y recayeron"
- "recaer" significa — caer, tropezar, Pedro cayó pero no estaba perdido.
- "sean otra vez renovados para *arrepentimiento*" — no salvación
- "crucificando de nuevo para sí mismos al Hijo de Dios"

Lea los versículos 7-9 y usted nota "reprobada" en el versículo 8. El versículo 9 dice, "cosas que pertenecen a la salvación."

Ahora, para explicar. Hay tantas teorías como hay libros. Solamente enlisto dos o tres:

PRIMERA PERSPECTIVA: Que uno puede caer de la gracia y nunca puede ser salvo

SEGUNDA PERSPECTIVA: Que estos judíos eran "profesores" de Cristo pero no "poseedores" de Cristo.Esto sería imposible si hubieran experimentado las seis cosas de los versículos 4-5.

TERCERA PERSPECTIVA: Este pasaje no está hablando de perder la salvación, sino de *arrepentimiento*; por lo tanto sería posible para un creyente *ser apartado*, *rechazado* en el sentido de I de Corintios 9:27 —

"eliminado," sin uso. Una persona que ha pecado voluntariamente sin arrepentimiento no perderá su salvación sino perderá las recompensas en la gloria.

En ninguna manera este pasaje contradice la garantía gloriosa de la preservación eterna en Romanos 8:28-29.

Note en el versículo 9 otra vez — "estamos persuadidos de cosas mejores, y *que pertenecen a la salvación.*" Este es un versículo clave — probando una vez más que el escritor estaba hablando a los *creyentes* judíos.

Versículos 10-12 — "la obra y el trabajo de amor" no son salvación sino el fruto de la salvación.

Versículos 13-20 — las promesas del Padre son bosquejadas para Abraham y para nosotros — "asirnos de la *esperanza* puesta delante de nosotros: la *cual tenemos* como segura y firme *ancla* del *alma*, y que penetra hasta dentro del velo…donde Jesús entró por nosotros como precursor, hecho sumo sacerdote para siempre según el orden de Melquisedec."

Resumimos el "sacerdocio" comenzando en 7:1 al 8:5:

El capítulo 7 comienza con el sacerdocio de Melquisedec otra vez. Él es un tipo de Cristo en cada manera como ya lo hemos explicado. (Refiérase a Génesis 14:17-24.)

En los versículos 5-12, Leví estaba en los lomos de Abraham y fue descendiente de Abraham lo cual muestra que Melquisedec es mayor que el sacerdocio levítico. El sacerdocio de Aarón perteneció a la ley mosaica y Cristo nos ha redimido de la ley.

En los versículos 13-16, ya que Jesús no vino de Leví, el sacerdocio tenía que ser cambiado. Así que Cristo fue hecho un sacerdote según el orden de Melquisedec y fue hecho así por "el poder de una vida indestructible" — versículo 16.

Por favor subraye 7:24, 25, 26, 27. ¡AMÉN!

8:1 es *"el resumen de todo."*

5. **La superioridad del nuevo y mejor pacto — 8:6-10:18**

   (1) EL NUEVO PACTO ES MEJOR QUE EL VIEJO — 8:7-13.

   Hay dos pactos — el Antiguo Testamento y el Nuevo Testamento (8:6).

   El primer pacto no fue adecuado — Dios encontró culpa en el pueblo, no en el pacto.

   Entonces Dios les dio un NUEVO PACTO — 8:8.

   Vea Jeremías 31:31-34 — (subraye en su Biblia).

   (2) EL NUEVO PACTO ABRE UN MEJOR TABERNÁCULO — 9:1-15.

   En el capítulo 9 vemos contrastes. En los versículos 1-5 vemos lo que fue el tabernáculo; en los versículos 6-10 lo que fue hecho en el tabernáculo y por qué; en los versículos 11-12 el más grande ministerio de Cristo. En esta sección hay un maravilloso estudio de "tipos" (imágenes de lo que el Antiguo pacto reveló en el Nuevo).

   Lea y subraye 9:11-15.

   (3) EL NUEVO PACTO ES SELLADO CON UN MEJOR SACRIFICIO — 9:15-28.

   Compare el versículo 19 con el 26. Subraye el versículo 27.

   (4) EL NUEVO PACTO DETERMINA PARA SIEMPRE NUESTRA SALVACIÓN — 10:1-18.

Escriba 10:10. _____

_____

_____

Note en esta sección el Nuevo pacto:

SIN MANCHA 9:14; DE NECESIDAD 9:16; SIN REMISIÓN 9:22; UNA VEZ PARA SIEMPRE 9:26; NUNCA PUEDE 10:1; NO ES POSIBLE 10:4.

6. **La superioridad de la vida en Cristo — 10:19-13:25**

   (1)   DA SEGURIDAD DE FE — 10:19-39.

       "Así que, hermanos, teniendo libertad para entrar en el Lugar Santísimo por la sangre de Jesucristo." Lea los versículos 19-22. Es Jesús quien permite que oremos a Dios debido a Su sacrificio.

   (2)   DA UNA FE QUE FUNCIONA — capítulo 11.

       Aquí está el "salón de la fama" para los personajes de fe del Antiguo Testamento. *Aprenda la definición de fe* (11:1). Debemos de poder, por fe, actuar en cosas no vistas.

       Usted encuentra en este capítulo solo algunas personas de "fe" del Antiguo Testamento. Cuente y subraye — "por la fe."

   (3)   DA PACIENCIA Y DIRECCIÓN — 12:1-13.

       Debido a las personas de gran fe del capítulo 11 — vamos a poner "los ojos en Jesús, el autor y consumador de la fe."

       El Señor nos dirige porque nos ama y disciplina. Anote:

       versículos 6-7: _____

_____

       y versículo 11: _____

_____

   (4)   NOS DA INSTRUCCIÓN EN EL CAMINAR Y ADORAR 12:14 — 13:25.

       El creyente ahora se acerca al monte de Sión, la ciudad de Dios — 12:22 — no al Sinaí, representando la ley. Como cristianos ya somos ciudadanos de ese glorioso lugar. Somos llamados por nombre, "congregación de los primogénitos" — versículo 23.

       El libro termina en el capítulo 13 con sus enseñanzas más importantes en los versículos 20-21; el poder de Dios; la muerte de Cristo; Su resurrección; Su trabajo presente; el pacto eterno; el objetivo del trabajo de Cristo para restaurar aquello que agrada a la vista de Dios.

CONCLUSIÓN

Hebreos debe de ser estudiado en conexión con el libro de Éxodo. Hay tantos tipos, cuadros, y enseñanzas que tuvimos que pasar. Por favor, en su propio estudio, repase la Escritura nuevamente.

¡Qué abundante tesoro es este libro para el creyente!

¿CUÁNTO RECUERDA USTED?

P. *¿A quién fue escrito el libro?*

P. *Jesús es mejor que:*

1. _____

2. _____

3. _____

P. *Cristo es un sacerdote según el orden de*_____.

P. *¿Qué es el Nuevo pacto?*

SU TAREA PARA LA PRÓXIMA SEMANA

1. Lea el libro de Santiago — 5 capítulos.
2. Repase dos veces el libro de Hebreos.
3. Subraye en su Biblia.
4. Esté presente el próximo día del Señor para el estudio de Santiago.

Lección 47
El libro de Santiago

(Donde se proveen líneas, por favor lea y escriba todo el pasaje o la verdad principal del pasaje.)

1. **El libro**

   El libro de Santiago es un libro muy judío. Es probablemente la primera epístola del Nuevo Testamento, escrita aproximadamente en el 45 d.C. Es a menudo referida como el Proverbios del Nuevo Testamento — la experiencia práctica de aprendizaje para el hijo de Dios.

   Santiago era el "medio" hermano de nuestro Señor y el hermano de Judas. Vea Marcos 6:3. Santiago era un incrédulo hasta después de la resurrección de nuestro Señor (Juan 7:3-10). Cristo se le apareció a él en Su cuerpo glorificado (I de Corintios 15:7). Santiago estaba entre los 120 en el aposento alto y había ganado a sus hermanos (Hechos 1:14). Cuando Pablo habla de su conversión en 37 d.C., él va a Jerusalén y tiene una conferencia con Santiago (Gálatas 1:19). Santiago vino a ser el pastor de la iglesia en Jerusalén (Hechos 12:17; Hechos 15:13). Santiago presidió sobre la primera conferencia de Jerusalén en Hechos 15 y declara los resultados de esa conferencia (lea los versículos 13-18). Él fue uno de los grandes héroes de la primera iglesia cristiana. A veces se le refiere como Santiago, el justo.

   Santiago escribió esta carta a los cristianos hebreos. No debemos olvidar que esta misma gente no había cesado de ser judía. La epístola está dirigida "a las doce tribus que están en la dispersión." Estos eran judíos de la dispersión, en otros lugares a parte de Palestina.

2. **Fe verdadera**

   Santiago y Pablo parecen contradecirse uno al otro pero eso está lejos de la verdad. Note:
       Santiago 2:24 dice — "el hombre es justificado por las obras," etc.
       Pablo dice — Efesios 2:8-9 — "por gracia — no por obras."
   Pablo habla de justificación delante de Dios.
   Santiago describe la justificación ante el hombre.
   Somos justificados por fe, dice Pablo.
   Somos justificados por obras, dice Santiago.
   Pablo recalca la raíz de la justificación.
   Santiago recalca el fruto de la justificación.
   El tema del libro pudiera ser titulado, "las pruebas de la verdadera fe en Cristo," con Santiago recalcando el producto de la fe.

3. **El mensaje central**

       "Sed hacedores de la palabra, y no tan solamente oidores, engañándoos a vosotros mismos" — Santiago 1:22.

4. **La estructura del libro**
   - La prueba de fe — capítulo 1
   - Fe y obras — capítulo 2
   - Control de la lengua — capítulo 3
   - Sumisión a Dios — capítulo 4
   - Paciencia y fe expectante — capítulo 5

5. **La prueba de fe — capítulo 1**

Santiago escribió a las "doce tribus en la dispersión" (versículo 1).

Fueron esparcidos a través del Imperio Romano.

Santiago sabía que estaban pasando por pruebas (tentaciones) pero tenían que pasar por las pruebas y tenerlo "por sumo gozo" (versículo 2).

Cuando la fe es puesta a prueba, el resultado debe de ser paciencia (versículos 3-5).

Vea Romanos 5:3-5: _____

_____

_____

Cuando las pruebas llegan al cristiano, pueden ser transformadas orando y pidiendo sabiduría (versículos 5-8); acepte ser pobre y regocíjese por causa de Cristo porque con las pruebas y pérdidas materiales, hay una recompensa, "*la corona de vida*," por soportar estas cosas en la vida (versículos 9-12).

El origen de la tentación nunca viene de Dios si concierne a lo malo (versículo 13). La tentación viene por permitir concupiscencia y deseos mundanos en nuestras vidas. No debemos descarriarnos (14-16). Vea:

I de Corintios 10:13: _____

_____

_____

Dios nunca manda el mal. Sus dones son buenos porque "Él, de su voluntad, nos hizo nacer por la palabra de verdad, para que seamos primicias de sus criaturas" (versículos 17-18). Por esta razón debemos ser prontos para oír, tardos para hablar, tardos para airarse (versículo 19). El enojo de un hombre es contrario a la voluntad de Dios. La Palabra implantada es una advertencia contra los pecados de la carne (versículos 20-21). Debemos de ser "hacedores de la palabra, y no tan solamente oidores" (versículo 22). Este es el guarda más seguro que podemos edificar alrededor de nosotros porque la Palabra es como un espejo y revela al hombre natural. Nos da libertad y una bendición, simplemente por hacer lo que Dios dice (versículos 23-25).

La prueba de la fe verdadera está en los versículos 26-27.

6. **Fe y obras — capítulo 2**

En los versículos 1-13, Santiago toma la actitud que nosotros debemos de tener hacia la gente. No debemos de discriminar entre el rico y el pobre en la "congregación" — la casa del Señor. Santiago es áspero *con el rico. Tenemos que amar a todos. Esto es aún una parte de la ley real y las enseñanzas de nuestro Señor* — (Mateo 22:39).

Ahora, la fe es probada por obras — versículos 14-26.

Este es el campo de batalla para muchos estudiantes de la Palabra. Mirémoslo en general. *Pablo* dice en Romanos 4:1- 4 que Abraham fue justificado por *fe. Santiago dice, "*¿no fue justificado por las *obras* Abraham nuestro padre cuando ofreció a su hijo Isaac sobre el altar?" La misma referencia a Isaac nos debe de guardar de cualquier malentendido. La justificación de Abraham por *fe* fue antes del sello del pacto, circuncisión. El sacrificio de Isaac fue veinte años después; así que el hombre que fue justificado por *obras* ya había sido justificado por *fe* veinte años antes. Si Santiago hubiera pensado de esto como una contradicción, no hubiera citado el mismo versículo que habla de la justificación de Abraham por fe. Usted encuentra esto en Santiago 2:23 y Génesis 15:6.

ASÍ QUE DE ESTO VEMOS QUE LA *fe* JUSTIFICA AL HOMBRE Y LAS *obras* JUSTIFICAN LA FE.

Escriba el versículo 26: _____

_____

7. **Control de la lengua — capítulo 3**

La lengua debe de ser controlada por fe. Santiago dice en este capítulo que le lengua es un instrumento dinámico que puede controlar casi cualquier cosa.

Nos da siete ilustraciones de esto:

(1) "FRENO" de caballo — puede hacer ir al caballo en cualquier dirección— versículo 3.

(2) Un "TIMÓN" de una nave — ese pequeño timón puede controlar una nave grande— versículo 3.

(3) "UN FUEGO" — "¡cuán grande bosque enciende un pequeño fuego!" — versículo 5.

(4) Una "BESTIA" indómita — el hombre puede domar toda bestia pero no su lengua —versículo 7.

(5) "VENENO" — es lo que sale de una lengua indómita — versículo 8.

(6) "FUENTE" — la lengua no debe de dar agua salada y dulce — versículo 11.

(7) "LA HIGUERA" — no da, y no debe de dar aceitunas — versículo 12.

Así que, la lengua es el instrumento con que bendecimos a Dios y es usada por algunos para maldecir a Dios. Santiago dice, "Hermanos míos, esto no debe de ser así" — versículo 10.

Vea Proverbios 15:1-2: _____

_____

_____

La solución es encontrada en Santiago 3:13, 17, 18.

8. **Sumisión a Dios — capítulo 4**

El versículo clave es el 7 — "Someteos, pues, a Dios."

Cuando nos sometemos a Dios y nos acercamos a Él como en el versículo 8 — entonces estamos listos para combatir:

— la carne — versículos 1-3

— el mundo — versículos 4-5

— el diablo — versículo 7

Entonces podemos disfrutar:

— la gracia de Dios — versículo 6

— el acercamiento a Dios — versículo 8

— la bondad de Dios — versículo 10

— la guianza de Dios — versículos 13-15

Este es un capítulo muy práctico. Debe de subrayar y tratar de memorizar estos versículos: versículos 3, 7, 8, 10, 15, 17.

9. **Paciencia y fe expectante — capítulo 5**

Santiago habla otra vez ásperamente acerca del rico. Vea:

Mateo 6:19-20: _____

_____

No hay nada malo en hacer dinero — es el ABUSO y MAL USO de éste que es el tema aquí. El poder que va junto con el dinero es criticado.

Santiago cambia del dinero al gran tema de la venida de Cristo. Note el versículo 7 — "Por tanto, hermanos, tened *paciencia* hasta la venida del Señor."

Él no está hablando a los ricos corruptos sino a sus "hermanos." La venida de Cristo — solo la esperanza de Su venida — debe de darnos paciencia y un espíritu amoroso uno hacia el otro (versículos 8-9). Ejemplos del pasado, los profetas, nos dan paciencia y esperanza (versículos 10-11).

La palabra del cristiano debe de ser suficiente (versículo 12).

Luego, para esa sección de oración por el enfermo (versículos 13-15):

"¿Está alguno entre vosotros afligido?" "¿Está alguno enfermo entre vosotros?" Santiago dice que debemos de hacer dos cosas; orar y usar medios, i.e. orar y ungir con aceite. El aceite era, y es, una medicina. La Biblia siempre sigue esta misma enseñanza.

En el versículo 34 de la parábola del buen samaritano (Lucas 10:30-37), el samaritano se acercó al hombre y puso aceite y vino sobre sus heridas. Jesús dijo, "ve, y haz tú lo mismo." Esta es la razón por la cual nosotros debemos de orar por el enfermo Y usar los medios a nuestra disposición — el doctor, el farmacéutico, y luego "la oración de *fe* salvará al enfermo — y sus pecados le serán perdonados."

Luego la pregunta, "¿es la voluntad de Dios que un creyente tenga una enfermedad prolongada?" Aveces Dios nos permite enfermarnos para la gloria de Dios. II Timoteo 4:20; II Corintios 12:7-10; Juan 9:1-3; Juan 11:4 (escriba estos versículos aquí).

_____

_____

_____

Ahora el versículo 16 dice, "Confesaos vuestras OFENSAS unos a otros." Recuerde que tenemos que confesar nuestros PECADOS a Dios.

Elías es un ejemplo de la oración efectiva en el Antiguo Testamento (versículos 17-18).

Los versículos 19-20 terminan el libro. Esto se refiere a un hijo de Dios ("hermanos, si alguno de entre vosotros se ha extraviado") que se ha desviado. Si él puede "convertirse" (significa dar media vuelta y regresar al camino correcto). Haciendo así, el que lo hace regresar "salvará de muerte un alma," muerte física. A veces Dios acorta una vida — I de Juan 5:16-17.

¿Tiene usted una fe que obra?

¿CUÁNTO RECUERDA USTED?

P. *¿Quién era este Santiago, el escritor de esta epístola?*

P. *¿A quién le escribió esta epístola principalmente?*

P. *¿Cuál es el mensaje principal del libro?*

P. *¿Cuál parte del cuerpo es muy difícil de controlar? ¿Cómo debemos usarla?*

SU TAREA PARA LA PRÓXIMA SEMANA

1. Lea el libro de I de Pedro (5 capítulos) dos veces.

2. Repase sus notas del libro de Santiago.

3. Marque su Biblia de sus notas.

4. Esté presente el próximo día del Señor para I de Pedro — un gran estudio.

Lección 48
El libro de I de Pedro

(Donde se proveen líneas, por favor lea y escriba todo el pasaje o la verdad principal del pasaje.)

1. **El libro**

   El apóstol Pedro fue originalmente nombrado Simón (un nombre griego común), el equivalente en hebreo sería Simeón (Hechos 15:14). Jesús le dio un nombre nuevo, Cefas (arameo), o Pedro (griego). Así que el nombre de Simón Pedro se refiere a la misma persona. El nombre "Pedro" significa "una piedra pequeña." La "roca" en la cual la iglesia está edificada es la "roca," Cristo Jesús (Mateo 16:18). Pedro era el hijo de un judío llamado Juan o Jonás. Pedro tenía un hermano llamado Andrés. Ellos vivieron en la costa Norte del Mar de Galilea en Betsaida. Ellos eran pescadores.

   Pedro ha sido llamado el *apóstol de la esperanza*; Pablo, el *apóstol de fe*; Juan, el *apóstol del amor*.

   El libro de I de Pedro fue escrito a los "expatriados de la dispersión." Este fue un término usado por esos creyentes judíos que fueron dispersados a esa parte del mundo que ahora conocemos como Asia Menor (versículo 1). Su propósito es animarlos y fortalecerlos durante un tiempo de conflicto y prueba. Por lo tanto, el libro es importante en nuestros días.

2. **El mensaje central**

   "Bendito el Dios y Padre de nuestro Señor Jesucristo, que según su grande misericordia nos hizo renacer para una esperanza viva, por la resurrección de Jesucristo de los muertos… " (1:3)

3. **La estructura del libro**

   > LA ESPERANZA VIVA — capítulo 1 al 2:10
   > LA VIDA CRISTIANA — capítulo 2:11 al 4:11
   > EL REGRESO DEL SEÑOR — capítulo 4:12 al 5

4. **La esperanza viva — capítulo 1 al 2:10**

   (1) Inmediatamente después de la salutación, Pedro da una doxología maravillosa — (versículo 3) — que es el mensaje central del libro. Esta es una alabanza a Dios porque "su grande misericordia nos hizo renacer para una ESPERANZA VIVA, por la resurrección de Jesucristo." Esta maravillosa esperanza es expandida en el versículo 5, "GUARDADOS por el poder de Dios mediante la fe;" en los versículos 7, 8, 13, vemos otros beneficios de la esperanza viva a través de la prueba, gozo, esperanza hasta el final.

   Los profetas del Antiguo Testamento no entendieron acerca de la venida y obra del Mesías (Mateo 13:17). Los ángeles anhelaban mirar las cosas acerca de Cristo (versículos 10-13). En los versículos 13-17 está nuestro elevado llamamiento en Cristo y cómo debemos de vivir.

   Cómo fuimos redimidos (salvados): subraye el versículo 18 y escriba el versículo 19:

   _____

   _____

(2) En el versículo 20 encontramos la palabra *"destinados"* que es *"conocimiento previo"* como en el versículo 2. Es un tema difícil de comprender para la mayoría de la gente pero déjenos explicarlo en términos fáciles:

"Conocimiento previo, elección, y predestinación están en ese orden. El conocimiento previo determina la elección, o preferencia (1:2) y la predestinación es el cumplimiento de la elección."

"La elección mira en retrospectiva al conocimiento previo; la predestinación mira hacia adelante al destino. Los conocidos previamente son electos, y los electos (esos que aceptan a Cristo voluntariamente) son predestinados, y esta *elección es verdadera para cada creyente por el simple hecho de que cree ."* (Traducido de la Biblia de Scofield)

Mire Romanos 8:28-29. Somos predestinados para ser conforme a la imagen de Su Hijo.

(3) En los versículos 22; 2:3 — LA PALABRA VIVA. Hemos "nacido de nuevo" por la Palabra de Dios. Ésta nunca pasará.

Note que el "pues" de 2:1 continúa el tema de la Palabra viva. Memorice y escriba 2:2.

_____

_____

(4) En 2:4-10 vemos la "PIEDRA VIVA." También somos *piedras vivas* en una casa espiritual. En el versículo 6 la principal piedra es Cristo.

Así que en esta primera sección Pedro habla de:

- LA ESPERANZA VIVA
- LA PALABRA VIVA
- LA PIEDRA VIVA

Ahora somos sacerdotes de Dios — teniendo acceso a Dios. Es un derecho de nacimiento de *cada* creyente (versículo 9).

5. **La vida cristiana — capítulo 2:11 al 4:11**

Esta sección comienza con, "Amados." Percibimos un cambio aquí. Pedro comienza a decirnos acerca de:

(1) LA VIDA CRISTIANA Y CÓMO VIVIRLA

Debemos de abstenernos de los deseos carnales — versículo 11.

- estar a vista de todos — versículo 12
- ser obedientes — versículo 13
- hacer el bien — versículo 15
- honrar, amar, temer a Dios — versículo 17

Debemos de actuar bien en el trabajo — versículos 18-20.

Somos ovejas regresadas (si creemos) al *pastor* y *obispo* de nuestras almas — por el sufrimiento de Cristo en la cruz — versículos 21-25. (El versículo 24 es una buena definición de expiación.)

(2) LA VIDA CRISTIANA EN EL HOGAR — 3:1-7

Una esposa a menudo puede ganar a su esposo por su conducta. Los adornos internos ganan al esposo perdido. Los maridos deben de honrar y amar a sus esposas. El matrimonio ideal es aquel que está basado en Cristo.

(3) EL CRISTIANO EN LA IGLESIA — 3:8-17

Ser de un mismo sentir, amarse unos a otros, tener compasión, evitar el mal "estad siempre preparados para presentar defensa con mansedumbre y reverencia ante todo el que os demande razón de la esperanza que hay en vosotros" — versículos 5-15. Esté dispuesto a sufrir por hacer el bien — versículo 17.

(4) CRISTO SUFRIÓ POR NUESTRO PECADOS — 3:18-22.

Ahora llegamos a uno de los pasajes más difíciles de toda la Biblia.

Lea del versículo 17 al 22 otra vez, despacio.

¿Qué significa esto? El Dr. W. A. Criswell dice, y yo estoy de acuerdo, "nuestro problema comienza con las palabras, 'en el cual también fue y predicó a los espíritus encarcelados.' ¿Qué significa esto? Cristo fue muerto en la carne, pero fue vivificado en el Espíritu. *Su* Espíritu fue vivificado, y en *ese* espíritu Él fue y predicó a los espíritus en prisión. Él no fue a predicar a los espíritus en prisión cuando fue resucitado de la muerte, como la versión de King James parece implicar. Permítame repasarlo otra vez. *No* fue cuando Cristo resucitó de los muertos en Su nuevo cuerpo resucitado que bajó al Hades y predicó a los espíritus. El texto dice que siendo a la verdad muerto, Él fue vivificado en el Espíritu, y en espíritu Él bajó al infierno a predicar a los espíritus en prisión. Antes que Cristo fuera encarnado, Él era puro espíritu y Él era glorioso en majestad espiritual. Cuando Cristo fue separado de Su cuerpo, Su espíritu fue vivificado. Cuando nuestro Señor sufrió y murió, Él bajó a donde, en los días de Su carne, no hubiera podido ir. Lea Efesios 4:8-9. Cuando usted estudia estos versículos de cerca, usted llegará a la misma conclusión que yo he llegado. Pablo dice que nuestro Señor, en Su muerte, descendió a las partes más bajas de la tierra y al pueblo judío. Esto quiere decir que cuando Él descendió a las partes más bajas de la tierra, era otro mundo, el Hades. Pablo y Pedro escribieron la misma cosa. Jesús fue vivificado por el Espíritu, y en ese espíritu fue y predicó a los espíritus en prisión *antes* que fuera levantado de los muertos. ¿Por qué el apóstol habla solamente de aquéllos en los días de Noé? ¿Y qué de todos los otros espíritus que no fueron menos desobedientes en otros períodos? Quizá supongamos que éstos son excluidos porque no son nombrados, pero no es así. Pedro fue impresionado profundamente por el diluvio de Noé. En II de Pedro 2:5 él habla del diluvio de Noé y en 3:5-6 él habla de éste otra vez. Así que el diluvio hizo una gran impresión en su mente. Cuando Cristo bajó al Hades, Él fue a anunciar, a proclamar" — (Traducido de Criswell, *Sermons on Peter*, 77-79).

Hay muchas interpretaciones. Yo pienso que Él proclamó las nuevas de una redenció*n terminada* — significando *sentencia* en tormento y *gloria* en paraíso. Vea Lucas 16:19-31.

Somos identificados con Cristo en el bautismo.

(5) LA VIDA CRISTIANA SOPORTA EL SUFRIMIENTO — 4:1-11.

Da victoria sobre la vieja naturaleza. Ya no podemos estar satisfechos viviendo en la carne — versículos 1-3.

La venida del Señor inspira la vida cristiana — versículo 7.

Debemos de amar a los hermanos y ser bondadosos con ellos — usemos el don que Dios nos ha dado — y todos nosotros tenemos un don — versículos 9-10.

Note la doxología de Pedro en el versículo 11.

6. **El regreso del Señor — capítulo 4:12 al 5**

Pedro está preocupado acerca de la tribulación, la cual aún era futura pero que seguramente estaba viniendo sobre los cristianos. Él comienza (versículo 12) — "Amados, no os sorprendáis del fuego de prueba que os ha sobrevenido." Como el resto del libro indica, Pedro estaba pensando en la "gran tribulación." Esto concuerda con la enseñanza de Pablo que la segunda venida de Cristo va a ser precedida por un período ardiente de tribulación. Note el énfasis de Pedro en la segunda venida de nuestro Señor.

Anote 4:13. _____

_____

5:1 _____

_____

5:4 _____

_____

¿Notó usted la "corona de gloria"? Esta es una de las cinco recompensas para el cristiano:

(1) CORONA INCORRUPTIBLE — (conquistar la vieja naturaleza) — I de Corintios 9:25-27

(2) CORONA DE GOZO — (para ganadores de almas) — I de Tesalonicenses 2:19

(3) CORONA DE VIDA — (corona para los mártires) Apocalipsis 2:10

(4) CORONA DE JUSTICIA — (los que aman la venida del Señor) — II de Timoteo 4:8

(5) CORONA DE GLORIA — (pastores y ministros fieles) — I de Pedro 5:2-4

Pedro dice que no nos preocupemos, "echando toda vuestra ansiedad sobre él, porque él tiene cuidado de vosotros."

¡Qué glorioso libro! Léalo otra vez.

¿CUÁNTO RECUERDA USTED?

P. *¿Cuál era el otro nombre de Pedro?*

P. *¿Puede usted nombrar tres de las cosas VIVAS mencionadas?*

P. *¿Cómo predicó Cristo a los espíritus en prisión?*

P. *De las cinco coronas (o recompensas), ¿cuántas puede usted reclamar?*

SU TAREA PARA LA PRÓXIMA SEMANA

1. Lea II de Pedro — (solo 3 capítulos — léalo dos veces).
2. Repase sus notas en I de Pedro.
3. Marque su Biblia.
4. Esté presente el próximo día del Señor para II de Pedro.

Lección 49
Los libros de II de Pedro y Judas

(Donde se proveen líneas, por favor lea y escriba todo el pasaje o la verdad principal del pasaje.)

1. **Los dos libros**

   Estos dos libros, II de Pedro y Judas, son muy parecidos el uno al otro. Hay tanta similaridad que uno supondría que ambos fueron inspirados del mismo trasfondo. Esto es especialmente cierto de II de Pedro, capítulo 2, y el libro de Judas.

   Hay mucha controversia sobre la autoría de II de Pedro. El canon de la Escritura del Nuevo Testamento fue formado de una regla básica — "será escrito por un apóstol o un amanuense de un apóstol." Un amanuense es un "secretario" o "escritor." El Concilio de Cartagena dijo, "Nada será leído en las iglesias excepto el canon reconocido," y luego enlistó los 27 libros del Nuevo Testamento. La autoría de II de Pedro ha sido dudada debido a la diferencia de estilo y escritura de I y II de Pedro. I de Pedro fue escrita elegantemente — el griego fluye perfectamente — pero II de Pedro suena como si hubiera sido escrita por un hombre que usó un diccionario griego; Pedro hablaba arameo, él ya era un adulto cuando siguió a Jesús. I de Pedro fue escrita por Pedro a través de su secretario, un amanuense, quien fue Silvano (I de Pedro 5:12). II de Pedro fue escrita por Pedro mismo o uno que no podía escribir griego como Silvano. Esta es la razón por la diferencia en estilo entre los dos libros. ¡Pedro escribió la epístola! (3:1)

2. **El mensaje central de II de Pedro**

   "El conocimiento de Dios y de nuestro Señor Jesús. Como todas las cosas que pertenecen a la vida y a la piedad nos han sido dadas por su divino poder, mediante el conocimiento de aquel que nos llamó por su gloria y excelencia" (1:2-3).

   (El pensamiento principal es *apostasía*. No hay mención de la muerte, resurrección, ascensión, ni oración del Señor.)

3. **La estructura del libro**
   - LAS GRANDES GRACIAS CRISTIANAS — capítulo 1:1-14
   - LA AUTORIDAD DE LAS ESCRITURAS — capítulo 1:15-21
   - LA APOSTASÍA — FALSOS MAESTROS — capítulo 2
   - EL REGRESO DEL SEÑOR — capítulo 3

4. **Las grandes gracias cristianas — capítulo 1:1-14**

   Hay peligro en la vida cristiana sin crecimiento. También hay peligro en el conocimiento sin práctica. Con una "fe igualmente preciosa" (versículo 1) y "preciosas promesas" (versículo 4), los participantes de Su naturaleza divina pueden huir "de la corrupción que hay en el mundo a causa de la concupiscencia."

   Hay siete gracias cristianas añadidas a la "fe." Éstas deben de ser una parte de nuestra manera de vivir — (versículo 5):

   A la fe añadir:
   - VIRTUD, y a la virtud,
   - CONOCIMIENTO, y al conocimiento

- DOMINIO PROPIO, y al dominio propio
- PACIENCIA, y a la paciencia
- PIEDAD, y a la piedad
- AFECTO FRATERNAL, y al afecto fraternal
- AMOR

Si éstas son una parte de su vida, usted no será ocioso ni sin fruto en el conocimiento de nuestro Señor Jesucristo (versículo 8). El cristiano que viene a ser "estéril" olvida que fue purificado de sus antiguos pecados (versículo 9).

Pedro nos recuerda de nuestro llamamiento y él nos hace a recordar (versículos 10-14).

5. **La autoridad de las escrituras — capítulo 1:15-21**

El acercamiento de la muerte de Pedro estaba en su mente. Su principal enseñanza aquí es la verdad de la venida del Señor basada en su propio testimonio de la transfiguración (versículos 15-16). Los próximos versículos explican. Lea los versículos 17-18. Vea Mateo 17:5:

_____

_____

Los versículos 19 al 21 contienen las más profundas declaraciones acerca de la Palabra de Dios:

"La palabra profética más segura" — versículo 19 — (más segura que el registro del testimonio personal de Pedro de la transfiguración).

"Ninguna profecía de la Escritura es de interpretación privada" — versículo 20 — *tenemos que enseñar pasaje con pasaje*).

"Los santos hombres de Dios hablaron siendo inspirados por el Espíritu Santo" — versículo 21. Vea II de Timoteo 3:16-17.

6. **La apostasía — falsos maestros — capítulo 2**

Los falsos profetas eran herejes para Israel. Los falsos maestros estarán también en la iglesia negando la redención de Cristo. Los falsos seguidores seguirán a falsos maestros (versículos 1-3). Pedro enlista tres tipos de apóstatas del pasado que aparecerán en el futuro:

(1)   "ÁNGELES QUE PECARON" — versículo 4 — rebelión contra Dios
(2)   "LOS IMPÍOS" de los días de Noé — versículo 5 — Mateo 24:37-39
(3)   "INMORALIDAD," como la de Sodoma y Gomorra — versículo 6 — (Romanos 1:24-32)

"Sabe el Señor librar de tentación a los piadosos" — versículo 9. ¿No es eso bueno? Vea I de Corintios 10:13 otra vez.

El resto del capítulo es una viva, pero horrible, descripción de la apostasía. Los ángeles no se atreverían hacer tales cosas (versículo 11); estos apóstatas (falsos maestros) son como animales (versículo 12); son codiciosos (versículo 14); siguen a Balaam por ganancias mundanas (versículo 15); tienen conocimiento intelectual (versículo 20); son como puercos que retornan al cieno (versículo 22).

Jesús tenía mucho que decir de la apostasía: Mateo 15:14; Mateo 12:43-45; Lucas 12:47-48.

La lección para nosotros hoy, en la iglesia, es nunca permitir el compromiso. La falsa doctrina nunca debe de infiltrarse en el salón de clase o el púlpito bajo la apariencia de "una amabilidad acomodadiza."

7. **El regreso del Señor — capítulo 3**

Pedro escribió esta carta (versículo 1) para recordarles que en los últimos días los burladores estarían presentes para ridicularizar la segunda venida de Cristo. Ellos dirán que nada ha cambiado desde la creación (versículos 1-4).

Pedro les recuerda a ellos y nos recuerda en los versículos 5-7. El recordatorio era "el mundo de entonces" fue destruido por agua. Jesús dice que Su venida será así. Vea Mateo 24:37-38. Escriba el versículo 37:

_____

_____

3:10 da una descripción vívida de la destrucción de la tierra:
- "los cielos pasarán con grande estruendo"
- "serán deshechos" — elementos se disuelven
- "elementos" — todo material en la tierra
- "ardiendo" — es energía

En vista de estas realidades de la Escritura acerca del futuro, el creyente debe de tomar su llamamiento en serio, apartado para el Maestro, ganando al perdido (versículos 11 y 14).

Ahora lea el versículo 13 — Note: "*nosotros* esperamos, según sus promesas…"

Pedro concluye la epístola diciendo que Pablo escribió la verdad con profundidad. La reprendida que Pablo dio antes a Pedro no arruinó su relación. (Vea Gálatas 2:11-14.)

Note el versículo 18 — "creced en la gracia y el conocimiento." Solo crecemos a través de la Palabra de Dios.

EL LIBRO DE JUDAS

1. **El libro**

Judas era el hermano de Santiago, el pastor amado de Jerusalén, y medio hermano de nuestro Señor. Junto con su hermano, Judas no creía en el Señor sino hasta después de la resurrección (Juan 7:3-8). Entre la resurrección y la ascensión, ambos fueron salvos y estuvieron presentes en el aposento alto poco antes del Pentecostés. (Hechos 1:13-14 — note que Judas es el "hermano de Jacobo").

Judas es el único libro dedicado enteramente a la apostasía que ha de venir sobre el cristianismo antes de que el Señor Jesús regrese. Judas trae todas las enseñanzas acerca de la apostasía hasta un clímax — regresando hasta el jardín del Edén y luego a través de los israelitas, hasta el día de hoy.

El libro es muy similar a II de Pedro. Pedro colocó a los falsos maestros en el futuro (II de Pedro 2:1); mientras que Judas los vió en el presente.

2. **El mensaje central**

"Que contendáis (esforzarse) ardientemente por la fe que ha sido una vez dada a los santos" (versículo 3b).

3. **La estructura del libro**
- Por qué debemos de esforzarnos por la fe — versículos 3-16
- Cómo podemos luchar por la fe — versículos 17-23

4. **Por qué debemos de esforzarnos por la fe — versículos 3-16**

   (1)   En los versículos 3 y 4 vemos a los maestros apóstatas deslizándose en el redil sin ser notados. Probablemente eran conocidos aun como "buenos hombres." Ellos sostienen dos negaciones básicas de la fe —

- "convierten en libertinaje la gracia de nuestro Dios" y
- "niegan a Dios, el único soberano, y a nuestro Señor Jesucristo."

   (2)   Cierta sentencia sobre estos falsos maestros en los versículos 5-7 es pronosticada e ilustrada por tres ejemplos históricos de apostasía del pasado:

- EGIPTO — "después destruyó a los que no creyeron" — versículo 5.
- ÁNGELES — "no guardaron su dignidad" — versículo 6.
- SODOMA Y GOMORRA — "fueron puestas por ejemplo" — versículo 7.

   (3)   En los versículos 8-11, Judas describe en ásperos términos el carácter y conducta de estos falsos maestros. Los compara con tres figuras históricas recordadas por actos y actitudes impías:

- CAÍN — el hombre natural, "saliéndose con la suya."
- BALAAM — haciendo mercadería de su tipo de "un evangelio."
- CORÉ — negando la autoridad de Moisés como profeta de Dios.

   (4)   En los versículos 12-13 hay seis metáforas describiendo a los maestros apóstatas:

   (a) "MANCHAS" (versículo 12) — son "rocas escondidas" en los ágapes, refiriéndose a la Mesa del Señor en I de Corintios 11:17-30.

   (b) "COMIENDO IMPÚDICAMENTE" (versículo 12) — falsos pastores alimentan suspropios deseos sin temor.

   (c) "NUBES SIN AGUA" (versículo 12) — describiendo las falsas promesas de la apostasía.

   (d) "ÁRBOLES SIN FRUTO" (versículo 12) — describiendo la profesión estéril de la apostasía.

   (e) "FIERAS ONDAS DEL MAR" (versículo 13) — describiendo el esfuerzo inútil de la apostasía.

   (f) "ESTRELLAS ERRANTES" (versículo 13) — describiendo el propósito a la deriva de toda falsa enseñanza.

   (5)   La profecía de Enoc de destrucción venidera — versículos 14-15

Enoc predijo la segunda venida de Cristo antes que nuestro Señor viniera la primer vez. Enoc anunció dos grandes eventos:

- "Vino el Señor con sus santas decenas de millares" — versículo 14.
- "Para hacer juicio contra todos los impíos" — versículo 15.

Vea Colosenses 3:4. _____

_____

I de Tesalonicenses 3:13 _____

_____

II de Pedro 3:7 _____

_____

5. **Cómo podemos luchar por la fe — versículos 17-23**

La apostasía ha sido pronosticada — hemos sido advertidos — versículos 17-19. Tenemos que edificarnos en la fe; orar; mantenernos en el amor de Dios; buscar al Señor Jesucristo; y ganar al perdido — versículos 20-23.

Los versículos 22 y 23 podríamos describirlos con los siguientes ejemplos:

- El versículo 22 puede ser ilustrado por aquéllos que necesitan cuidado firme debido a cosas como alcohol o drogas.
- La primera parte del versículo 23 podría ser ilustrada por una persona que no es salva siendo influenciada fuertemente para unirse a un grupo de culto pervertido.
- La segunda parte del versículo 23 podría ser ilustrada por un hombre cristiano en su trato con una mujer hermosa acerca de la inmoralidad en la vida de ella.

La doxología final de Judas es una de las declaraciones sublimes del Nuevo Testamento:

"Y a aquel que es poderoso para guardaros sin caída, y presentaros sin mancha delante de su gloria con gran alegría, al único y sabio Dios, nuestro Salvador, sea gloria y majestad, imperio y potencia, ahora y por todos los siglos. Amén."

(Judas 24-25)

¿CUÁNTO RECUERDA USTED?

P. *¿Por qué fue puesta en duda la autoría de II de Pedro?*

P. *¿Cuál es el énfasis principal de II de Pedro y de Judas?*

P. *¿Puede decir cómo nos fue dada la Biblia? (Vea II de Pedro 1:21.)*

P. *¿Quién era Silvano?*

SU TAREA PARA LA PRÓXIMA SEMANA

1. Lea I, II, III de Juan — (7 capítulos cortos).
2. Repase sus notas de este estudio.
3. Marque su Biblia.
4. Esté presente el próximo día del Señor para el estudio de los tres pequeños libros de Juan.

Una nota agregada.

En Judas 9 hay una referencia a la pelea entre Miguel y el Diablo sobre el cuerpo de Moisés. ¿Para que quería Satanás el cuerpo de Moisés? Satanás quería el cuerpo de Moisés para que fuera adorado por Israel como una reliquia sagrada.

Vea Deuteronomio 34:5-6:

_____

_____

_____

El que *"lo enterró"* en este pasaje es una referencia al arcángel Miguel, el héroe de esta declaración (versículo 6).

Lección 50
Los libros de I, II, y III de Juan

(Donde se proveen líneas, por favor lea y escriba todo el pasaje o la verdad principal del pasaje.)

1. **El libro de I de Juan**

   Juan, el mismo que escribió el Evangelio de San Juan y Apocalipsis, es el autor. Esta primera epístola de Juan es a menudo referida como la "epístola sin compromiso." En el Evangelio de Juan, él nos describe como ovejas en su redil — en esta epístola, como miembros de su familia.

   Juan da la razón de su escrito en cada uno de los tres tipos de revelación:

   En el evangelio — Juan 20:31 — "Pero éstas se han escrito para que creáis que Jesús es el Cristo, el Hijo de Dios, y para que creyendo, tengáis vida en su nombre."

   En la epístola — I de Juan 5:13 — "Estas cosas os he escrito a vosotros que creéis en el nombre del Hijo de Dios, para que sepáis que tenéis vida eterna — ."

   En Apocalipsis 1:19 — "Escribe las cosas que has visto, y las que son, y las que han de ser después de estas."

2. **El mensaje central**

   "Sabemos" (más de 30 veces). Ejemplos: 2:3, 5, 21, 29; 3:2, 5, 14, 19, 24, etc.

   (Este es un libro que da seguridad de salvación. Léalo y subraye la palabra "SABER" o "CONOCER.")

3. **La estructura del libro**

   UN LIBRO DE SIETE CONTRASTES
   (1) Luz contra obscuridad — 1:5 — 2:11
   (2) Dios el Padre contra el mundo — 2:12 — 2:17
   (3) Cristo contra el Anticristo — 2:18 — 2:28
   (4) Buenas obras contra malas obras — 2:29 — 3:24
   (5) El Espíritu contra los espíritus — 4:1 — 4:6
   (6) Amor contra pretención — 4:7 — 4:21
   (7) El nuevo nacimiento contra el mundo — 5:1-21

   Otra estructura simple del libro es:
   - DIOS ES LUZ — 1:1 — 2:2.
   - DIOS ES AMOR — 2:3 — 4:21.
   - DIOS ES VIDA — capítulo 5.

   (No estudiaremos este abundante libro basado en la estructura anterior. Se explican por sí mismos, pero debemos de acentuar el libro.)

4. **Lo más destacado del capítulo 1**

   (1) Juan regresa nuevamente "desde el principio" como en Juan 1:1 (eternidad pasada). El versículo 1 de esta epístola presenta:
   - *"Hemos oído"* — Juan escuchó hablar a Jesús ("entrada del oído").
   - *"Hemos visto"* — Juan le vio ("entrada del ojo").
   - *"Hemos contemplado"* — el mirar salva
   - *"Palparon"* — él había sentido el latir del corazón del Maestro — Juan 13:23; 21:20, 24.

(2) Él es la fuente de la comunión — 1:3.

La comunión cristiana significa compartir las cosas de Cristo. Pablo usa la palabra "KOINONIA" cuando habla de oración, enseñanza de la Palabra, la Santa Cena, y dar.

Tenemos comunión si "andamos en luz" — versículos 5-7. Jesús es la luz.

Retenemos la comunión por la confesión de pecado — 1:9. Memorize esto. Es la "barra de jabón" del cristiano.

5. **Lo más destacado del capítulo 2**

(1) Cristo es nuestro abogado (nuestro procurador) si pecamos. Él ha pagado por nuestros pecados; mientras confesamos, nos restaura a plena comunión — versículos 1-2.

(2) La obediencia al Señor y a su Palabra es evidencia de que pertenecemos a Él, que en cambio produce amor para los hermanos — versículos 3-11.

Esta es una de las mejores pruebas que uno puede aplicar a la pregunta:

"¿Cómo puedo estar seguro que soy cristiano?"

J. Vernon McGee dice, "La vida cristiana es como un triángulo":

(3) No debemos de amar al mundo — versículos 15-17.

Note el versículo 16: "Deseos de la carne"
"Deseos de los ojos"
"Vanagloria de la vida"

Estas son las cosas del mundo. Cada pecado puede ser colocado bajo una de estas.

(4) Note el énfasis en "muchos anticristos" — versículos 18-28. Esto es en referencia a los últimos días (y estamos en ellos) y mucha falsa enseñanza de falsos maestros. Habrá un abandono de la doctrina de Dios (versículo 19) negando la deidad de Jesús, sin embargo llamándose a sí mismos "cristianos" — (versículos 22-23).

6. **Lo más destacado del capítulo 3**

   (1)   El amor del Padre hacia nosotros — (versículo 1). No *esperamos* ser los hijos de Dios — ¡YA LO SOMOS!

   Ahora somos hijos de Dios…pero seremos semejantes a Él — versículo 2.

   (2)   En el versículo 8 y después vemos buenas contra malas obras, pero el clímax para el cristiano está en el versículo 24. "Y en esto sabemos que él permanece en nosotros, por el Espíritu que nos ha dado."

7. **Lo más destacado del capítulo 4**

   (1)   "Probad los espíritus." No crea todo lo que *parece* sincero y bueno. Hay espíritus falsos preparados para probarnos cada día.

   Subraye 4:1.

   El Espíritu Santo mora en cada creyente — versículo 4.

   El cristiano siempre oirá la Palabra de Dios — el predicador, el maestro — pero el inconverso no oirá — versículo 6.

   (2)   El gran pasaje de amor de Juan es encontrado en los versículos 7-21. Lea y subraye las muchas veces que encuentre la palabra "amor" (27 veces—encuéntrelas).

   Escriba aquí el versículo 18: _____

   _____

8. **Lo más destacado del capítulo 5**

   (1)   La fe produce victoria sobre el mundo — fe en Cristo — versículos 1-4.

   (2)   El versículo 6 parece ser un obstáculo a los eruditos. Son tres los que confirman el testimonio de la verdad de la salvación por fe en Cristo.

   - AGUA — la Palabra de Dios (Vea Juan 19:34-35.)
   - SANGRE — la muerte de Cristo por nuestros pecados (Vea Efesios 1:7.)
   - ESPÍRITU — verdad (Vea Hechos 1:4, 8.)

   Versículo 7 — ¿Es el Padre, Hijo (Palabra), Espíritu Santo?

   Versículo 8 — el Espíritu Santo obra en nuestros corazones cuando nacemos de nuevo; Él toma la Palabra y aplica la sangre derramada de Cristo en nuestros corazones.

   (3)   La clave de la epístola es encontrada en los versículos 11-15. Subraye esta sección en rojo — *¡recuérdela!*

9. **Las siete pruebas de nuestro caminar con Dios**

   Comienzan con las palabras, "Si decimos," y "El que dice."

   Aquí están:

   - 1:6 — comunión falsa
   - 1:8 — santidad falsa
   - 1:10 — justicia falsa
   - 2:4 — lealtad falsa
   - 2:6 — comportamiento falso
   - 2:9 — espiritualidad falsa
   - 4:20 — hablar falso

EL LIBRO DE II DE JUAN

1. Juan, identificándose a sí mismo solamente como "el anciano," es el autor. Él escribió esta pequeña carta a una señora — "la señora elegida." Los contenidos de los versículos 5, 10, y 12 indican que la carta fue una nota personal para una persona real (no a una iglesia local, como algunos escritores indican). La carta fue escrita desde Efeso aproximadamente en el 90 d.C.

2. **El mensaje central**

   "A causa de la verdad" — versículo 2

3. **La estructura del libro**

   Caminar en verdad y amor — versículos 1-6

   Guardar la doctrina de Cristo — versículos 7-13

4. **Caminar en verdad y amor — versículos 1-6**

   La verdad es el tema de esta epístola. La verdad de que habla Juan es la doctrina de las Escrituras. La referencia en el versículo 4 es una respuesta a una carta que Juan había recibido.

   Versículo 5 — la verdad a la cual Juan se refiere no es una cosa nueva, sino la que ellos habían recibido del Padre desde el principio — que nos amemos unos a otros.

   Vea Gálatas 6:2: _____

   _____

   El amor es el amor de "la nueva ley en Cristo" traído por el Espíritu Santo al corazón de cada creyente (vea Romanos 5:5).

   Debemos amarnos unos a otros y la prueba esta en nuestro andar — versículo 6.

5. **Guardar la doctrina de Cristo — versículos 7-13**

   "El que persevera en la doctrina de Cristo, ése sí tiene al Padre y al Hijo" — versículo 9. Muchos falsos maestros andaban viajando entre las iglesias (versículos 7-11) quienes no confesaban que Cristo estuvo aquí en la carne. Éstos eran engañadores y anticristos. (Vea I de Juan 4:1-2.) Ellos no creyeron en la humanidad de Cristo y negaron Su encarnación.

   No debemos de apoyar a nadie que predique y enseñe falsa doctrina. Hay tantos cultos e "ismos" en nuestros días. Juan dice que si los apoyamos, participamos de su doctrina mala — significando que compartimos en la extensión de una falsa doctrina (versículos 10-11).

EL LIBRO DE III DE JUAN

1. Esta tercera epístola de Juan trata con personalidades — tres hombres. Estos tres nos enseñan algunas verdades básicas.

2. **El mensaje central**

   "Amado, yo deseo que tú seas prosperado en todas las cosas, y que tengas salud, así como prospera tu alma" — versículo 2.

3. **La estructura del libro**
   - GAYO — andando en la verdad — versículos 1-8
   - DIÓTREFES — le gusta el "primer lugar" — versículos 9-11
   - DEMETRIO — todos dan testimonio de él — versículos 12-14

4. **Gayo — andando en la verdad — versículos 1-8**

   Juan llama a Gayo "el amado" cuatro veces. Este hombre de Dios era una fuente de gran gozo para Juan. Él había cuidado a todos los "hermanos — ayudantes de la verdad." La "verdad" en este buen hombre era el Señor Cristo Jesús.

5. **Diótrefes — le gusta el "primer lugar" — versículos 9-11**

   Este hombre quería toda la alabanza y gloria. Note que era culpable de:
   (1)   No recibir a Juan — (versículo 9)
   (2)   Parlotear con palabras malignas contra Juan — (versículo 10)
   (3)   Negarse a recibir a los hermanos (misioneros) — (versículo 10)
   (4)   Expulsar de la iglesia a los que recibían en sus casas a los misioneros — (versículo 10)

6. **Demetrio — todos dan testimonio de él — versículos 12-14**

   Solo hay un versículo acerca de este hombre; nos da una buena lección en carácter cristiano. Su nombre indica que era un convertido del paganismo. Él habló sólo bien de todos los hombres y del evangelio mismo. Él adornó la doctrina de Cristo. Otros testificaron de su fidelidad a Cristo.

   Podemos ser un Gayo, ayudando a extender el evangelio — o podemos ser un Diótrefes, estorbando la obra por atención personal — o un Demetrio, adornando el evangelio de Jesucristo.

¿CUÁNTO RECUERDA USTED?

P.   *¿Cuántos libros escribió Juan?*

P.   *¿Puede usted nombrarlos?*

P.   *¿Cual es el mensaje principal de I de Juan?*

P.   *¿Puede usted citar de memoria I de Juan 1:9?*

P.   *II de Juan fue escrita para* _____.

P.   *III de Juan fue escrita para* _____

SU TAREA PARA LA PRÓXIMA SEMANA

1. Lea los primeros 11 capítulos de Apocalipsis.
2. Repase su estudio de las tres epístolas de Juan.
3. Marque su Biblia.
4. Esté presente el próximo día del Señor para la primera de dos lecciones del Apocalipsis.

Lección 51
El libro de Apocalipsis — Parte I

(Donde se proveen líneas, por favor lea y escriba todo el pasaje o la verdad principal del pasaje.)

1. **El libro**

   Nuestro estudio de éste, el último libro de la Biblia, será en dos partes — dos lecciones. Es imposible cubrir todas las enseñanzas del Apocalipsis, por lo tanto, trataremos de tocar los puntos más destacados los cuales son:
   - Dios dio a Cristo
   - Luego Cristo envió por un ángel
   - Luego el ángel dio a Juan
   - Finalmente Juan dio a las siete iglesias

   Esto autentifica cada palabra encontrada en el libro de Apocalipsis.

   Juan, el apóstol, escribió el Apocalipsis. Él ya había escrito otros cuatro libros del Nuevo Testamento: El Evangelio de Juan; I, II, y III de Juan. En el Evangelio de Juan, él abarcó la eternidad más profundamente que cualquier otro escritor (Juan 1:1-3). En Apocalipsis abarca más profundamente adentro del futuro de la eternidad que cualquier otro escritor (Apocalipsis 21 y 22).

   El hombre escribe historia — Dios escribe profecía. Apocalipsis es profecía de Dios. La importancia del libro está en el versículo 3, y allí encontramos *tres bienaventuranzas* del libro:

   (1) "Bienaventurado el que *lee*

   (2) y los que *oyen* las palabras de *esta profecía*

   (3) y guardan las cosas en ella escritas"

   Juan escribió esta profecía en la isla de Patmos.

2. **El mensaje central**

   "La revelación de Jesucristo" — versículo 1

   (La palabra apocalipsis está compuesta de un verbo y una preposición: "*APO*" que quiere decir "quitar o fuera," y "*KALUPTO*" que quiere decir "esconder, cubrir." "Apokalupsis," por lo tanto, quiere decir "quitar el velo, revelar." El Apocalipsis entonces revela, quita el velo del triunfo venidero de Jesucristo.)

   Antes que demos la estructura del libro, quizá le ayude a entender el Apocalipsis si conoce algunas de las interpretaciones del libro. En el versículo 3 leemos, "porque el tiempo está cerca." Sin embargo, si agrupamos cada teoría e idea escrita acerca de este libro podemos agruparlas en cuatro encabezados.

   Brevemente estos son:

   (1) LA INTERPRETACIÓN PRETÉRITA

   Pretérito viene de la palabra latina "praeter" que significa "pasado." Así que éstos son el grupo que mira al Apocalipsis como que ya se haya cumplido en los años y las generaciones del pasado.

   (2) LA INTERPRETACIÓN CONTINUA HISTÓRICAMENTE

   Éstos creen que el Apocalipsis es un panorama de la historia de la iglesia desde los días de Juan.

(3)   LOS ESPIRITUALIZADORES — IDEALISTAS

Éstos interpretan el libro como un símbolo de la gran lucha entre el bien y el mal. No aceptan el libro como real — solamente como simbólico.

(4)   LA INTERPRETACIÓN FUTURISTA

Este es el grupo que cree que, comenzando en el capítulo 4 de Apocalipsis, la revelación de la consumación de los siglos es descrita. La mayoría de los que somos llamados "evangélicos" creemos esta básica interpretación — que la mayoría de las cosas en el libro aún han de cumplirse. Nada en la historia puede compararse a los juicios descritos en este libro.

Ahora usted puede decidir con cuál teoría está usted de acuerdo — pero solo después de que haya terminado las dos lecciones, por favor.

Entonces, ¿qué quiere Dios decir con, "porque el tiempo está cerca"? Él quiere decir que el retorno de nuestro Señor es siempre inminente — siempre.

3.   La estructura del libro

- "Escribe las cosas que has visto" — capítulo 1
- "Y las que son" — capítulos 2 y 3
- "Y las que han de ser después de estas" capítulo 4 al 22

(Este es el bosquejo de Dios para Juan en 1:19.)

4.   "Escribe las cosas que has visto" — capítulo 1

En obediencia a ese mandamiento, Juan escribió las cosas que había visto. Él vio al Señor glorificado, el Alfa y la Omega, el principio y el fin. Él había visto los siete candeleros y en medio de los siete candeleros él vio a Uno como el Hijo de Dios. Juan describió la visión del Señor viviente: Su ropa, ojos, cabeza, cabello, pies, voz. Juan vio en la mano derecha del Señor "siete estrellas" (V-16). ¿Qué eran estos "candeleros" y "estrellas" (versículo 16)? Juan nos dice en el versículo 20, las siete estrellas *son* los "ángeles" — mensajeros que de hecho son pastores de las "siete iglesias." "Los siete candeleros *son* las siete iglesias."

5.   "Y las cosas que son" — capítulos 2 y 3

(1)   "Las cosas que son" — son las siete iglesias. En 1:20 "los siete candeleros son las siete iglesias." Él no se refiere a una adivinanza o enigma. El mensaje era claro que Juan tenía que escribir en un libro lo que él vio y enviar ese mensaje a las siete iglesias que *están* en Asia.

Las siete iglesias representan todas las iglesias de Dios. La aritmética divina en el Apocalipsis es significante porque el número *"siete"* significa "llenura," "completo" — la familia completa de Dios. La siete iglesias representan todas las iglesias de todas las edades. Juan vivió en la misma dispensación, la misma era en la que vivimos hoy — el día de la era de la iglesia.

(2)   Cristo habla a las siete iglesias en un orden definido. Él sigue un patrón definido como usted verá mientras estudiamos cada una de las siete iglesias. El patrón en cada una es:

- Primero Cristo se identifica a sí mismo.
- Luego Él elogia a la iglesia (menos la de Laodicea).
- Después Él condena las cosas que están mal. (Él no tuvo condenación para Esmirna ni Filadelfia.)
- Luego Él advierte a las iglesias.
- Y finalmente Él reta a la iglesia.

(3) EFESO — "Escribe al ángel (pastor) de la iglesia en Efeso…"
Esta era la iglesia de los apóstoles. Note ahora el patrón de nuestro Señor a Efeso:
- SE IDENTIFICA A SÍ MISMO: 2:1 — "El que tiene las siete estrellas en su diestra, el que anda en medio de los siete candeleros de oro, dice esto."
- ÉL ELOGIA A LA IGLESIA: versículos 2-3 — "Yo conozco tus obras, y tu arduo trabajo y paciencia, etc."
- ÉL CONDENA: versículo 4 — "Pero tengo contra ti, que has dejado tu primer amor."
- ÉL ADVIERTE: versículos 5-6 — "Recuerda — arrepiéntete o quitaré tu candelero — "
- ÉL RETA: versículo 7 — "El que tiene oído, oiga lo que el Espíritu dice a las iglesias. Al que venciere, le daré a comer del árbol de la vida, el cual está en medio del paraíso de Dios."

(4) ESMIRNA — "Escribe al ángel (pastor) de la iglesia en Esmirna…"
Esta era la iglesia de persecución.
- SE IDENTIFICA A SÍ MISMO: 2:8 — "El primero y el postrero, el que estuvo muerto y vivió, dice esto."
- ÉL ELOGIA: versículos 9-10 — (Lea estos versículos.) Esta era la iglesia de los mártires y de persecución. Hubo diez distintos atentados de gobernadores imperiales para destruir a la iglesia infante. Estos son eventos históricos desde los días de Nerón hasta los días de Diocleciano.
- ÉL CONDENA: nada
- ÉL ADVIERTE: versículo 10 — "No temas en nada — sé fiel."
- ÉL RETA: "Yo te daré la corona de la vida" (vea Santiago 1:12).

(5) PÉRGAMO — "Escribe al ángel (pastor) de la iglesia en Pérgamo…"
Esta iglesia estaba casada con el estado — una iglesia del mundo.
- SE IDENTIFICA A SÍ MISMO: 2:12 — "El que tiene la espada aguda de dos filos dice esto."
- ÉL ELOGIA: versículo 13 — "Yo conozco tus obras — pero retienes mi nombre, y no has negado mi fe."
- ÉL CONDENA: versículos 14-15 — "Pero tengo unas pocas cosas contra ti" (Lea estos versículos).
  Estaban practicando doctrina falsa.
- ÉL ADVIERTE: versículo 16 — "Arrepiéntete; pues si no — "
- ÉL RETA: versículo 17 — "Al que venciere — "

(6) TIATIRA — "Escribe al ángel (pastor) de la iglesia en Tiatira…"
- Esta es una iglesia bajo el gobierno — una iglesia del estado.
- SE IDENTIFICA A SÍ MISMO: versículo 18 — "El hijo de Dios…dice esto."
- ÉL ELOGIA: versículo 19 — "Yo conozco tus obras — amor, fe, servicio, paciencia."
- ÉL CONDENA: versículos 20-23 — Estaban permitiendo el ministerio de una falsa profetiza, Jezabel.
- ÉL ADVIERTE: versículos 24-25 — (Lea la advertencia.)
- ÉL RETA: versículos 26-28 — "Al que venciere — "

(7) SARDIS — "Escribe al ángel (pastor) de la iglesia en Sardis…" (3:1).
Este período de la iglesia es el de la Reforma:
- SE IDENTIFICA A SÍ MISMO: 3:1 — "El que tiene los siete espíritus de Dios, y las siete estrellas, dice esto."No se olvide de la aritmética divina.

Dios no tiene siete diferentes espíritus (Isaías 11:2); aquí en 3:1 Jesús dice, "El que tiene los siete espíritus (la llenura, lo completo, espíritu total) de Dios...dice esto."

- ÉL ELOGIA: versículo 4 — "Pero tienes unas pocas personas en Sardis — son dignas."
- ÉL CONDENA: versículo 1 — "Tienes nombre de que vives, y estás muerto."
- ÉL ADVIERTE: versículos 2-3 — "Sé vigilante, y afirma las otras cosas que están para morir — acuérdate — arrepiéntete."
- ÉL RETA: versículos 5-6 — "Confesaré su nombre delante de mi Padre —." (Vea Lucas 12:8-9.)

(8) FILADELFIA — "Escribe al ángel (pastor) de la iglesia en Filadelfia..." (versículo 7).

Esta iglesia quiere decir "puerta abierta." Representa el gran movimiento misionero.

- SE IDENTIFICA A SÍ MISMO: versículo 7 — "Esto dice el Santo, el Verdadero, el que tiene la llave de David, el que abre y ninguno cierra," etc.
- ÉL ELOGIA: versículo 8 — "Has guardado mi Palabra, y no has negado mi nombre."
- ÉL CONDENA: Él no tiene condenación.
- ÉL ADVIERTE: versículo 11 _ "He aquí, yo vengo pronto; reten lo que tienes — "
- ÉL RETA: versículos 8-12 — "He puesto delante de ti una puerta abierta — postraré a tus enemigos — yo también te guardaré."

(9) LAODICEA — "Escribe al ángel (pastor) de la iglesia en Laodicea . . ." (versículo 14).

Esta iglesia representa la iglesia de los últimos días antes de la venida de Cristo.

- SE IDENTIFICA A SÍ MISMO: versículo 14 — "He aquí el Amén, el testigo fiel y verdadero, el principio de la creación de Dios, dice esto." Esta es una descripción verdadera de nuestro Señor en Sus propias palabras.
- ÉL ELOGIA: ¡Nada bueno!
- ÉL CONDENA: versículos 15-17 — "Ni eres frío ni caliente — por cuanto eres tibio — te vomitaré de mi boca. Porque tú dices: Yo soy rico," etc.
- ÉL ADVIERTE: versículo 18 (léalo).
- ÉL RETA: versículo 19 — "Yo reprendo y castigo a todos los que amo" (vea Hebreos 12:5-8). Luego un reto personal al final de la Era de la Iglesia es dado en los versículos 20-21 (escriba estos versículos).

---

6. **La tercera parte del bosquejo**

"Y las cosas que han de ser después" — será la segunda lección para la próxima semana.

Note, sin embargo, que al final de "las cosas que *son*" — las iglesias — Juan escribe en 4:1, "Después de esto miré , y he aquí una puerta abierta en el *cielo*; y la primera voz que oí, como de trompeta, hablando conmigo, dijo: SUBE ACÁ, y yo te mostraré las cosas que sucederán después de estas" (META TAUTA — después de estas cosas de las iglesias).

Así que como las siete iglesias nos llevan a través de los períodos de la iglesia en la historia, ahora en el capítulo 4 ese período de la iglesia se termina. Nos ha dicho "sube acá" — raptados. La iglesia no es mencionada otra vez hasta el capítulo 19, versículo 7.

7. **Compare su iglesia**

En el estudio de las iglesias, compare su iglesia con las siete. También encontrará en la mayoría de las iglesias a miembros individuales que tendrán las características de una o más de las siete iglesias, es decir, algunos han perdido su primer amor, algunos participando en misiones, algunos tibios, etc.

Esta primera lección en el libro de Apocalipsis simplemente "prepara el terreno" para la lección de la próxima semana.

¿CUÁNTO RECUERDA USTED?

P. *Nombre los libros que escribió el Apóstol Juan.*

P. *¿Cuál es el mensaje central de Apocalipsis?*

P. *¿Dónde se encuentra el bosquejo del libro?*

P. *¿Puede usted nombrar las siete iglesias?*

SU TAREA PARA LA PRÓXIMA SEMANA

1. Lea los últimos 11 capítulos de Apocalipsis (12 al 22).
2. Repase sus notas de esta lección del Apocalipsis.
3. Subraye y marque su Biblia.
4. Esté en clase para la última lección de "A través de la Biblia en un año" — el próximo día del Señor.

Lección 52
El libro de Apocalipsis — Parte II

(Donde se proveen líneas, por favor lea y escriba todo el pasaje o la verdad principal del pasaje.)

Esta es la segunda parte de nuestro estudio del libro de Apocalipsis. Es una continuación de la última lección donde tomamos los dos primeros puntos del bosquejo de Dios para el apóstol Juan al escribir este libro. Estos fueron:

1. **"Escribe las cosas que has visto" — capítulo 1.**

2. **"Y las cosas que son" — capítulos 2 y 3**

   En esta lección trataremos el tercer punto del bosquejo — por lo tanto, el mensaje central y la "estructura del libro" serán las mismas de la lección 51.

   Juan escribió lo que había visto: él había visto al Señor glorificado y lo describió magníficamente en el capítulo 1. Luego escribió acerca de las cosas que *son*, específicamente— las iglesias.

   Ahora llegamos a la última parte del bosquejo y esa es la lección de hoy.

3. **"Y las cosas que han de ser después de estas" — capítulo 4 al 22**

   (1) CAPÍTULO CUATRO — Aquí llegamos a la tercera parte del bosquejo que Dios nos dio — las cosas después de estas cosas. La frase griega es *"meta tauta,"* que quiere decir "después de estas cosas." ¿Después de cuáles cosas? Después de las cosas de las iglesias. Así que Juan delinea desde este punto en adelante el magnífico bosquejo de Dios.

   Usted notará que en el capítulo 4:1-2 dice: "Después de esto miré, y he aquí una puerta abierta en el cielo; y la primer voz que oí, como de trompeta, hablando conmigo, dijo: *Sube acá*, y yo te mostraré las cosas que sucederán después de éstas."

   Juan es raptado al cielo, un precursor del rapto de la iglesia al final de la era de la iglesia. ¿Cuándo ve usted otra vez la iglesia en Apocalipsis? Desaparece absolutamente de la tierra. Desaparece hasta que usted llega al capítulo 19 cuando el Señor viene con Sus santos. ¿Cuál es la razón por la que no se ve? La iglesia está en el cielo.

   (2) Lo que pasa entre el capítulo 4 y el 19 es la tribulación, el juicio de Dios sobre la tierra después que los santos son raptados. Esta es la misma cosa que los ángeles dijeron a Lot en Génesis 19:22 — "Date prisa, escápate allá; porque nada podré hacer hasta que hayas llegado allí." El juicio no puede caer hasta que los hijos de Dios sean sacados. ¿No fue así en los días de Noé? Mientras Noé estaba en la tierra, el juicio no podía caer. Dios lo puso en un arca, ¿y quién cerró la puerta? Dios cerró la puerta. Ese fue el juicio de Dios sobre la gente que estaba fuera del arca. El juicio no podía caer hasta que Noé estuviera a salvo dentro del arca. Es de la misma manera en este mundo, como fue en los días de Lot, como fue en los días de Noé. El juicio no cae; no puede caer hasta que los hijos de Dios sean sacados. Pero en el momento preciso que fueron sacados, el juicio cayó; Sodoma y Gomorra fueron destruidas con fuego y azufre.

Aquí en Apocalipsis, después de que la iglesia es raptada, que es sacada de la tierra, inmediatamente el juicio empieza a caer. Después de la era de la iglesia, después de que la iglesia es raptada, los capítulos 4 al 19 nos dicen exactamente qué es lo que pasa aquí en la tierra cuando la iglesia es tomada.

Ahora hay muchas teorías y muchas ideas por muchos teólogos y maestros. Yo simplemente estoy tratando de presentar lo que es naturalmente visible aquí en las Escrituras.

(3) El cuarto capítulo de Apocalipsis es el principio de esta gloriosa abertura del cielo.

Las "siete lámparas que son los siete espíritus de Dios" en el versículo 5 no significa que hay siete espíritus; la palabra "*siete*" se refiere a la plenitud, a la totalidad del Espíritu de Dios (Isaías 11:2).

La traducción de los "seres vivientes" en el versículo 6 viene de la palabra "zoa" — la palabra raíz de zoología que significa "criaturas vivientes."

Estos son los querubines del Antiguo Testamento. Ellos representan toda la creación de Dios, Norte, Sur, Este, y Oeste. Luego usted nota a los veinticuatro ancianos, representando a las doce tribus del Antiguo Testamento y a los doce apóstoles del Nuevo.

(4) CAPÍTULO QUINTO — Tenemos aquí la visión del librito sellado con siete sellos, y sólo Cristo, el Cordero de Dios, puede abrirlo. Esta abertura de los siete sellos es el *principio* de los juicios de Dios.

(5) CAPÍTULO SEXTO — Los seis sellos son abiertos. El *primer sello* es la revelación del hombre de pecado — capítulo 6:2. Usted ve a esos cuatro jinetes del Apocalipsis. El caballo blanco, el conquistador, es el *primer sello*. El *segundo sello* es el caballo rojo, guerra y muerte. El *tercer sello*, el caballo negro, es hambruna. El *cuarto sello* es el caballo amarillo de la muerte. El *quinto sello* es aquéllos que son asesinados, los mártires. El *sexto sello* es el gran juicio de Dios sobre la tierra cuando gritaban para que las peñas en los montes cayeran sobre ellos.

(6) CAPÍTULO SÉPTIMO — El capítulo 7 es un intermedio. El capítulo sexto es ese terrible juicio del sexto sello. Después el capítulo séptimo es ese intermedio. Cuando las cosas están en lo más obscuro, tenemos nuestro más grande avivamiento. Así también será en la gran tribulación. El avivamiento más grande que el mundo haya visto será en los días de la gran tribulación. Juan dice, "Yo no sé quiénes son estas gentes que están vestidas con ropas blancas y de dónde son." El anciano le dijo, "Estos son los que han salido de la gran tribulación, y han lavado sus ropas, y las han emblanquecido en la sangre del Cordero" — versículo 14. En ese día, va a haber mucha gente salva y mucha gente martirizada.

(7) El séptimo sello es la abertura de las siete trompetas. Usted nota esas trompetas en los capítulos 8 y 9. Los juicios de las trompetas son más severos que los juicios de los sellos.

(8) CAPÍTULO DÉCIMO — Usted nota el librito que vio al principio. Dice aquí, "En los días de la voz del séptimo ángel…el misterio de Dios se consumará" — Apocalipsis 10:7.

Aquí en el décimo capítulo dice que el librito es para comer y será dulce en la boca, y amargo en el estómago. La Biblia se convierte en amargura si hay juicio en ella para cualquier individuo. Es dulce si la persona es salva.

(9) CAPÍTULO DECIMOPRIMERO — Este capítulo nos da la consumación de esta era. Vea el versículo 15: "El séptimo ángel tocó la trompeta, y hubo grandes voces en el cielo, que decían: Los reinos del mundo han venido a ser de nuestro Señor y de su Cristo; y él reinará por los siglos de los siglos." La revelación está hecha. Parece que se termina aquí. En el libro de Daniel, está dividida también en dos partes, justo a la mitad. Así es con el Apocalipsis. El Apocalipsis llega a un fin en el capítulo once. Se divide justo a la mitad.

(10) CAPÍTULO DECIMOSEGUNDO — Dios, a través de Juan, revela algunas de las personalidades y algunas de las épocas en ese juicio final. Comenzamos nuevamente. El Apocalipsis parece terminar y el misterio de Dios es terminado en el capítulo 11. Ahora en el capítulo 12 comenzamos otra vez. Primero, en el capítulo 12 está la gran señal en el cielo. La mujer es Israel dando a luz al niño Cristo. Luego hay una lucha entre Israel y Satanás. Ellos vencieron a Satanás por la sangre del Cordero y por la palabra de su testimonio. Lea los versículos 1-7.

(11) CAPÍTULO DECIMOTERCERO — La primera parte es la descripción de la bestia subiendo del mar. Este es un líder político — el hombre de pecado — el Anticristo. La última parte del capítulo 13 es la bestia que sube de la tierra. Ese es el falso profeta — un falso profeta religioso. Usted nota esas tres personalidades en esos dos capítulos. El capítulo 12 es Israel dando a luz a Cristo; en el capítulo 13 están las bestias quienes serán el Anticristo conocido como el hombre de pecado; y comenzando en el versículo 11 usted nota al falso profeta.

(12) CAPÍTULO DECIMOCUARTO — Este es un intermedio. Aquí vemos los mismos 144,000 (versículo 1) que vimos en el capítulo 7. Allí en el capítulo 7 los 144,000 judíos fueron vistos en su ministerio en la tierra. Aquí en el capítulo 14 los 144,000 son vistos en el Monte de Sión. (Lea el versículo 3.)

(13) CAPÍTULO DECIMOQUINTO — Esta es la introducción al capítulo 16 y el derramamiento de las copas de ira sobre la tierra — siete en total. Aquí usted nota una descripción de la batalla final — vea el versículo 16 en el capítulo 16: "Y los reunió en el lugar que en hebreo se llama Armagedón."

(14) CAPÍTULO DECIMOSÉPTIMO — Aquí está la revelación de la mujer en escarlata. En el versículo 3, "Vi a una mujer sentada sobre una bestia escarlata — la mujer estaba vestida de púrpura y escarlata, y adornada de oro de piedras preciosas — y tenía en la mano un cáliz de oro — en su frente un nombre escrito, un misterio: Babilonia la grande, la madre de las rameras y de las abominaciones de la tierra." En la última parte del capítulo 17, versículos 8-18, usted nota una descripción de la cabeza de las religiones de la tierra. Hay tanto aquí que tomaría lección tras lección pero esto tiene que permanecer como un vistazo.

(15) CAPÍTULO DECIMOCTAVO — Vemos aquí el juicio de Dios sobre Babilonia mercantil, el mundo natural, el mundo financiero, el mundo mercantil de materialismo. Mire del versículo 12 en adelante, describiendo esas cosas con las que trafica Babiolonia: "mercadería de oro, de plata, de piedras preciosas, de perlas, de lino fino, de púrpura, de seda, de escarlata, de toda madera olorosa, de todo objeto de marfil, de todo objeto de madera preciosa, de cobre, de hierro y de mármol; y canela, especias aromáticas, incienso, mirra, olíbano, vino, aceite, flor de harina, trigo, bestias, ovejas, caballos y carros, y esclavos, *almas de hombres.*"¿No es una cosa asombrosa? Esa es la Babilonia mercantil, la cual será juzgada también. Es un mundo que no conoce a Dios — el mundo materialista.

(16) CAPÍTULO DECIMONOVENO — Aquí está la gran batalla del Armagedón. Es una guerra. En el capítulo 19 vemos a Jesús y la iglesia en el cielo en las bodas del Cordero.

En el versículo 11 usted ve la real segunda venida de Cristo a la tierra, "Vi el cielo abierto; y he aquí un caballo blanco, y el que lo montaba se llamaba Fiel y Verdadero…Sus ojos eran como llama de fuego, y había en su cabeza muchas diademas…estaba vestido de una ropa teñida en sangre; y su nombre es: El Verbo de Dios. Y los ejércitos celestiales…le seguían en caballos blancos." Yo creo que el Señor viene durante la batalla del Armagedón.

(17) CAPÍTULO VIGÉSIMO — Vemos aquí el Milenio. Milenio *significa mil años*. Al final de ese Milenio está el juicio del gran trono blanco. Esta es la resurrección de los impíos que son juzgados en cuanto a su salvación. Este juicio del trono blanco es solamente para los que no son salvos. Todos nosotros los que estamos en Cristo estaremos ante el "tribunal de Cristo" para recibir lo que hicimos en la carne lo cual es llamado "recompensas." Los impíos comparecerán ante el juicio del trono blanco para recibir su recompensa de condenación. Ningún cristiano tomará parte en este juicio.

(18) CAPÍTULOS VIGÉSIMOPRIMERO Y VIGÉSIMOSEGUNDO — Aquí está la visión de Juan del cielo nuevo y tierra nueva. Quiero indicar una sola cosa y luego terminaremos esta lección. Note el capítulo 21, versículo 1: "Vi un cielo nuevo y una tierra nueva; porque el primer cielo y la primera tierra pasaron, y el mar ya no existía más." ¿Qué quiere decir con esto? Siempre en la Biblia el mar era una cosa monstruosa. El mar separaba a Juan de sus amados discípulos y amigos, y de la gente en Efeso. Para Juan, el mar era un símbolo de soledad, exilio, y separación.

Él termina el Apocalipsis con esta hermosa bendición. Citando al Señor: "El que da testimonio de estas cosas dice: Ciertamente vengo en breve" — Apocalipsis 22:20. Su oración en respuesta es, "Sí, ven, Señor Jesús." Esto termina el Apocalipsis; termina la revelación, y termina la Biblia.

Hay tanto que tiene que ser enseñado en referencia a este bendito libro. Puede ser que tenga muchas preguntas en su mente ahora pero espero que usted estudie el libro de Apocalipsis, no como un trabajo complicado, sino como un mensaje que viene de Dios el Padre, a Cristo, al ángel, a Juan, a nosotros.

Ahora mientras llegamos a la conclusión de "A través de la Biblia en un año" es mi oración que este estudio habrá hecho de la Biblia un libro de "esperanza viva" y una aventura emocionante en la vida cristiana. Que el Espíritu Santo nos enseñe ahora a todos— mientras continuamos enseñando la Palabra de Dios.

AÑADE ENERGIA, REVITALIZA Y REVOLUCIONA

TU ESTUDIO BIBLICO CON OTRAS SELECCIONES
DE PUBLICACIONES HENSLEY

A Traves De La Biblia En Un Año
Alan B. Stringfellow • SBN 1-56322-061-X

Mujeres En La Biblia
Sylvia Charles • ISBN 1-56322-072-5

Preparando El Matrimonio
 En El Camino De Dios
Wayne Mack • ISBN 1-56322-066-0

ENERGIZE, REVITALIZE, REVOLUTIONIZE

YOUR BIBLE STUDY WITH ANOTHER SELECTION
FROM HENSLEY PUBLISHING

Through the Bible in One Year
Alan B. Stringfellow • ISBN 1-56322-014-8

Christian Discipleship
Steven Collins • ISBN 1-56322-022-9

God's Great & Precious Promises
Connie Witter • ISBN 1-56322-063-6

Couples in the Bible — Examples To Live By
Sylvia Charles • ISBN 1-56322-062-8

Preparing for Marriage God's Way
Wayne Mack • ISBN 1-56322-019-9

Men in the Bible — Examples To Live By
Don Charles • ISBN 1-56322-067-9

Becoming the Noble Woman
Anita Young • ISBN 1-56322-020-2

7 Steps to Bible Skills
Dorothy Hellstern • ISBN 1-56322-029-6

Women in the Bible — Examples To Live By
Sylvia Charles • ISBN 1-56322-021-0

Great Characters of the Bible
Alan B. Stringfellow • ISBN 1-56322-046-6

Pathways to Spiritual Understanding
Richard Powers • ISBN 1-56322-023-7

Great Truths of the Bible
Alan B. Stringfellow • ISBN 1-56322-047-4

Inspirational Study Journals

A FRESH APPROACH
TO INDIVIDUAL AND SMALL-GROUP STUDY

In His Hand
Patti Becklund • ISBN 1-56322-068-7

Rare & Beautiful Treasures
Nolene Niles • ISBN 1-56322-071-7

In Everything You Do
Sheri Stout • ISBN 1-56322-069-5

Love's Got Everything To Do With It
Rosemarie Karlebach • ISBN 1-56322-070-9